도시로 보는 유럽사

# 도시로 보는
# 유럽사

백승종 지음

아테네 로마부터 파리 프라이부르크까지
18개 도시로 떠나는 역사기행

사우

여는 글:
# 도시에서 역사의 의미를 찾다

**1**

요즘은 누구라도 세계 곳곳에 있는 역사의 현장을 직접 방문할 수 있다. 참 좋은 일이다. 그러나 한 세대만 거슬러 올라가도 사정이 달랐다. 기억을 더듬어 보니, 1980년대만 해도 해외여행은 거의 모든 시민에게 그림의 떡이었다.

그런 점에서 나는 운이 좋았다. 그 시절은 정치도 사회 분위기도 암담하였는데, 나는 이른바 독일 유학이란 것을 떠났다. 오해는 하지 마시라. 나의 유학은 부유층 자제의 호사와는 거리가 멀었다. 고학(苦學)을 각오하고 떠난 멀고 험한 길이었다. 약간의 우여곡절은 있었으나 무사히 박사학위를 얻었고, 독일에서 대학 선생이 되는 행운까지 얻었다. 덕분에 유럽의 여러 도시와 친숙해질 기회도 있었고, 그들의 역사와 문화를 폭넓게 공부할 수도 있었다.

한국으로 돌아온 뒤에도 기회가 될 때마다 나는 유럽으로 길을 떠난다. 내가 여행하는 방법이 조금 특이해 보일지도 모르겠다. 우선 가고 싶은 도시를 선택하고, 여러 달 동안 그 도시와 나라의 역사를 자세히 공부한다. 마침내 목적하는 도시에 도착하면 열흘 이상 그곳에 한가로이 머문다.

여행자들은 대개 짧은 시간에 되도록 많은 명소를 둘러보려고 애쓴다. 다시 오기 어렵기 때문이다. 이것이 잘못되었다는 것은 아니지만, 내 방식은 아니다. 나는 구태여 많이 보려고 하지 않는다. 하루에 한두 곳만 자세히 살피고, 그 향기를 깊이 느끼는 것으로 족하다. 새것을 구경하기보다는 지나간 역사를 반추하는 데 여행의 목적을 두기 때문이다.

## 2

내 직업은 역사가이다. 문화유산이 풍부한 유럽의 도시에 내가 쉽게 매료되는 데는 직업적 이유도 있다고 생각한다. 하나의 도시가 그 나라의 역사에서 어떠한 역할을 했는지, 그것이 유럽 역사 또는 세계사적으로는 어떤 의미가 있는지를 곰곰이 살펴보는 것이 즐겁다. 내가 찾아가는 도시의 정치적 변천을 포함해 그곳의 사회경제적 변천을 미시적 또는 거시적 관점에서 들여다보는 작업이 내게는 여간 흥미로운 일이 아니다.

유적과 유물의 실체를 마주 대하기 전부터 나는 그 도시에서 나의 눈길을 기다리는 유서 깊은 건축물과 예술 작품에 대해 이모저모를 공부한다. 그곳 주민의 일상생활과 음식을 알아보기도 한다. 아울러 날마다 현지에서 전해 오는 뉴스를 읽으며 그 도시의 오늘을 체험한다. 이러한 일련의 과정은 수학여행과도 같지만 내게는 늘 흥미진진하다.

이 책은 한 역사가의 수학 여행기와도 같다. 시시각각으로 변하는 여행 정보를 담은 책은 아니다. 내가 둘러본 모든 유물 유적을 빠짐없이 기록한 여행안내 책자도 아니다. 이 책은 내가 가장 애호하는 유럽 도시들에 관한 일종의 문화적 체험담이다.

## 3

나는 왜 하필 유럽의 도시에서 큰 매력을 느끼는가? 알다시피 인간의 문명은 까마득한 옛날부터 도시를 위주로 발달하였다. 『길가메시 서사시』의 무대였던 우룩도 도시요, 고대 중국과 인도, 이집트와 페르시아제국을 넘어 고대 그리스와 로마에 이르기까지 늘 그러했다. 역사상 최초로 등장한 국가들은 모두 도시였다고 볼 수 있으니, 도시는 어디서나 역사의 중심 무대였던 셈이다.

유럽의 중세와 근대에는 도시의 역할이 더욱 빛났다. 중세 이슬람 문명의 요람인 원형 도시 바그다드와 코르도바를 떠올려보면 그들의 역사에서도 도시가 얼마나 중요했는지 쉽게 가늠이 된다. 다시 유럽으로 눈길을 옮기면, 이탈리아반도의 베네치아와 피렌체 및 로마, 스페인의 톨레도, 마드리드, 네덜란드의 암스테르담, 영국의 런던과 프랑스의 파리, 오스트리아제국의 빈, 독일의 베를린과 러시아제국의 모스크바, 상트페테르부르크 등이 한눈에 들어온다. 이런 도시들이야말로 유럽 역사, 나아가서는 세계사의 새로운 흐름이 형성된 현장인 것이다.

그러므로 도시는 정치와 경제, 예술과 학문의 중심지로서 인간의 역사를 이해하는 데 필수적인 공간이다. 때로 권력과 음모의 피바람이 휘몰아치기도 하고, 가장 고상하고 평화로우며 아름답기도 한 곳이 도시이다. 물론 인간의 허망한 욕망이 꿈틀거리고 쾌락을 향해 질주하는 장소이기도 하다. 조용히 나의 내면을 들여다보면, 한편으로 나는 이런 도시를 어떻게든지 떠나고 싶어 하면서도 다른 한편으로는 그 매력에 빠져 깊은 애착을 느끼고 있음을 발견한다.


# 4


시골 출신인 내가 처음으로 방문한 유럽 도시 브뤼셀의 풍경은 낯설고도 생경했다. 곧이어서 찾아간 독일의 아우구스부르크와 뮌헨, 노이슈반슈타인도 마찬가지였다. 회를 거듭해 여러 도시를 구경하자 느낌이 달라졌다. 나는 스스로가 이방인이라는 사실을 조금씩 잊어버리기 시작했다. 지난 30년 동안 나의 내면에는 유럽의 역사와 문화가 깊숙이 스며든 것일까. 그렇다면 이 책은 이방인의 시각에서 서술한 것이면서도 어느 정도는 내부자의 관점에서 바라본 독특한 이야기일지도 모르겠다.

서점에 가면 해외여행에 참고할 만한 좋은 책이 즐비하다. 대개가 여행자의 편의를 돕는 실용적인 참고서적이다. 물론 이 책은 그러한 여행 길잡이가 아니다. 그러나 이 책은 여행자들에게 도움이 될 수도 있다. 어느 도시를 방문하더라도 내 관심사는 그 도시가 역사적 맥락에서 어떤 중요한 역할을 하였는지, 그곳에서 내 마음을 끈 가장 매력적인 공간 또는 유물이 무엇인지를 헤아려보았으니까 말이다. 무엇보다 이 책은 마음속으로 유럽 역사기행을 떠나는 이들에게 더욱 유용할 것이다.

예컨대 내가 아테네란 도시를 찾아간다면 그것은 오랜 풍상을 겪고 우리 앞에 서 있는 현대도시 하나를 만나는 것이다. 나는 이 도시의 오랜 역사를 마주하며 그 의미를 곱씹을 것인데, 그때 나의 시선은 고대도시 아테네에 가장 오래 머문다. 다른 어느 도시에 대해서도 마찬가지이다. 나는 특정한 도시의 긴 역사와 풍부한 문화유산에 두루 흥미를 느끼지만, 그래도 그 도시가 가장 찬란하게 빛났던 어느 한 시기의 모습에 주목한다. 시종일관 그런 관점을 가지고 나는 이 책을 썼다. 따라서 책을 처음부터 읽어가면 유럽 역사의 역동적인 흐름이 포착될 것이다. 나아가 한 도시와 국가가 점차 지구 역사에서 주도적인 역할을 담당하게 되는 과정도 시야에 들어올 것이다. 책 제목을 『도시로 보는 유럽사』라고 붙인 까닭이 바로 그 점에 있다.

조금 과장하면 '시민을 위한 세계사'라고 할 수도 있겠다. 이 책에서 만나게 될 도시들은 모두 유라시아대륙에 위치한다. 그런데 이들 도시는 유럽 너머에까지 큰 영향력을 행사했다. 가령 로마제국의 영토와 권력은 유라시아에 국한되지 않았다. 북아프리카도 로마의 통치 아래 있었고, 멀리 떨어진 중국과 인도, 한국과 일본도 직간접의 교역권에 포함되었다. 근현대 유럽의 대도시인 파리, 런던, 베를린과 모스크바의 영향력은 정치, 경제, 사회 문화적인 의미에서 문자 그대로 지구적이었다. 어느 도시에 관한 이야기를 하든지 나의 관심이 그 한 도시와 나라의 역사와 문화에 구애되지는 않았다.

이 책에 등장하는 도시들은 지난 30년 동안 내 발길을 불러들인 장소 가운데 일부이다. 그들에 관해 읽고, 또 현지를 찾아갈 때마다 유럽의 역사와 문화가 우리와는 다르다는 점을 거듭 확인했다. 유럽 문화의 특징을 조금씩 주체적으로 발견하는 즐거움이 있었다. 우리 선조들이 항상 한반도에 정주(定住)하며 자급 자족적인 생활에 대체로 만족한 것과는 달리, 그들의 조상은 언제나 외부세계로 뻗어나가려고 애쓴 흔적이 역력하였다.

또 하나 눈에 띄는 점이 있었다. 유럽의 종교인 기독교도 근본적으로는 동아시아의 유교, 불교에 못지않게 금욕적이었다. 하지만 유럽 사람들은 교회의 가르침에 별로 구애되지 않았다. 그들은 우리 조상과는 달리 물질적 욕망을 추구하는 데 주저함이 없었다.

지금 이 순간 나의 뇌리에는 16세기 영국의 런던이 떠오른다. 그 시절 영국 국왕 엘리자베스 1세는 스페인의 금은보화를 강탈하려고 혈안이 되어 있었다. 여왕과 귀족들은 프랜시스 드레이크라는 해적을 공공연히 후원했다. 영국 해적들이 목적을 달성하자 여왕은 그 우두머리에게 기사 작위를 수여해 노고를 표창하였다. 그와 같은 시대 조선의 국왕인 선조에게도 이런 일이 가능했을까? 천만의 말씀일 것이다.

끝으로, 한 가지만 더 언급한다. 지난 수백 년 동안 영국과 독일, 프랑스 및 러시아와 같은 유럽의 강자들은 서로 여러 차례 전쟁을 벌이며 상대국에 대한 적대감을 키웠으나 제2차 세계대전을 고비로 유럽에는 평화의 시대가 찾아왔다. 아직도 일본, 중국 및 러시아에 포위된 채 사는 우리로서는 부러운 일이다.

20세기 후반 유럽에는 날로 '유럽적 정체성'이 견고해졌다. 특히 1999년 1월 1일, 유럽경제통화동맹(EMU: European Economic and Monetary Union)이 공식 출범하여 '유로(Euro)'라는 공동화폐가 등장한 이래, 그들의 연대감은 더욱 강화되었다. 그들은 국가적 정체성과 함께 유럽인이라는 정체성을 가지고 있다. 남북분단과 지역감정으로 사분오열된 대한민국의 시민인 나로서는 놀라지 않을 수 없다.

그러나 유럽의 미래를 위협하는 심각한 현상도 목격된다. '유럽연합'에 반대하는 민족/국가주의 정서가 여러 나라에서 일어나고 있다. 이것은 정치적 우경화의 한 단면이다. 영국의 유럽연합 탈출, 즉 브렉시트도 그렇지만, 유럽 최강의 경제 대국 독일에서도 원내 제1야당이 극우파인 '독일 대안당'(AfD: Alternative für Deutschland)이다. 유럽의회에서도 극우파 정당들의 목소리가 계속해서 커지고 있다. 민족주의 또는 국가주의의 망령이 유럽 대륙에서 되살아나고 있다는 사실, 우리는 이런 현상을 어떻게 이해해야 할까. 풀리지 않은 많은 궁금증이 있다.

5

보잘것없는 이 한 권의 책을 쓰는 데도 여러 분들의 귀중한 노고가 많았다. 엉성하고 조리도 없는 글을 잘 다듬어 읽을 만한 글로 만들어준 사우출판사에 진심으로 감사드린다. 또, 여행 중에 많은 도움을 주었던 여러 벗에게도 감사 인사를 드린다. 끝으로, 최근 몇 년 동안 함께 여행을 계획하고 감행한 우리 가족에게 고마운 마음을 전한다. 무슨 일이든 함께하는 아내 최은미와 사랑하는 딸 지원에게 이 책을 바친다.

2020년 여름
평택 석양재石羊齋에서 백승종

◆ 여는 글
도시에서 역사의 의미를 찾다 ... 004

아테네,
아크로폴리스에서 21세기의
혼란을 마주하다

**Athens**

멀리 떠남으로써 도리어 가까워진다. 산속에서 길을 잃은 사람은 우선 꼭대기에 올라갈 일이다. 그래야 언덕과 수풀에 가려 보이지 않던 길이 손금처럼 환히 드러난다. 시정(視程)이 좋은 날이면 서울 남산 타워에서도 인천 앞바다가 보인다고 하지 않든가.

아테네로 떠날 때 내 심정도 그러했다. 이 세상의 복잡함과 어수선함에서 벗어나기 위해 아득히 먼 과거로 거슬러 올라갈 필요를 느꼈다.

2015년 2월 어느 날이었다. 나는 한파가 몰아치던 인천공항을 떠나 독일 프랑크푸르트 공항을 거쳐 아테네로 날아갔다. 아테네국제공항은 규모도 작고 편안한 느낌을 주었다. 그곳에는 눈을 부라리는 독일의 깐깐한 공무원들이 없었다. 프랑크푸르트에서는 통과 승객에 불과한 나에게까지 바지 허리띠를 풀라 하고 신발도 벗어 검색대 위에 올려놓으라며 을러대던 살풍경을 경험한 터였다.

그리스의 관문은 예상 밖이었다. 깐깐한 입국 절차는 없었다. 허술하다 못해 허망할 정도였다. 2010년부터 그리스는 이미 5년째 경제 위기로 고난을 겪고 있었다. 그래서인지 어디에서도 활기를 찾기가 어려웠다. 공항에서 내려 시내로 들어가는 전철을 탔을 때, 시민들 표정이 하나같이 시무룩하고 우울해 보였다.

국가가 부도 직전이라 해도 아테네는 단연 세계적인 관광명소였다. 북적이는 관광객과 시민들의 어두운 표정이 시내 어디에서나 그로테스크한 흑백의 대조를 연출했다.

나로서는 좀 이해하기 어려운 점도 있었다. 좋게 말해 그리스인들의 당당함이라고 할까. 관광 국가임에도 불구하고, 그리스는 관광객의 구미에 맞추려 애쓴 흔적이 없었다. 날마다 수만 명의 관광객이 몰려드는 명소라도 영문으로 쓴 번듯한 입간판이 전혀 보이지 않았다. '이 나라의 거리를 활보하고 싶으면 그리스어 알파벳쯤은 당신도 읽을 줄 알아야 한다'는 무언의 항변인지도 모르겠다. 나로서는 거기에서 그리스인의 자존심과 배짱을 보았다. 전국 어디든 영어, 중국어, 일본어를 총동원해 사소한 지명까지도 일일이 표기한 우리나라의 과잉 친절과는 너무도 다른 풍경이었다.

지금 나는 아테네 사람들의 무신경을 은근히 비꼬는 것이 아니다. 외부인에 대한 그들의 무관심 또는 약간의 불친절에 도리어 감사를 느꼈다. 덕분에 아테네 여행은 훨씬 자유롭고 평안했다. 그곳에 머문 2주일 동안 아테네는 매우 친숙하면서도 때로는 낯설어 보이는 친구처럼 다가왔다.


## 친근한 그리스 문화

오늘날 한국과 그리스의 교류는 미약하기 그지없다. 나라 간에 주

아테네 거리 풍경.
매일 수만 명의 관광객이 몰려들어도
영문 간판 하나가 없다.

고받는 교역량이 매우 적다. 2017년 5월 기준, 그리스에 대한 한국의 연간 수출총액은 10억 달러 미만이었다. 그 가운데서도 85%는 선박 수출이다. 그리스에는 우리 교민이나 유학생도 거의 없다. 하지만 그리스는 우리 모두의 친근한 벗이다. 아이러니한 일이 아닌가.

한글을 막 깨친 내가 처음으로 읽은 책이 『이솝우화』였다. 이솝의 신분은 노예였으나 누구보다 재치 있고 지혜로운 사람이었다. 그는 시공을 초월해 아마도 전 세계 어린이들에게 가장 친근한 벗이 아닐까 짐작한다. 『이솝우화』를 모를 사람은 어디에도 없을 테니 말이다.

『그리스 신화』 역시 전 세계 어린이들의 마음을 사로잡는다. 어린 시절, 나 역시 그러했다. 처음에는 낯선 신들의 이름을 외우기가 어려워 쩔쩔맸다. 그러나 그리스 신들이 인간처럼 서로 다투고 시기하고 싸우는 모습에 반해 몇 번이고 신화를 되풀이해 읽으며 친숙해진 기억이 있다.

소년 시절 기억의 한 토막이 떠오른다. 들판에서 한가로이 풀을 뜯는 늠름한 황소를 바라보다가 문득 나는 저 소가 파시파에(크레타의 왕비)가 사랑했던 황소의 후예는 아닐까 생각했다. 그리스 신화에 따르면 그 왕비는 늠름한 황소와 관계를 맺어 미노타우로스라는 괴물을 낳았다.

고대 그리스에서 올림픽이 처음 시작되었다는 역사적 사실이라든가, 델포이 신전에서 온갖 종류의 신탁이 거래되었다는 것을 누구나 안다. 사제들에게 복채를 듬뿍 주면 원하는 신탁을 받았고, 대가가 시원찮으면 사제의 입을 통해 전해진 신의 뜻도 애매모호하였단다. 신탁을 받기 위해 몰려든 인파로 델포이는 항상 북적였고, 그곳에는 그리스의 여러 도시국가가 자랑으로 여기는 보물창고가 몰려 있었다고 한다.

다 아는 이야기지만 고대 그리스에는 민주주의가 꽃을 피웠다. 그래서 민주주의를 지지하는 세계 각국의 시민들은 그리스와 일종의 정신적 연대감을 느끼게 된다. 오늘날 현대세계를 지배하는 과학과 철학, 학문과 예술의 뿌리도 그리스에 있었다.

그런 점에서 한국의 시민은 고대 그리스 문화의 계승자이기도 하다. 현대 그리스를 대표하는 작가 니코스 카잔차키스는 일찍이 이렇게 말했다.

> 우리들의 조상은 이미 오래전에 어느 특정 민족이나 영토의 범위를 벗어났습니다. 이미 여러 세기 전에 그들은 그리스를 벗어나 서구로 갔고, 새로운 사람들과 어울려 새 문명을 만들어냈습니다. 이제 서구인들은 그리스 문화를 이해하고 존경하는 모든 사람을 사랑하며, 또 그 사람들로부터 사랑을 받습니다. 우리 조상들은 고대 그리스를 아끼고 사랑하는 모든 이의 선조가 된 것입니다.(니코스 카잔차키스, 『모레아 기행』)

옳은 말이다. 고대 그리스 문명에서 서구 문명이 탄생하였고, 이것이 발전하여 전 지구를 지배하는 현대문명이 이룩되었다. 우리가 지구상 어느 나라에 살든지 우리는 소크라테스를 비롯한 그리스 철인과 예술가와 신들의 후예요 제자가 된 것이다. 모두가 그리스이다.


# 불리한 자연환경

과거에 훌륭한 조상을 두었다고 하지만 오늘날 그리스는 무척 가난하다. 특히 2008년 그리스의 재정 위기가 가시화된 이후로 10년 동안 국가 부도의 곤경에 처했다. 다행히 지금(2019년 8월 현재)은 소강상태를 맞고 있다. 그러나 아직은 미래를 낙관하기 어렵다. 혹자는 그리스가 도탄에 빠진 까닭을 복지 포퓰리즘에서 찾는다. 틀린 말은 아닐 것이다. 하지만 더 근본적인 이유는 따로 있지 않나 짐작해본다.

어느 책에선가 나는 그리스 문제의 중심에는 지리적인 약점이 있다고 지적한 것을 읽었다. 설득력 있는 분석이라고 여긴다.

그리스는 국토의 7할 이상이 산악지방이다. 당연히 농사지을 땅이 크게 부족하다. 그뿐만이 아니다. 산지가 도시와 도시를 가로막아 국토를 하나로 연결하는 도로망이 거의 발달하지 못했다. 우리의 기억 속에서 낭만적이기만 한 고대 황금기의 그리스는 거대한 통일국가가 아니었다. 그리스는 강력한 중앙집권적 국가를 경험한 적도 없다.

노골적으로 표현해, 근대 이전에는 그리스란 나라 자체가 존재하지 않았다. 그리스 반도에는 언어와 신화, 역사와 전통을 공유하는 아테네, 스파르타, 테베, 비잔티움 등 수십 개 도시국가가 때로 연대하고 때로 갈등하면서 공존하였을 뿐이다.

기원전 5세기에 특히 찬란한 빛을 내뿜었던 휘황한 영광도 지리적 결핍의 산물이었다. 날 선 산맥으로 인해 국토가 종횡으로 갈라진 데다가 설상가상으로 날씨 또한 덥고 건조했다. 그리스의 도시국가는 자급자족하지 못했다. 살기 위해서는 푸른 파도가 넘실대는 지중해 바다로 나아갈 수밖에 없었다. 역경에 굴복하지 않은 그리스인들의 용기가 그들을 고대의 무역 대국으로 키웠다.

그리스인들 가운데서 상대적으로 운이 좋았던 쪽은 스파르타였다. 들판이 넓고 토질이 비옥했다. 그리하여 스파르타 사람들은 자급자족하는 농업사회에 그쳤다. 그들은 지중해로 진출해 외부세계와 활발하게 교역하는 일에는 거의 관심이 없었다.

그리스인은 자급자족할 여건이 되지 않더라도 포기하지 않았다. 그들은 비탈진 산기슭에도, 토질이 척박한 평원에서도 무엇인가를 거두기 위해 노력했다. 그런 땅에서도 열매를 맺는 올리브나무를 열심히 심고 가꾸었다. 향기로운 올리브 기름을 배에 가득 싣고 그들은 지중해로 나갔다. 그리스의 도시국가들이 서로 앞을 다투어 국제 교역에 뛰어든 배경이다.

그리스 반도에서 가장 훌륭한 항구는 피레우스였다. 이 항구를 끼고 발달한 아테네가 역사의 중심으로 떠오른 것은 당연한 일이었다. 피레우스를 발판 삼아 아테네는 일찍부터 지중해 무역에 우이(牛耳)를 잡았다. 그들로서는 바다의 신 포세이돈이야말로 신앙의 대상이었다.

그런데 아테네 사람들은 도시의 수호신을 정할 때가 되자 포세이돈을 밀어내고 올리브나무를 이 도시에 선사한 아테나이 편을 들었다. 올리브 열매로 만든 기름과 향수가 아테네의 주요한 수출품이었다는 뜻이다. 아테네 도시 전체가 내려다보이는 아크로폴리스에 올라가면 아테나이가 선사했다는 올리브나무의 후손이 아직도 건재하다. 산기슭에 바람이 불어올 때면 허옇게 뒤집힌 올리브 잎사귀가 파도처럼 일렁인다.

## 그리스의 역사적 운명을 대변하는 파르테논신전

아테네의 상징이랄까, 또는 그리스의 역사적 운명을 대변하는 유물이 있다면 바로 파르테논신전이다. 이미 여러 해째 복원작업이 진행되고 있으나 모두 마치려면 아직도 족히 십 년은 더 걸릴 것 같다. 이 신전이 완공된 때는 고대 그리스의 황금기였다.

아크로폴리스에 올라, 나는 최고의 기술자들이 거대한 기중기를 이용해 드롭스 모양의 돌기둥을 한 조각씩 조립하는 모습을 한동안 지켜보았다. 멀리서 보면 마치 한 개의 거대한 원통형 기둥처럼 보이지만, 실은 여러 조각의 석재를 차곡차곡 쌓아 올린 것이었다.

아테네의 통치자 페리클레스는 여러 도시국가의 맹주가 되어 델로스 동맹을 이끌었다. 동맹은 페르시아의 침략에 대비하기 위한 것이었다. 또, 페르시아의 지배 아래 신음하는 그리스 도시국가들이 독립하도록 도울 목적도 가졌다. 다행히 이런 목적이 달성되었다. 아테네는 이 동맹을 유지하면서 동시에 제국주의적인 침략 야욕을 실현할 군사, 외교적 도구로 이용하였다. 선한 군사동맹 같은 것은 역사상에 존재하지 않았다고나 할까.

아테네 어디서나 그 자태를 환히 드러낸 파르테논신전, 그 건축에 투입된 막대한 자금도 본래는 델로스 동맹의 예산이었다. 아테네는 동맹의 자금을 멋대로 빼돌려 이 신전을 지었다. 그리고는 아테네의 수호신 아테나이와 바다의 신 포세이돈을 사이좋게 모셨다.

굳이 말하면, 이 신전의 주역은 아테나이였다. 아테네 시민들은 피레우스 항구가 바라보이는 곳에 거대한 아테나이 신상을 세웠다. 나는 아테나이 신상이 서 있던 곳에서 멀리 피레우스의 바닷가를 내려다보며 영원토록 지중해의 제패를 소망한 아테네 사람들의 염원을 읽었다.

어떤 역사가들은 이 신전이 델로스 동맹의 중앙은행 역할까지 했다고 주장한다. 신탁으로 이름난 델포이 신전이 그리스 도시국가들의 보물창고 또는 은행이었다면 이곳은 아테네의 금융센터였다는 뜻이다. 그럴 법한 주장이다.

그런데 당시 페리클레스가 신전 건설에 막대한 비용을 임의로 지출한 것은 잘못이었다. 그것은 명백한 월권행위였다. 정치가로서 존경을 받는 그였으나, 국익을 위해서는 무리한 행위를 마다하지 않았다.

역사적으로 볼 때 파르테논신전의 운명은 순탄하지 않았다. 그리스 역사를 점철한 몇 번의 굴곡을 이 신전도 피할 방법이 없었다. 기원전 3~2세기, 신생국가 로마가 포에니 전쟁을 통해 카르타고를 무찌르고 지중해의 강자로 등장하였다. 그러자 해양국가 아테네의 운명은 크게 기울었다.

기원전 146년, 마침내 성장 일로에 있던 로마제국은 그리스를 식민지로 병합했다. 그리스의 영광은 저물었다. 수 세기 후 로마가 기독교를 국교로 정하자, 파르테논신전에서도 신들은 자취를 감추었다. 신전은 가톨릭교회로 간판을 바꾸어 달았다.

4세기 말에 또 한 차례 지각변동이 일어났다. 로마제국에서 비잔틴제국이 갈라져 나오고 그리스정교회를 국교로 채택했다. 그러자 파르테논의 운명이 또 한 번 바뀌었다. 이후 1천 년 동안 이 신전은 그리스정교회의 사원으로 기능했다. 그러다가 15세기 후반 비잔틴제국도 무너졌다. 오스만제국의 메흐메트 2세가 대포를 이용해 난공불락으로 알려진 콘스탄티노플을 함락시켰다. 비잔틴제국의 일부인 그리스 역시 독립성을 완전히 상실한 채 이슬람국가였던 오스만 제국의 식민지로 전락했다. 이후 350년 동안 그리스란 나라는 지도에서 자취를 감추었다. 그때 파르테논신전은 이슬람의 모스크로 변모하였다.

파르테논신전이 본래의 모습을 되찾은 것은 19세기의 일이었다. 오랜 독립운동 끝에 그리스가 오스만 튀르크의 굴레에서 벗어났다. 1832년 드디어 그리스 왕국이 부활하였다. 그리스 왕국은 사실상 그리스 최초의 통일 민족국가였던 셈이다.

하지만 유감스럽게도 역사의 우여곡절은 거기서 멈추지 않았다. 제2차 세계대전이 일어나자 독일의 히틀러가 그리스를 넘보았다. 그는 전략상의 요지인 그리스를 무력으로 점령했다. 아테네를 비롯

고대 아테네의 극장　　　에레크테이온 신전의 소녀상

한 그리스의 여러 도시에서는 막대한 인적 물적 피해가 있었다. 지긋지긋한 그 전쟁이 끝나자, 이번에는 이념적으로 갈라선 좌우가 날카롭게 대립하였다. 그들은 수년간 내전을 치렀다. 한국전쟁에 버금가는 그리스 내전을 파르테논신전은 묵묵히 지켜보아야 했다.

내가 아테네에 머무는 동안 날씨는 거의 날마다 쾌청했다. 덕분에 나는 쏟아지는 햇살을 가득 안고 아크로폴리스에 올라설 수 있었다. 파르테논의 웅장한 모습이 눈앞에 전개되었을 때 내 가슴속에 감동의 물결이 밀려왔다. 그리스 역사의 아픈 장면들이 마치 우리나라 일처럼 느껴졌다.

파르테논신전, 이야말로 고대 아테네의 영광을 길이 후세에 전하는 금자탑이요, 갖은 악조건에도 꺾이지 않고 다시 일어서고야 마는 아테네 시민들의 용기와 지혜를 상징하는 기념탑이다. 머지않아 그리스는 현재의 경제적 고난을 이기고 반드시 다시 비상할 날을 맞이하고야 말 것이다.


## 플라카보다는 아나피오티카를

아테네를 찾은 관광객들의 시선은 플라카로 쏠리기 마련이다. 아테네의 구도심에 자리한 데다 기념품 가게들이 즐비해서이다. 값비싼 장신구와 최신 패션이 멋지게 진열되어 있다. 최고급 식당과 풍미가 뛰어난 과자와 케이크를 파는 가게도 수백을 헤아린다. 나는 그 거리에서 그리스 커피를 마시며 달콤한 케이크를 즐겼다.

그러나 내가 보기에 낭만이 철철 넘치는 거리는 따로 있었다. 아나피오티카였다. 좁은 골목과 아크로폴리스로 통하는 옹색한 계단에는 고양이들이 진을 치고 앉아 있었다. 아나피오티카는 거리의 악사들이 넘쳐나는 곳이다. 즐비한 카페 또는 주막에서 그리스 포도주라든지 그리스 특유의 술 우조를 들이키며 즐겁게 담소를 나누는 재미가 자별하다. 우조는 작은 유리 술잔에 차게 마셔야 제맛이다. 마치 꽃향기가 강렬하게 풍기는 것 같은 느낌이 들어서 좋다.

아나피오티카에서 나는 맛있는 요리도 즐겼다. 그리스 음식이라면 누구나 말하는 꼬치구이, 특히 양고기 수블라키가 맛있다. 고기를 약한 불에 조금씩 구워가며 잘라낸 기로스도 매우 훌륭하다. 접시에 감자튀김과 함께 기로스를 가득 담아 즐기는 식사는 소박하면서도 특별한 정취를 자아낸다. 또, 올리브 절임도 일품이며 양젖과 염소젖으로 만든 페타 치즈는 중독성이 강하다고 말해야겠다. 페타 치즈와 올리브를 곁들인 그리스 샐러드 역시 내가 지금까지 먹어본 여러 나라의 요리 가운데서도 가장 매력적인 맛이었다.

이 동네에서는 누구도 그리스가 경제 위기에 시달리고 있다는 낌새를 알아차리지 못한다. 아테네는 늘 그러했듯 지금도 평온하고 아름답다는 인상만을 선사하는 곳이다. 세상에는 이와 같은 무풍지대가 있다.

이 동네의 꼬불꼬불한 골목길을 한참 올라가면 아테네의 구도심이 한눈에 들어온다. 참으로 추천할 만한 곳이다. 그런데 많은 관광객이 이렇게 전망 좋은 곳이 있다는 사실을 전혀 모른 채 아테네를 떠나는 것 같다.

● 관광객들이 많이 찾는
플라카 거리

●● 아나피오티카 거리.
낭만이 철철 넘치는 이 거리를
둘러보지 못하고 아테네를
떠나는 이들이 많다.

아나피오티카에서 만난 아테네 시민들은 수더분하였다. 그들에게는 경계심도 별로 없고, 남을 함부로 불신하는 모습도 볼 수 없었다. 아테네와 그리스는 알면 알수록 정말 괜찮은 나라요, 좋은 사람들이 사는 곳이라는 생각이 들었다.

## 역사는 과연 진보하는가

이곳에 머무는 동안 나는 한 사람의 역사가로서 이른바 '발전론'이란 것이 얼마나 허무한지를 거듭 깨달았다. 역사는 한 단계 한 단계씩 차근차근 앞으로 나아가리라는 믿음은 허황한 것이다. 그리스 문화를 살펴봐도 그렇다.

기원전 4~5세기 그리스 문화는 실로 찬란하였다. 허다한 미술품, 특히 조각상을 일별해보아도 알 것이다. 그런데 그 수준을 뛰어넘는 어떤 시기가 그리스 역사에 존재하였던가. 로마의 예술품도 그리스를 모방했을 뿐이다. 그리스의 황금기를 계승한 민주정치도, 조각 작품도 쉽게 다시 나타나지 않았다. 내가 보기에 인간의 역사에는 길흉이 반복하기 마련이다. 끝없이 펼쳐지는 진보의 물결 따위는 어디에도 존재하지 않는다.

또, 어느 한 시기의 문화적 창조와 융성은 독창적인 결과물도 아니다. 교섭, 조합, 융합의 결과가 아닌 것이 없다. 고대 이집트와 페르시아의 문화적 성과를 무시하고는 그리스 문화의 번영을 논하기 어렵다.

현대 한국 사회는 많은 점에서 괄목할 만하다. 그러면서도 매우 고루하고, 옹졸하고, 고립된 점이 있다. 우리는 아직도 세계와 격리된 외로운 섬에 홀로 사는 것처럼 착각하고 있는 것 같다. 안타까운 일이다.

고대의 그리스 문명과 로마제국의 영화는 사라졌으나, 미국은 그 계승자로서 군림하고 있는 듯하다. 현대의 이집트, 페르시아 왕국에 해당하는 나라들도 있다. 러시아가 있고 독일과 중국도 버티고 있다. 지금은 이들 여러 강대국이 그리스의 지정학적 가치를 제대로 평가하고, 자국의 이익을 키우기 위해 마구 이용하려고 하는 모양이다. 중국은 피레우스 항구를 사실상 독차지했고, 미국은 북대서양조약기구를 통해 그리스를 지배한다. 그런가 하면 독일은 유럽연합의 깃발 아래 이 나라를 실질적으로 통치한다. 러시아 역시 그리스 반도에서 자국의 영향력을 강화하려고 백방으로 노력한다는 인상을 받았다.

그리스 시민들은 자국의 지정학적 가치를 충분히 알고 있을까? 물론이다. 하지만 그리스의 기득권층은 나약하고 외세 의존적이다. 그들은 지난 1천 년의 곡절 많은 역사를 통해서 강대국에 순종할 때만 자신의 가문을 지킬 수 있고, 개인의 사적인 이익을 도모할 수 있다고 배운 것일까. 국가의 이익을 한순간에 포기할 수도 있는 사람들이 이른바 사회지도층 가운데 많다는 비판이 끊이지 않는다. 말하자면 잠재적인 배신자들이 많은 나라가 그리스이다. 내게는 그리스의 이러한 모습이 결코 낯선 타국의 일로 생각되지 않는다. 사라진 줄로 알고 있던 사대주의의 망령이 우리 곁에 엄연히 살아 있음을 느낄 때가 아직도 있기 때문이다.

유감스럽게도 그리스는 탈세의 나라이다. 아테네에 머무는 동안 내가 자주 찾아간 자그만 음식점이 하나 있다. 처음 몇 번은 꼬박꼬박 영수증을 끊어주더니, 서로 낯이 익자 영수증이 자취를 감추었다. '세금은 내서 뭐 해?' '재벌들도 안 내는데, 우리 같은 서민들이 왜?' 이런 식이었다. 책에서 읽은 사실이지만 그리스에는 아직 제대로 된 토지대장조차 존재하지 않는다. 이 나라가 투명성과 청렴성을 자랑하는 현대국가로 재탄생하기까지는 앞으로도 많은 시간과 노력이 필요할 것이다.

그럼 우리들의 조국 대한민국은 어떠한가. 여기에도 허다한 비정상적 관행이 차고 넘친다. 두말할 필요가 없을지도 모른다. 소크라테스와 아리스토텔레스의 자손들에게 어려운 일이라면, 단군 자손에겐들 쉬울 리가 있을까.

아테네는 지금 한창 교회 건축 붐이 일고 있다. 골목마다 그리스 정교회의 낡은 건물을 새롭게 꾸미는 풍경이 눈에 어지러울 정도이다. 15세기부터 19세기까지 무슬림이 지배하던 나라라서 최근까지도 이슬람의 흔적이 곳곳에 남아 있었다. 그러나 이제는 아테네 어디에도 모스크의 자취가 보이지 않는다. 그리스의 신전은 교회가 되었다가 모스크로 바뀌었다. 그 모스크가 지금은 또다시 교회로 둔갑 중이다. 변신은 아직도 현재진행 중이다. 발길이 닿는 곳마다 '보수 중'이란 팻말이 서있다. 이제 막 신장개업을 끝낸 교회도 많다. 꼭 이렇게까지 이슬람이 지배하던 과거의 흔적을 몽땅 지울

필요가 있을지 모르겠다.

　우리도 그런 편이다. 일제강점기 일본인들은 각처에 신사며 신궁을 요란하게 지어놓고 우리에게 참배를 강요했다. 그러다 해방이 되자 우리는 그 흔적을 남김없이 지우느라 무던히도 애를 썼다. 서울 남산의 안중근 의사 기념관도 그 시절에는 초대형 신사였다. 과거의 슬픈 흔적을 깨끗이 지우는 일을 나무랄 수도 없으나, 꼭 잘한 일이라고만 보기도 어렵다. 상처도 남겨두면, 더러는 약이 되는 법이다. 싹 쓸어낸다고 뭐가 근본적으로 달라지는가. 역사란 아픔을 끌어안고 제 길을 가는 사람들에게만 축복이 된다. 아테네에서 나는 또 다른 우리의 익숙한 모습을 발견했다.

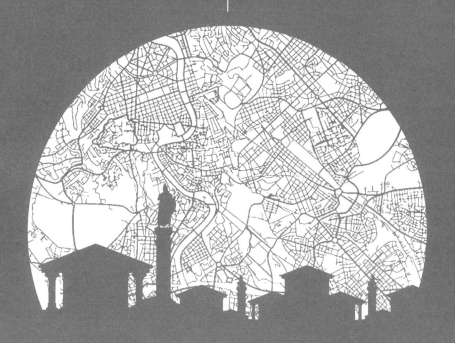

# 02

로마,
아직 남아 있는
제국의 향기

Roma

○ ○
○ ○
○

로마의 길거리는 늘 혼잡하다. 성수기인 봄부터 가을까지야 두말할 필요가 없지만, 한겨울에도 많은 사람이 몰려든다. 최근에는 사시사철 중국인 관광객들이 거리를 가득 채운다. '영원한 도시' 로마에 아직 남아 있는 제국의 향기를 맡으려는 이들의 발걸음이 부산하다.


## 아직도 살아 있는 로마제국의 유산들

서로마가 수명을 다한 것은 476년이었다. 지금부터 무려 1,540여 년 전의 일이다. 전설 속 로물루스 형제가 티베르 강가에 나라를 세우고 1천 년이 지난 뒤였다. 전성기를 지나 오랫동안 혼미를 거듭하던 서로마제국이 게르만의 용병대장 오도아케르에게 무너졌는데, 공교롭게도 로마의 마지막 황제도 그 이름이 로물루스였다.

옥빛을 머금은 티베르 강가에 서서, 나는 잠시 로마의 흥망성쇠를 헤아려보았다. 생각해 보니 로마제국이 망한 뒤로 1천 500년 이상 세월이 흘렀다. 찬란한 로마제국의 역사보다도 훨씬 긴 세월이 흘러간 것이다. 그러나 신기하게도 옛 로마제국의 자취가 우리가 사는 이 세상에 맥맥히 살아 있다.

　유형의 로마는 대부분 역사의 뒤편으로 사라져갔다. 웅장했던 신전, 귀족들의 화려한 저택도 잿더미가 되었다. 한때 장관을 뽐내던 목욕탕과 분수대에서도 본래의 모습은 찾아보기 어렵다. 찬란한 영광 뒤에 남은 것은 해골처럼 나뒹구는 쓸쓸한 석조의 잔해뿐이다.

　아직도 본래의 모습을 온전히 간직한 유물이 전혀 없는 것은 아니다. 보는 이의 시선을 압도하는 콜로세움과 판테온의 장엄한 모습이 떠오른다. 또, 허공으로 치솟은 높다란 수로교의 장관도 인상적이다. 웅장한 콘스탄티누스 개선문도 눈앞에 어른거린다. 카피톨로니 박물관, 바티칸 박물관에서 만난 여러 신상(神像)과 로마 황제, 정치가 및 한 시대를 이끌었던 학자들의 흉상들도 떠오른다. 그뿐이 아니다. 로마인들이 광대한 제국의 영토를 효율적으로 다스리기 위해 건설한 도로망도 자취가 뚜렷하다. 그 시절의 도로를 따라서 현재 유럽의 주요 도시를 연결하는 간선 도로망이 만들어졌다.

　로마제국이 후세에 물려준 무형의 유산은 더더욱 생명력이 왕성하다. 그들이 사용한 표음문자(로마자)는 오늘날에도 서구 각국의 공식 문자가 되어 날마다 사용된다. 로마제국 때의 달력은 몇 차례 수정을 거쳐 아직도 우리의 일상을 지배한다. 가령 2월을 뜻하는 페브러리(February)는 '깨끗이 정화한다'는 뜻인데 로마인들이 그렇게 부른 것이다. 한겨울철인 1월과 2월은 본래 아무 이름도 없는 달이었다. 그랬었는데 로마인들이 한번 이름을 붙이자 후세는 그것을 불변의 이름으로 삼았다.

　로마제국의 법률체계 역시 후세의 삶을 규정하는 잣대가 되었

바티칸.
로마 안에 있는 독립된 도시국가로서
전 세계 가톨릭교회를 지휘한다.

다. 유럽의 근대국가들이 로마법의 토대 위에서 일체의 법률을 재정비한 사실은 누구나 알고 있다. 나폴레옹의 〈민법전〉이 대표적이었다. 또한, 공화제(Republic)와 상원(Senate)과 같은 근대국가의 정치제도 역시 로마제국에 뿌리를 두었다. 종교적으로도, 로마의 전통은 여전히 살아 있다. 기독교는 로마제국의 국교가 됨으로써, 세계종교로 자리매김되었다. 그때부터 바티칸에는 가톨릭교회의 지도부가 자리 잡았다. 오늘날 바티칸은 로마 안의 독립된 도시국가로서 전 세계 가톨릭교회를 지휘한다. 한 마디로, 로마제국은 세계 제국의 원형으로서 현재는 물론 앞으로도 상당 기간 동안 이 세상을 운영하는 기틀을 제공할 것이다.


## 커피 애호가의 천국


2016년 2월, 나는 오랜만에 로마를 다시 찾았다. 여러 해 동안 유럽에 살았기 때문에 과거부터 이 도시는 내게 낯선 공간이 아니었다. 2월의 로마는 평균기온이 12도, 최저기온은 2도쯤이다. 서울에 비하면 10도나 높다. 그러나 방심은 금물이다. 아침저녁으로 로마의 대기가 차가웠다. 언 손을 호주머니에 찌른 채, 뜨거운 커피 한 잔의 온기를 빌리려고 카페로 종종걸음친 적이 여러 번이었다.

커피를 좋아하는 사람들에게 로마는 천국이다. 이른 오후 나는 판테온 부근의 카페 타짜도로(Tazza d'oro)에서 에스프레소를 즐겨 마셨다. 진한 그 향기가 이 글을 쓰고 있는 동안에도 코끝을 맴도는 느낌이다. 이탈리아 사람들은 정말 에스프레소를 사랑한다. 아침마다 그들은 에스프레소 한 잔으로 처진 눈꺼풀을 끌어올리고, 오후 세 시쯤에는 또 한 잔의 에스프레소로 오후의 졸음을 몰아낸다. 심장을 울리는 강한 자극을 주는 에스프레소라야 진짜 커피가 아니겠냐며 열변을 토하던 어느 로마 시민의 모습이 기억에 선명하다.

에스프레소에는 로마인다움이 오롯이 담겨 있다고 생각한다. 나는 지금 그들 특유의 실용 정신을 떠올리고 있다. 증기압을 이용해 기계로 커피를 추출하는 로마 사람들의 기술이 멋지다. 19세기 후반 이 기계가 사상 처음으로 등장했다. 최초로 특허를 출원한 이는 물론 이탈리아 사람이었다. 밀라노 출신 루이기 베제라(Luigi Bezzera)였다. 이후 여러 명의 이탈리아노(이탈리아 사람)가 더 좋은 기계를 만들기 위해 경쟁을 벌였다. 결과적으로 기술도 눈부시게 향상되었고 커피 맛도 갈수록 좋아졌다.

이탈리아반도에서는 커피가 생산되지 않는다. 커피는 본래 이슬람제국에서 애용하던 음료였다. 그것이 지중해 교역을 통해 오래전에 이탈리아로 유입되었다. 중세에도 이탈리아와 아랍의 상인들은 교역을 멈추지 않았기 때문에 가능하였다. 이탈리아 사람들에게는 생산지 따위는 그리 중요하지 않다. 상품으로서 가치만 충분하다면 무엇이든 스펀지처럼 마구 흡수하는 경향이 있다. 로마제국 때부터 이곳 사람들은 늘 그러했다.

"흐르는 물은 썩지 않는다." 로마제국의 속담이다. 로마인들은 유난히도 변화와 실용을 좋아했다. 그리하여 타민족의 기술, 특산품 및 장점을 수용하는 데 조금의 주저함도 없었다. 좋게 말해 로마 사람들은 실질을 숭상했다. 일반적으로 완고하기 이를 데 없는 법률 같은 것조차 로마인은 다르게 대했다. 그들은 누구보다 유연해, 정복지의 사정에 맞추어 법률을 개정하였다. 그들은 광대한 영토를 점령했고, 통치는 현지의 지배 세력에게 위임했다. 그러면서도 정복지의 백성들을 로마 시민으로 탈바꿈시키는 비상한 재주를 가졌다. 로마 이후에도 곳곳에서 거대한 제국이 들어섰으나, 로마처럼 피정복지역의 동화에 성공한 경우는 거의 없었다.

한마디로 로마제국은 실용의 나라였다. 실용 정신을 발휘해 온갖 보화를 수중에 넣은 로마 귀족들의 사치는 극에 달했다. 그들은 미각도 몹시 중시했다. 귀족들은 오후 서너 시만 되면 자리를 깔고 누워 하염없이 긴 만찬으로 날밤을 보냈다. 그 후예들이 에스프레소 기계를 창안해 세계인의 사랑을 받는 음료를 개발한 것은 전통에 어울리는 일이다.

로마에서 나는 여러 명의 에스프레소 장인을 만났다. 그들은 저마다 자신만의 비법이 있다며 명랑한 목소리로 자랑을 늘어놓았다. 오늘날 세계인이 즐겨 마시는 아메리카노 또한 에스프레소의 한 가지 변형이다. 에스프레소를 더운물로 적당히 희석한 것인데, 미국 사람들이 이런 커피를 처음 마시기 시작했대서 명칭이 그렇게 정해졌다.


### '역사의 실험실' 이탈리아

하필 내가 로마에 있을 때 한 사람의 이름난 천재가 세상을 떠났다

(2016.2.19.). 『장미의 이름』(1980)으로 유명한 움베르토 에코(1932~
2016)이다. 그로 말하면 현대 유럽을 대표하는 최고의 작가요 언어
학자이자 고전학자였다. 유럽 문화에 박통했던 그는, 이탈리아를
'역사의 실험실'이라고 불렀다. 옳은 주장이라고 생각한다. 평소에
나도 그와 비슷한 생각을 하였던 터이다.

　르네상스를 시작함으로써 중세의 종말을 알린 것도 다름 아닌
이탈리아였다. 그때 로마는 미켈란젤로를 비롯해 다수의 예술가와
학자들을 아낌없이 후원하였고, 피렌체와 밀라노, 베네치아 등 쟁
쟁한 도시국가들과 더불어 르네상스 붐을 선도하였다. 여기에는
아이러니한 점도 있었다. 구체제, 즉 중세의 권위를 상징하는 교황
과 고위 성직자들이 앞장서 르네상스를 후원한 사실이다. 그들은
이탈리아의 부호 및 귀족들과 서로 앞서거니 뒤서거니 하면서 자
신들의 특권을 보장해온 중세적 질서의 종말을 재촉한 셈이었다.
르네상스를 통해 자신들의 아성이 무너질 줄은 몰랐던 것이다.

　에코가 이탈리아를 '역사의 실험실'이라 했을 때 그는 무엇보다
도 이탈리아 현대사의 비극을 선명하게 의식했을 것이다. 무솔리
니가 집권함으로써 이탈리아는 역사의 판도라 상자를 열었다. 그
독재자는 본디 사회주의자였다. 그러나 사회주의로는 권력을 거머
쥐기 어렵다는 사실을 깨닫고 방향을 완전히 바꾸었다. 대중의 지
지를 받으려면 극우파로 변신할 필요가 있었다. 무솔리니는 권력
을 손에 넣기 위해서는 못할 일이 전혀 없었다. 시세에 민감했던 그
는 결국 집권에 성공해 독재자로 다시 태어났다. 이로써 역사상 최
초로 파시즘 정권이 이탈리아반도에서 탄생했다. 이후 로마의 파

시스트들이 독일 및 일본의 군국주의자들과 두 손을 맞잡고 제2차 세계대전의 참극을 일으켰다. 전사자만 해도 4,700만 명이 나왔을 정도로 그 전쟁의 참화는 컸다.

제2차 세계대전과 함께 파시스트는 권좌에서 제거되었다. 동반 몰락도 일어났다. 제국주의라는 구질서의 구심점이었던 영국과 프랑스 제국의 권위도 허물어졌다. 무솔리니의 등장, 이것이 마침내는 1945년 이후에 전개될 미국 중심의 새로운 세계 질서를 낳았다고 볼 수 있다. 이탈리아는 자신도 모르는 사이에 역사의 산파 노릇을 한 셈이다.

무솔리니가 발호하던 시절, 그에게 끝까지 저항한 한 사람의 위대한 정치사상가가 있었다. 옥중에서 사망한 안토니오 그람시였다. 그는 '옥중수기'를 통해 현대 사상계의 지형을 바꾸었다 해도 과언이 아니다. 그람시를 좋아하는 지식인은 아직도 많다. 내가 보기에, 그람시의 지적 유산 가운데서도 가장 탁월한 점은 두 가지이다. 하나는 대중과 깊이 연계된 지식인, 곧 그의 표현에 따르면 유기적 지식인(organic intellectual)이라야 세상을 바꿀 수 있다는 점에 착안했다는 사실이다. 둘째, 그람시는 유기적 지식인들이 진지전(war of position)을 일으켜야 한다고 보았다. 마치 진지를 구축하여 전투를 벌이듯, 지식인들이 운동의 거점을 만들어서 대중의 세계관을 차츰 변화시킬 수만 있다면 기득권층의 헤게모니를 대중이 장악할 수 있다고 보았다. 그렇게 되어야만 진정한 의미에서 새로운 세상이 열린다고 보았던 것인데, 수긍할 만하지 않은가.

로마에 머물 때 나는 이 도시의 외곽에 있는 한 공동묘지에 자리

그람시 무덤

한 그람시의 무덤을 찾아갔다. 비가 추적추적 내리는 날 오후였다. 말없이 붉은 장미 한 송이를 그 앞에 내려놓았다. 그 순간에 나는 그와 움베르토 에코, 그리고 이탈리아의 또 다른 천재적 사상가 니콜로 마키아벨리의 명복을 빌었다. 내 머릿속에서 그들은 각자 개성이 뚜렷한 개인인 동시에 '역사의 실험실' 이탈리아를 빛낸 특별한 이름이었다. 실제로 에코와 그람시의 글을 잘 읽어보면 그 안에는 마키아벨리가 살아 움직인다.

그들 세 사람은 공통된 염원을 가졌다고 나는 생각한다. 이탈리아가 아득히 먼 옛날, 로물루스의 신화시대부터 무한 반복되어온 '형제살해'의 비극에서 벗어나기를 그들은 염원하였다. 그들은 이탈리아가 진정한 의미에서 재통일되기를 바랐다고 믿는다. 통일된 이탈리아가 이 세상의 다른 어느 국가나 사회보다 더욱더 정의롭고 평등하며 형제애로 넘치기를 꿈꾸었다고 확신한다. 지중해 연안에 거대한 세계 대제국을 건설했던 로마의 후손들이 중세 이후 조그만 이탈리아반도 하나도 제대로 통일하지 못한 채 천년 세월을 허송하였다니, 참으로 믿기 어려운 사실이다.


## 혼란 속에서도 새 역사를 써왔듯이

오늘날 이탈리아의 형편은 어떠한가. 이미 19세기 후반부터 통일된 나라가 아닌가, 반문할 수도 있겠다. 겉보기에만 그러하다. 조금 자세히 들여다보면, 이 나라는 부패와 실업의 악질적인 고리를 끊지 못하고 깊은 혼란에 빠져있다. 에코는 바로 그 점을 날카롭게 통찰했다. 그래서 그는 현대 이탈리아가 새로운 역사적 실험에 성공하기를 간절히 소망했다. 과연 이탈리아의 역사는 매우 특별하다. 르네상스와 파시즘의 출현도 이탈리아에서 시작되었고, 말썽 많은 또 다른 유형의 현대 정치 세력이 처음 등장한 곳도 이탈리아이다.

오늘날 이탈리아는 정치 경제적으로 혼미하다. 로마의 대기도 혼탁하다. 하지만 거기에는 새로운 맛이 있다. 로마를 무대로 한 길고 긴 역사에는 늘 반전의 묘미가 있었다. 오랜 역사적 풍상을 견디며 이탈리아가 이룩한 하나의 특징이 그 점에 있다. 세계종교 기독교의 성장은 물론이고, 중세의 어둠을 밝힌 르네상스도 이곳에서 시작되었다.

로마제국의 역사를 깊이 들여다보면, 우리는 거기서 인간사회를 오랫동안 지배한, 하나의 거대하고 완강한 정치체제를 만날 수 있다. '제국'이라고 하는 것이다. 또, 그처럼 완강한 질서를 전복시키고야 마는 위대한 도전까지도 목격하게 된다. 맑게 갠 2월 어느 날, 관람객들의 긴 행렬에 섞여 콜로세움에 들어섰을 때 나는 그런 생각에 빠져들었다.

콜로세움에는 비명을 지르며 무참히 살해된 기독교인들의 목소리가 아직도 남아 있다. 그들의 죽음은, 제국의 강고한 무력 앞에 허무하게 무너진 인간의 무력감을 상징하는 것이었다. 그러나 결국 로마는 어떻게 되었든가. 의기양양했던 황제들은 머리를 조아리며 양순한 기독교 신자가 되어 온 제국의 신민을 개종하고야 말았다. 광대한 제국의 끝에서 끝까지 십자가로 장식된 교회를 봉헌하는 날이 왔다. 화려하고 웅장하기만 하던 로마의 자랑, 판테온조차 기독교회로 바뀌었다.

이 한 가지 사실만 보아도, 이탈리아는 움베르토 에코가 말한 그대로 '역사의 실험실'이었다. 교통도 혼잡하고 대기도 혼탁한 로마라는 대도시, 다수 시민은 생활고로 이맛살을 잔뜩 찌푸린 채 일상에 허덕이고 있다. 하지만 그들이 써온 역사의 힘을 과소평가하면 안 된다. 이곳은 혼란과 혼돈 속에서도 번번이 새 역사를 쓰고야 말았던 역사적 실험의 현장이다.

## 로마제국이 무너진 원인

로마제국은 동시대 중국의 한나라와 자웅을 겨룰 만큼 넓은 영토와 인구를 가졌다. 조금 깊이 들여다보면 차이도 있었다. 로마는 한나라보다 인적 기반이 다양했고, 물적 기반은 더욱 풍부했다. 그런만큼 로마에서는 도로와 수로가 더욱 발전하였다. 제국의 수명도 훨씬 길었다. 후세에 남긴 로마의 유산도 유형과 무형을 막론하고 훨씬 다양했다.

그래도 로마 역시 오랜 시일이 흐른 다음 역사의 저편으로 사라졌다. 로마의 멸망을 연구한 책은 현재까지 수백 종을 헤아린다. 기기묘묘한 주장들도 많다. 어떤 책에서는 동성애로 인해 제국이 멸망했다고 주장하기도 한다. 믿기 어려운 주장이지만 동성애가 상당히 광범위하게 퍼져있었던 것은 사실이다. 또 다른 책에서는 로마인들이 마신 수돗물이 중금속에 오염돼 멸망했다고 한다. 그들은 수도관을 납으로 만들었는데, 그로 인하여 장기간 수돗물을 마시면 중독을 피하기 어려웠을 것이다.

최근에는 기후변화로 인해 로마제국이 망했다는 주장도 나온다. 로마 시대의 대기오염을 조사한 연구 결과를 보면, 무분별한 자원 개발로 인해 환경오염이 심각한 수준이었다. 북극에서 채취한 로마 시대의 얼음은 그때 이미 대기가 놀랄 만큼 오염되어 있었다는 점을 증명했다. 기후변화가 가속되어, 로마제국 말기에는 연평균기온이 크게 떨어졌다. 지중해 각지에서 농업생태계가 속속 무너졌다.

생태계의 재앙 앞에 천하의 로마제국도 속수무책이었다. 여러 기록을 바탕으로 학자들은 로마제국 말기에 이상 저온 현상이 심했다고 주장한다. 그동안 농부들이 지중해의 산비탈에서 정성껏 가꾸었던 포도나무와 올리브나무가 해마다 죽어갔다. 숲이 사라지자 여기저기서 산사태가 일어나기도 했다. 제국의 전성기에는 지중해 연안에 인구가 꾸준히 증가해 산업이 크게 발전했다. 하지만 저온화라는 자연적 암초에 걸려 로마는 생계유지에 필수적인 식량조차 생산하지 못하는 지경에 놓이고 말았다. 일리가 있는 설명이 아닌가.

기후변화가 더욱 본격적으로 나타난 것은 5세기 초부터였다. 날씨가 추워지자 로마제국의 변방에 살던 '야만인'들이 그들보다는 상대적으로 풍요를 누리던 제국의 수도를 습격하였다. 고트족, 훈족, 반달족이 교대로 로마를 침략했다. 그로 말미암아 결국 제국의 멸망이 찾아왔다. 생태계의 변화가 정치 사회적 혼란과 맞물렸다고나 할까.

여기서 길게 말할 겨를은 없으나, 로마에서와 비슷한 상황이 동아시아에서도 전개되었다. 중국 북방에 5호 16국이 등장하고, 고구

려가 압록강을 넘어 한반도 중부 이남으로 세력을 확장한 것도 로마의 멸망을 전후한 시기였다. 과학이 고도로 발달한 오늘날에도 기후 문제는 여전히 난제 중의 난제이다. 인류사회는 과연 지구온난화를 무사히 극복할 수 있을지 모르겠다.

철옹성 같았던 로마제국을 멸망으로 이끈 보다 직접적인 원인은 무엇일까? 날이 갈수록 제국의 지배층은 더욱 착취를 일삼았다는 사실을 기억하자. 소수에 불과한 귀족이 재부를 독점하자 양극화는 갈수록 심해졌다. 이것이 결국 로마의 몰락을 가져왔다고 생각한다.

알다시피 로마제국은 정복지를 확대하기 위해 주변 나라를 끊임없이 공략했다. 전쟁이 장기간 계속되자 농민들은 자신의 농토로 돌아가지 못했고, 농경지는 귀족들의 사유지로 바뀌었다. 삶의 터전을 잃은 농민들은 하나둘씩 고향을 떠나 대도시 로마로 몰려들었다.

로마 인구는 계속 증가했다. 전성기 로마의 인구는 100만을 넘었다. 그중 절반 이상이 빈민층이었다. 제국은 빈민들에게 무료급식을 제공했다. 정치적 불안을 줄이기 위해서는 어쩔 수 없는 일이었다.

권력자들은 빈민들에게 밀, 올리브오일, 포도주, 돼지고기를 무료로 나눠주었다. 정치적 안정을 위해 각종 오락도 무료로 제공되었다. 로마시민들은 서커스도 무료로 구경하였다. 목숨을 건 검투사의 경기가 날마다 연출되어, 시민들이 정치적 불만을 키우지 못하게 만들었다. 전성기 로마의 콜로세움에서는 매일같이 오전에는 기독교

콜로세움.
이곳에서 날마다 검투사 경기, 반역자 공개 처형,
각종 공연이 이루어졌다.

도들을 박해했고, 점심때는 사형수를 공개 처형했다. 그리고 오후가 되면 검투사를 등장시켜 피의 향연을 베풀었다.

황제들은 시내 곳곳에 분수를 설치하고 대형 공중목욕탕을 지었다. 남녀노소를 막론하고 모든 시민이 날마다 목욕탕을 이용할 수 있을 정도였다. 포퓰리즘 곧 선심성 대중주의가 널리 퍼져 제국의 재정은 만성적인 적자에 허덕였다.

서기 200년경, 로마는 연간 27만 톤의 곡식을 북아프리카와 이집트에서 수입했다. 그 가운데 3할쯤은 빈민층에게 무상으로 분배되었다. 제국의 재정이 넉넉할 때조차 적잖이 부담되는 일이었다. 훗날 로마제국이 군인황제 시대에 접어들어 사분오열되자 사정은 더욱 나빠졌다. 정치는 극도로 불안정해졌으나 포퓰리즘은 지속할 수 없게 되었다. 빵을 내놓으라는 빈민들의 함성은 폭동으로 바뀌었다. 이때부터 로마는 중심에서부터 저절로 무너졌다.

로마제국은 양극화 문제를 적극적으로 해결하지 못했다. 통치자들은 로마의 기득권층을 설득하여 경제적으로 양보하도록 유도하지 못했다. 그들은 대중주의라는 우회적인 수단을 선택하였는데, 끝내는 그것이 제국의 비극적 운명을 낳은 독배가 되었다. 로마에 머물 때 나는 해질 때쯤이면 한가하게 포로 로마노(로마 공회장)를 산책하였다. 산책길에서 나는, 어쩌면 역사란 이따금 반복되는 것일지도 모르겠다고 생각했다.

03

스톡홀름,
바이킹의 후예들이 만든
복지사회

○
○
○
○

스톡홀름은 스웨덴의 수도요, 스칸디나비아반도에서 제일 큰 도시
이다. 14개의 섬을 57개의 다리로 연결한 도시라서 '북방의 베네치
아'라는 별명이 있다. 알다시피 스웨덴은 지구상에서 복지제도가
가장 완벽하게 갖춰진 나라이기도 하다. 시간을 거슬러 올라가면
한때는 가장 무자비했던 바이킹의 후예들이다. 그들이 마침내 자
유와 평화를 구가하는 복지국가를 만들었다는 사실이 경이롭다.


## 과연, 바이킹의 후예들!

이 도시의 유별함은 지하철역에서 시작된다. '세상에서 가장 긴 미
술관'이라는 별명이 붙어 있다. 지하철 역사를 예술 공간으로 만드
는 작업이 1950년부터 시작되었다고 하니, 그 역사 또한 길다. 화
가, 조각가, 건축가, 공학자, 만화영화 제작자는 물론, 일반 시민들
까지 공동으로 참여했다. 전문가와 일반 시민이 함께 어울려 대형
예술작품을 만드는 협동 작업이었다. 이야말로 스웨덴 사회의 특

스톡홀름 지하철역.
전문가와 시민이 공동으로 작업한
벽화가 인상적이다.

징을 압축적으로 보여주는 좋은 예이다.

처음에는 세 명의 예술가(Per Olof Ultvedt, Signe Persson-Melin, Anders Österlin)가 중앙역 벽화 작업에 착수했다. 곧이어 많은 예술가와 시민들도 공동 작업에 참여했다. 수년 동안 그들은 지혜를 모아 협력했다. 그 결과 거대한 청색의 넝쿨 줄기가 백색의 벽을 타고 천장까지 시원스럽게 쭉 뻗어가는 모습이 탄생했다. 초대형 백색 캔버스에 청색 줄기가 시원스럽게 전개된 모습이 힘차고 평화롭다.

생각해 보니, 바이킹 시대에도 그들의 가공할 힘은 협동에서 나왔다. 우두머리의 명령에 따라 바이킹 전사들은 한몸처럼 움직였다. 그들은 용머리가 장식된 기다란 배, 즉 용선을 타고 죽음의 바다로 곧장 나아갔다. 위험천만한 항해였다.

선박 전문가들의 분석에 따르면, 바이킹의 용선은 당대 어느 나라의 선박보다도 빠르고 균형이 잘 잡힌 배였다고 한다. 그들은 필요에 따라 중앙의 돛대를 마음대로 세웠다가 눕힐 수 있었다. 또, 바람이 부는 방향에 따라 돛의 방향도 마음대로 바꿀 수 있었단다. 그러면 어느 방향에서건 바람이 조금이라도 불기만 하면 원하는 방향으로 배를 몰 수 있었다.

최근 유럽의 실험고고학자들은 용선을 복원하여 실제로 항해 실험을 했다. 북해의 해저에서 용선의 잔해가 발굴되었기에 가능한 일이었다. 실험 결과, 위에 적은 바와 같은 용선의 성능과 특징이 더욱 구체적으로 밝혀졌다.

바이킹은 강의 상류에 이르러 물줄기가 끊어져도 항해를 쉽게 포기하지 않았다. 그들은 기름칠한 통나무를 땅바닥에 일정한 간격으로 깔았다. 그 위로 용선을 조금씩 밀었다. 이런 방식으로 바이킹은 수십 킬로미터 숲길도 헤쳐나갔다. 강물 줄기가 나올 때까지 배를 끌고 밀면서 전진하였다. 우두머리는 강한 용기와 신념으로 무장되어 있었다. 부하들의 단결심과 복종심도 대단해, 바이킹의 침략으로부터 안전한 곳은 유럽 대륙 어디에도 없었다.

따지고 보면, 스웨덴뿐만 아니라 노르웨이와 덴마크도 바이킹의 후손이다. 오늘날 이들 세 나라가 도달한 사회복지와 성평등 수준은 사상 최고다. 과다한 복지비용으로 말미암아 그 혜택을 자국민에게만 제한하자는 움직임도 적지 않다. 특히 스웨덴에서는 선거에서 극우파가 상당히 많은 표를 얻기도 한다. 이처럼 내부의 정치적 불화가 계속되고 있는 것은 엄연한 사실이다. 그렇더라도 큰 틀에서 보면, 스칸디나비아 여러 나라는 세계 역사상 완전 복지 구현이라는 새로운 이정표를 마련했다고 보아도 좋겠다. 그 옛날 바이킹의 신념과 용기, 협동의 전통이 아직도 살아 있다는 느낌이 든다.


## 고요하면서도 힘찬 도시

스톡홀름은 조용하고 한가하다. 이 도시 출신인 내 친구 안더쉬도 고요한 성품이다. 그렇대서 그가 꼭 정적인 사람이란 뜻은 아니다. 스톡홀름이란 도시도 마찬가지이다. 그들의 특징을 나는 정중동(靜中動)이라 표현하고 싶다. 고요한 스톡홀름이지만 역사의 힘찬 맥박을 느끼게 하는 유적들이 많다. 유서 깊은 스톡홀름시청과 세르엘 광장도 그렇고, 스웨덴 왕궁과 유럽 최대 규모인 스칸센(요새) 야외 박물관도 스웨덴 역사의 역동성이 느껴지는 곳이다. 보통은 잘 모르는 사실인데 중세 이후 18세기까지도 스웨덴은 덴마크와 더불어 북유럽 최대 강국이었다. 핀란드 같은 나라는 스웨덴의 식민지였고, 지금도 그곳에서는 자국어와 함께 스웨덴어를 공식 언어로 사용한다. 바이킹의 후손들은 바이킹 시대가 끝난 뒤에도 오랫동안 강대한 세력을 유지했다.

바이킹의 유물을 후세에 전하는 바사 박물관은 강대국 스웨덴의 역사와 기질을 한눈에 보여주는 곳이다. 스톡홀름 대성당, 노벨박물관, 스톡홀름국립미술관, 유르고르덴(동물정원)과 스톡홀름도서관 역시 북유럽의 전통적인 강자가 현대에 이르기까지 명맥을 유지했다는 점을 생생하게 알려주는 역사의 창이다. 특히 노벨상을 제정한 사업가 노벨의 성공담은 그들이 근대적 공업화에도 성공한 사실을 증명한다.

고풍이 은은한 여러 장소를 둘러보면, 스웨덴 사람들이 누구인지를 잘 이해할 수 있다. 그들의 역사를 살펴보면, 맨 처음에는 바이킹의 활기찬 시대가 열렸다. 이어서 차츰 유럽의 중세적 질서, 곧 기독교와 봉건제도에 순응하였다. 바사 박물관에는 그 시절의 역사를 증언하는 유물이 많다.

중세가 끝나고 16세기가 되자 스웨덴은 이웃인 덴마크의 정치적 구속에서 벗어나 독립국의 지위를 얻었다(1523년). 그때까지는 덴마크가 북유럽 최강자였다. 이후 사정이 달라진다. 구스타프 1세는 뤼베크(독일)의 정치적 후원에 힘입어 스톡홀름을 수도로 정했

구스타프 아돌프 광장

다. 독일에서 종교개혁이 일어나자 스웨덴은 루터파의 신교국가가 되었다.

이후 스웨덴은 강대국으로 착실히 성장했다. 그 정점에 사자왕 구스타프 아돌프가 있었다. 왕은 신교와 구교가 정면충돌한 독일의 30년 전쟁(1618~48)에 참전하였다. 그는 신교 측의 명장으로 여러 전투에서 이름을 떨쳤다. 지금도 독일어에는 '노련한 스웨덴 사나이'라는 표현이 있다. 스웨덴 병사들은 누구보다 용감했고, 승리를 보장하는 우수한 병력자원이었다.

스톡홀름이 더욱 강대하고 문화 예술적으로 명성을 떨치게 된 시기는 18세기 후반이었다. 그때가 되면 북유럽 국가들은 물론, 러시아의 상당 부분까지도 스웨덴의 세력권으로 들어왔다. 부강한 스톡홀름에는 왕립오페라극장을 필두로 스웨덴 아카데미, 왕립도서관 등이 잇따라 건립되었다.


## 노벨과 아바, 린드그렌에서 이케아까지

이후 영국에서 일어난 산업혁명의 물결이 스웨덴에도 이르렀다. 그때 알프레드 노벨이 등장하여 창의적인 사업가로서 크게 성공했다. 알다시피 그는 다이너마이트 사업으로 거부가 되었다. 그러나 재산을 가족에게 물려주지 않았고, 유언장을 작성해 모든 재산을 사회에 환원하였다. 노벨은 문명 발달에 공헌한 사람들을 찾아내 고무 격려하고자 했다.

그의 뜻을 받들어 1901년부터 노벨상이 제정되었다. 상당한 시간이 흐른 뒤에는 노벨 물리학상, 노벨 화학상, 노벨 생리학·의학상, 노벨 문학상, 노벨 평화상이 운영되기에 이르렀다. 2018년에는 노벨 문학상이 수상에서 제외되기도 했으나, 그것은 극히 예외적인 일이었다. 해마다 12월 10일이 되면, 스톡홀름시청은 그해의 노벨상 수상자를 초대해 성대한 연회를 베푼다.

오늘날의 스톡홀름은 탁월한 문화도시이다. 음악을 좋아하는 이라면 누구나 그룹 아바(ABBA)를 기억할 것이다. 1972년부터 1982년까지 활동한 4인조 남녀 혼성 그룹 말이다. 아바의 앨범은 무려 3억7천만 장 넘게 팔렸다고 한다. 아바의 리듬과 선율에 담긴 북유럽 특유의 독특하고 순수한 정서가 전 세계 대중음악 팬을 사로잡았다.

문화 이야기가 나왔으니, 아스트리드 린드그렌도 그냥 지나칠 수 없다. 그는 초등학교 교사였다. 어느 날인가 사랑하는 딸이 병석에 누웠다. 엄마는 즉석에서 지은 이야기를 들려주며 딸을 간호했다. 이런 인연으로 그 유명한 『내 이름은 삐삐 롱스타킹』이 탄생했다.

1945년 삐삐 이야기 첫째 권이 출판되었다. 1975년까지 10권이 이어졌다. 용감한 소녀 삐삐는 린드그렌의 분신이었다. 모험을 일삼는 소녀, 용감 쾌활하고, 창의적이며 독립적인 어린이다. 삐삐로 말하면 고아나 다름없는 처지였다. 그 아이를 이야기의 전면에 내세워 온갖 문제를 스스로 극복하게 하였다는 점에서, 린드그렌은 완전히 새로운 동화를 쓴 것이었다. 동서양을 막론하고 동화를 통해 은연중 주입되는 얌전한 소녀상과는 거리가 한참 멀었다. '삐삐 롱스타킹'은 여성의 동등한 권리를 주장하고, 한걸음 더 나아가 어

린드그렌 동상.
그의 작품 『내 이름은 삐삐 롱스타킹』은 기존 동화와
완전히 다른 새로운 작품으로 전 세계 어린이의 사랑을 받고 있다.

린이의 인격적 독립을 촉구하는 무언의 항의이기도 하였다.

초등학교 시절 나도 이 책을 만났다. 어린이 잡지에 실린 연재물을 통해서였다. 손에 땀을 쥐다가도 금세 요절복통하기를 여러 차례 반복했다. 그런데 스톡홀름 듀르가르덴 섬에서 삐삐를 다시 만났다. 그곳에 주니바켄, 즉 어린이 박물관이 있어 삐삐와 린드그렌에 대한 정보를 많이 얻을 수 있다.

삐삐 이야기도 그렇지만 스웨덴 사람들은 실용과 단순 소박함을 추구하는 것 같다. 그에 더하여 용기와 쾌활한 웃음을 더한 독특한 미학을 사랑하는 것이 아닐까 짐작한다. 스웨덴 사람들의 이런 모습에서 나는 왠지 바이킹의 얼굴을 재발견하는 것 같은 생각이 든다. 스웨덴 왕궁의 뜰을 거닐 때 이런 생각이 떠올랐다.

스웨덴 문화의 특징을 생각하다 보면 자연히 가구제조업체 이케아(IKEA)도 언급하고 싶어진다. 스톡홀름 지하철 역사 건물이 그러하듯, 이케아 가구도 협동을 상징한다. 가구 전문가의 디자인을 소비자가 직접 조립하는 식이라서 그렇다. 단순 소박하면서도 우아한 품위가 느껴지는 것이 정말 스웨덴의 문화적 전통과 잘 어울린다고 생각한다.

유서 깊은 문화적 전통은 대개 이런 것이 아닐까 한다. 사물의 외관은 시대마다 달라질지언정, 장구한 세월의 흐름에도 퇴색하지 않는 한결같음이 문화에 내재한다. 스톡홀름에서 나는 이런 느낌을 여러 번 가졌다. 여행이란 한 사회의 겉모습만이 아니라 깊이 숨어 있는 본질을 실감하는 기회이기도 한 것 같다. 그런 이유로, 나는 틈만 나면 유럽의 여러 도시를 즐겨 찾는다.

# 바이킹, 무엇을 먹고 마셨나

스톡홀름은 춥다. 위도가 높으니까 당연한 일이다(북위 59.2도). 수년 전, 내가 이 도시를 찾았을 때도 그랬다. 3월인데도 기온은 영하일 때가 많았다. 서울로 치면 12월 중순에 해당하였다. 이곳은 날씨도 춥고 일조량도 부족하다. 농산물 재배가 쉬울 리 없다. 그들의 식탁에는 자연환경의 위력이 그대로 반영된다.

바이킹 시대부터 이 나라 사람들은 술이 세다. 추운 날씨에 육체노동을 하려면 높은 열량이 필요한 것은 물론이다. 열량을 빨리 섭취하려면 독주만 한 것이 없다. 스웨덴 사람들은 옛날부터 독한 증류주를 즐겨 마셨단다. 1879년, 스웨덴 사람 라스 올슨 스미스가 앱솔루트 보드카를 처음으로 생산했다. 보드카는 물론 러시아 국민주로 유명하지만 가장 도수가 높은 보드카를 만든 것은 스웨덴 사람이었다. 흥미로운 일이다.

여담이지만 바이킹은 술이 셀수록 남자답고 영웅적이라고 생각했다. 이런 전통이 아직도 스웨덴에 남아 있다. 때문에 알코올 중독에 걸린 사람들이 유독 많은 사회이다. 스웨덴 정부는 이 문제를 해결하려고 술값을 다른 나라들보다 훨씬 높였다. 해외의 주류가 함부로 반입되지 못하게 감시하는 것으로도 유명하다. 여름철이면 승용차를 몰고 스웨덴으로 여행 가는 유럽인들이 많은데, 국경에서 일일이 짐칸을 열고 술을 많이 가져가지 못하게 한다는 말을 들은 기억이 있다. 또, 원하는 대로 마음껏 술을 마실 수 없게 통제하는 것으로도 악명이 높다. 수십 년 전에는 식료품 가게마다 호별 주류 판매량을 꼼꼼히 기록하였다고 들었다. 그래도 워낙 많은 사람이 술을 좋아해, 관리에 어려움이 컸다고 한다.

짐작할 수 있다시피 스웨덴 요리는 단순 소박하다. 건빵인 크네케브뢰드가 특히 유명하다. 아득한 옛날 바이킹은 용선을 타고 여러 날 동안 항해하였다. 그동안에 그들은 배 안에서 거의 굶다시피 하였다. 먹을 것이라고는 크네케브뢰드밖에 없어서 말린 빵을 잘근잘근 오랫동안 씹었단다. 용선을 탈 일이 없게 된 지금도 스웨덴 사람들은 크네케브뢰드를 즐겨 먹는다.

연어를 소금에 절인 그라블락스도 전통음식이다. 스웨덴 북부에서는 청어를 소금에 절여 먹는다. 수르스트뢰밍이라고 부르는데, 그 맛에 익숙하지 않은 사람들은 냄새만 맡아도 기절할 정도다. 절인 청어를 애호하기로는 네덜란드 사람들도 유명하다. 그들 역시 발효된 청어를 즐겨 먹는다.

또, 소시지도 있고, 소금에 양배추를 절인 자우어크라우트도 있다. 이 음식은 독일에서도 인기 있는 샐러드이다. 우리로 치면 김치 같은 것이다. 스웨덴은 자연환경이 척박하고 겨울철이 길다. 그래서 바이킹은 짜디짠 저장식품에 주로 의존했다.

전통적으로 그들은 수렵채집을 통해 식료품을 조달했다. 사냥에서 잡은 순록과 사슴, 또는 바다에서 낚은 연어와 청어가 가장 인기를 끌었다. 여기에 더해 숲에서 채집한 다양한 딸기(베리) 및 버섯류가 식단에 추가되었다.

바이킹 시대에도 물론 풍성하게 차린 식탁이 없지 않았다. 유럽 각지를 노략질하며 살았던 터라 화려하게 식탁을 장식한 큰 잔치가 벌어질 때도 많았다. 또, 협동심을 강조하느라 부족 구성원들이 모두 함께 어울리는 문화도 발달했다. 풍성한 식탁에 둘러앉아 누구나 마음껏 먹고 마시는 기회가 없지 않았다. 스뫼르고스보르드(뷔페)가 그것이었다. 혹자는 여기서 뷔페가 유래했다고 주장하기도 한다. 그러나 반론도 만만치 않아 정설이라고는 말할 수 없다.

스웨덴의 음식문화에도 지역에 따른 차이가 있다. 남부지방은 기온이 온난한 편이어서, 식탁도 북부에 비하면 풍성하다. 바이킹 시대가 끝나고 수백 년이 지난 다음에 그들은 남쪽으로 영토를 확장했다. 덴마크를 물리치고 스코네 지방을 차지하게 되어, 밀도 재배하고 낙농업이 발전했다. 덕분에 식탁이 화려해졌다.

그런데 북부지방의 식탁은 여전히 바이킹 스타일을 선호하였다. 투박하기가 이를 데 없을 지경이었다. 그러나 17세기 이후로는 이곳에도 변화가 찾아왔다. 이웃 나라인 러시아 요리도 전해졌고, 원거리 교역로를 통해 오스만제국의 음식도 알려졌다. 아울러, 아메리카에서 건너온 감자까지 합류했다. 덕분에 식단이 다양해졌고, 양적으로도 넉넉해졌다.

그러나 과장은 금물이다. 적지 않은 변화가 일어났다 해도, 스웨덴의 식탁은 여전히 바이킹의 전통 위에 서 있다. 소박하고 단순한 절임 식품으로 스웨덴 사람들은 자녀를 강건하게 키운다. 스톡홀름에 머무는 동안, 내 입맛에는 모든 음식이 너무 짜게만 느껴졌다. 그런데도 꾹 참고 내 앞에 놓인 접시들을 차례로 쓱쓱 비웠다. 바이킹의 후손이라도 된 듯한 심정이었다.

# 부족한 농토를 찾아서

바이킹의 실제 모습이 궁금해서 바사 박물관을 찾아갔다. 그곳에서 나는 진정한 바이킹의 모습을 보았다. 본래 그들은 북유럽 여러 지역에 흩어져 살았다. 특히 스칸디나비아 해안이야말로 그들에게는 삶의 터전이었다. 오늘날 덴마크와 노르웨이 및 스웨덴 사람들이 모두 바이킹의 후예들이다. 초기에 덴마크의 바이킹은 영국에 진출했고, 노르웨이의 바이킹은 프랑스로 내려가 노르망디를 차지했다. 스웨덴의 바이킹은 러시아를 창건한 것으로 유명하다. 이들 세 나라에는 어디나 바이킹의 유물을 잘 정리한 박물관이 있다. 바사 박물관도 그 가운데 하나다.

바사에서 나는 바이킹의 용선을 자세히 뜯어보았다. 일단 많은 바이킹의 유물을 둘러보고 나자, 그들이 개척한 아이슬란드와 그린란드의 풍경이 눈앞에 떠올랐다.

바이킹에게는 농토가 부족했다. 그래서 그들은 새로운 농경지를 확보하기 위해서 끝없이 노력하였다. 차마 웃지 못할 것이 그린란드라는 이름의 유래였다. 사실 그 섬에는 녹색의 초지가 전혀 없었다. 그러나 농경에 대한 꿈을 지닌 이주민을 많이 모으려고, '녹색의 땅'이라는 이름을 붙였다고 한다. 비겁한 속임수라고 비웃기에는 바이킹의 소망이 너무도 절실했다.

바이킹은 콜럼버스가 아메리카에 도착하기 이미 수백 년 전에 북아메리카에 도달했다. 그러나 원주민의 저항이 워낙 거셌고, 기대했던 만큼 교역상의 이익을 거둘 수 없었다. 얼마 후 바이킹은 북

바이킹 용선

아메리카에서 완전히 철수했다.

혹독한 자연조건은 바이킹의 운명에 큰 영향을 끼쳤다. 그들은 도저히 자급자족으로 생계를 이을 수 없었다. 침략행위도 무한정 계속될 수 없었다. 그러자 생활의 안정을 위해 바이킹은 국제 교역에 뛰어들었다. 스웨덴 비르카섬을 비롯해 여러 곳에 교역소를 설치했다. 북유럽 최초의 도시 하이타부(현 독일 슐레스비히홀슈타인 주의 하데비)에 건설한 교역소에 아랍 상인들도 찾아왔다. 아랍인들은 이 도시를 '이 세상의 끝'이라며 놀라워했다.

바이킹 상인들도 가만히 앉아서 타국의 무역상을 기다리고만 있지 않았다. 그들은 위험을 무릅쓰고 유럽 내륙 깊숙이 파고들었다. 그 발길이 콘스탄티노플에까지 이르렀다. 눈앞에 펼쳐진 화려하고 번성한 콘스탄티노플의 풍경에 그들은 매혹되었다. 동서 교역의 중심지였던 그 도시를 바이킹은 '황금 수레'라 부르며 동경했다.

## 뿔 달린 투구 쓴 바이킹은 없었다

바이킹의 가장 인상적인 활동은 동서남북으로 전개된 침략 활동이었다. 그들은 영국, 독일, 네덜란드, 벨기에, 프랑스, 스페인 해안을 습격하여 값진 보물을 약탈했다. 나중에는 이탈리아까지 쳐들어갔다. 수많은 인명을 살상했고, 닥치는 대로 사람들을 납치해 거액의 몸값을 요구했다. 상당수의 포로를 노예시장에 내다팔았다.

돈이 되는 일이라면 무슨 일이든 했다고 할 정도로 악명이 높았다. 8세기 후반부터 약 200년 동안, 바이킹은 유럽 전체를 공포의 도가니로 몰아넣은 무적의 침입자였다.

793년 바이킹이 탄 용선이 영국 해안에 처음으로 나타났다. 린디스판 수도원이 침략의 대상이었다. 바이킹은 다른 유럽인들보다 훨씬 신체가 장대했고, 과감하고 잔인했다. 그러나 손에 쥔 무기는 보잘것없었다.

후세는 바이킹의 모습을 상상할 때 사슬로 된 갑옷에 두 개의 뿔이 달린 투구를 쓴 전사를 떠올린다. 역사가들의 고증에 따르면, 이것은 역사적 사실과 일치하지 않는다. 리하르트 바그너가 오페라를 창작하면서 멋대로 상상한 것이었다. 뿔 달린 투구 따위는 바이킹 사회에 존재하지 않았다. 갑옷을 입고 투구를 쓴 바이킹도 드물었다.

잔인한 약탈자로만 알려진 바이킹이었다. 하지만 그들도 진정한 평화를 추구했다. 또, 바이킹의 대부분은 전사가 아니라 어부와 농부였다. 바이킹 사회에는 본래 솜씨가 탁월한 금은세공업자도 많았다. 해적질에 종사한 바이킹은 부족장 휘하의 몇몇 용사들뿐이었다. 우리가 잘 몰랐던 사실이다.

부족장(야를레)은 기다란 집을 지어놓고 식솔을 많이 거느렸다. 그에게는 다양한 직업에 종사하는 구성원들이 있어 평시에는 평화를 구가하며 한가하게 살았다.

침략 활동이 편리한 여름철이 되면 부족장은 휘하의 전사를 이끌고 바다로 나아갔다. 닥치는 대로 약탈을 일삼았던 것인데, 다른 한편으로 여러 국가와 교역에도 종사했다. 이러한 대외활동으로 부족장이 집을 비울 때면 그의 아내가 통치권을 위임받아서 마음껏 행사했다. 독특한 사회구조였다.

바이킹은 '씽' 또는 '포크무트'라 불리는 회의체를 운영하였다. 이는 마을 회의 또는 부족 회의였다. 중요한 안건은 그러한 회의를 통해 결정되었다. 바이킹에게는 의회주의적인 전통이 있었다고 볼 수 있다.

부족이 모이는 큰 잔치가 열리면, 스칼드라는 궁정시인이 출연해 시를 읊었다. 12세기 이후 시가 문자로 기록되었다. '에다'이다. 북유럽 신화를 비롯해 바이킹 영웅들의 일생이며 모험담이 실려 있는 서사시였다.

## 바이킹의 기독교화

바이킹에 관해 자세히 얘기하려면 끝이 없을 것 같다. 이제 한 가지만 덧붙일까 한다. 10세기경, 다양한 층위에서 유럽 여러 나라와 바이킹의 접촉이 더욱 활기를 띠었다. 그 무렵 바이킹은 유럽의 기독교를 수용하기 시작했다. 처음에는 십자가를 한낱 장식품으로만 여겼으나, 점차 독일 선교사들의 권고를 진지하게 받아들여 개종을 결심하였다.

개종은 유럽 각국과의 교역망을 구성하는 데 도움이 되었다. 또, 바이킹의 종교적 신념에 따르면 용감한 전사와 사제들만이 사후에도 파라다이스인 발할에 들어갈 수 있었다. 평범한 사람들은 그럴 권리가 없었다. 그에 비하면 누구라도 천당에 갈 수 있다고 말하는 기독교 교리는 평민들에게 여간 매력적인 것이 아니었다. 기독교가

발할 상상도.
바이킹의 종교적 신념에 따르면, 용감한 전사와 사제들만 사후에
파라다이스인 발할에 들어갈 수 있다.

대세로 바뀌자 바이킹 권력자들도 기독교의 권위를 빌려 정치적 입지를 강화했다. 13세기 초, 노르웨이에 최초의 기독교회가 세워졌다. 이후 바이킹 사회는 서서히 기독교 사회로 변해갔다.

8세기 후반, 잔혹한 침략자로 유럽 역사에 홀연히 등장한 바이킹이었다. 그들은 전 유럽을 누비며 동서남북으로 길을 열었다. 결과적으로 유럽이 하나의 세계로 통합되었다. 또한, 그들이 무력으로 정복한 나라와 도시들, 즉 영국, 러시아, 노르망디, 팔레르모, 더블린 등은 유럽사의 주된 무대가 되었다.

시간이 흐를수록 바이킹은 점차 기독교 문화에 빠져들었다. 우르바노 2세가 십자군 전쟁(1096~1272)을 일으키자 그들은 원정군 대열에 합류했다. 이제는 기독교를 위해 이슬람 문명과 벌이는 대결에 앞장선 것이다. 이러한 역사적 전환의 중심에 스톡홀름이란 도시가 있었다. 나는 스톡홀름의 옛 시가지 감라스탄을 홀로 배회하며 바이킹의 역사를 추억했다.

오늘날 스웨덴의 핵심 가치는 평등이라고 해도 좋을 것이다. 그동안 내가 만난 스톡홀름 지식인들에게 복지국가로 가는 지름길을 묻고 또 물었다. 그들은 이구동성으로 대답했다. 평등은 근대 시민 사회의 중심 개념이지만 스톡홀름에서는 약간 다른 톤이 있다고 말이다. 무슨 뜻일까. 바이킹의 전통을 가리킨 것이었다. 부족 구성원 회의에서 평등한 권리와 사회적 합의를 존중했던 그들, 부족장의 아내가 부족장을 대신하여 전권을 행사하던 전통 속에는 이미 평등의 실마리가 있었다. 말괄량이 삐삐 역시 그런 전통을 딛고 선 혁명적 동화였다.

　　　　　　　　　　　　　　　　　　　　　　도시로 보는 유럽사

# 콘스탄티노플,
# 동서양을 연결한 '비단길'의
# 영광과 치욕

Constantinople

애거서 크리스티의 추리소설 『오리엔트 특급 살인』이 생각난다. 유럽의 주요 도시를 하나로 이어주는 호화로운 철도여행 중에 일어난 살인 사건을 다룬 명탐정 이야기다. 소설의 무대인 오리엔트 특급은 실제로 존재했다. 1889년 6월 1일, 첫 번째 특급열차가 파리를 떠나 이스탄불로 향했다. 1977년 5월 19일까지 이스탄불은 이 노선의 동쪽 종착점이었다. 이후 비행기가 여행 산업의 주류로 떠올랐고, 오리엔트 특급은 사양길에 접어들었다. 승객이 계속해서 줄어든 결과, 2009년 12월에 결국 노선 자체가 폐지되었다.

오늘날 이스탄불과 유럽의 주요 도시를 연결하는 직항로가 수십 개나 된다. 아득한 옛날부터 이스탄불은 유럽인들에게 각별한 의미가 있는 곳이다. 이 도시가 특별한 의미를 인정받게 된 것은 다름 아닌 지정학적 위치 때문이었다. 이스탄불은 유럽의 동쪽 관문이었다. 여기서 한 발짝만 더 동쪽으로 나아가면, 유럽인들에게는 낯선 아시아가 열린다. 이스탄불의 영광도 치욕도 동과 서 두 진영의 세력 관계에서 비롯되었다.

# 세상의 부를 거머쥔 도시

학교 다닐 때 지리를 싫어한 사람들이 많을 것이다. 외워야 할 지명은 너무 많은데 정작 가본 곳도 아니고, 개인적으로 아무런 관계도 없는 곳이 대부분이기 때문이다. 학창시절에는 나도 지리라면 진절머리를 냈다. 그러나 오랜 세월 동안 역사를 공부하다 보니 생각이 조금 달라졌다. 역사상 중요한 사건치고 지리와 밀접한 관계가 없는 것이 거의 없었다.

콘스탄티노플(이스탄불의 옛 이름)에 관한 이야기는 특히 지리적 설명을 떠나서는 무의미하다. 지리를 싫어하는 분은 이 대목을 무시하고 넘어가도 좋다. 하지만 이 도시의 중심지는 시대에 따라서 변천을 거듭하였기 때문에 구구한 지리적 설명이 조금은 필요하다. 인내심을 가지고 한 번 읽어두면 이 도시를 이해하는 데 도움이 될 것이다.

한 마디로, 유럽과 아시아를 연결하는 독특한 위치로 인해서 콘스탄티노플에는 진귀한 재물이 쌓였다. 아득한 고대부터 15세기까지 죽 그러했다. 무역으로 큰 이익을 본 도시이기 때문에 화려함은 상상을 초월했다.

오늘날에도 이 도시는 터키의 정치, 문화 및 종교의 중심지이다. 사통팔달한 교통 여건을 바탕으로, 무역업을 비롯해 상업 및 금융업이 활발하다. 세월의 변천에도 불구하고 한 도시의 지정학적 가치는 별로 달라지지 않았다.

여러 해 전 나는 그곳을 다시 찾았다. 때는 마침 4월이었다. 전년도 11월부터 시작된 우기가 끝나갈 무렵이었다. 사흘에 하루쯤 비가 내렸던 것으로 기억한다. 기온은 여행에 적당하였다. 덕분에 둘러보고 싶은 곳을 빠뜨리지 않고 다 돌아볼 수 있었다.

이스탄불의 지정학적 중요성은 몇 번이고 강조해도 지나치지 않다. 여기는 보스포루스 해협의 어귀이다. 그 해협은 골든 혼(Golden Horn) 및 마르마라 해(海)와 하나로 이어져 있다. 조금 자세히 말해 이스탄불은 위스퀴다르, 베욜루, 파티프 등으로 나뉜다.

위스퀴다르는 아시아로 가는 동쪽 전진기지이다. 그런 이유로 고대에 번성했다. 옛 이름은 스쿠타리(Scutari, 사각모형의 방패)라고 하는데 지형이 그 모양으로 생겼다. 워낙 요지라서 크림전쟁(1853~56) 때도 영국군이 기지로 사용했는데, 간호사의 대명사가 된 나이팅게일이 일한 병원도 그곳에 있었다.

베욜루는 중세시대를 주름잡은 교역의 무대였다. 당시 무역 강국이던 제노바와 베네치아가 무역상사를 운영하던 곳이다. 특히 베네치아는 이곳을 기지로 삼아 해상 교역권을 행사했다.

끝으로 파티프. 이곳이야말로 가장 중요한 곳이다. 기원전 660년, 그리스의 식민도시 비잔티움이 이곳에 있었다. 나중에 동로마(비잔틴)제국이 들어서자 그 중심지로서 1천 년 넘게 번영을 누렸다. 누구나 다 아는 하기야 소피아 대성당(현재는 터키어로 아야소피아 박물관, Hagia Sophia Museum)도 여기에 있다. 여행 중에 내가 둘러본 유물 유적도 대개 이곳에 있었다.

# 실크로드가 있었기에

콘스탄티노플의 융성은 실크로드(비단길)와 직접적인 관계가 있다. 동아시아에서 시작된 이 무역로의 서쪽에는 여러 도시가 번영을 누리고 있었다. 그중에서도 콘스탄티노플은 로마로 들어가는 관문이자 실크로드의 가장 서쪽에 버티고 있었다. 거기서 동쪽으로 가면 알렉산드리아를 거쳐, 바스라와 바그다드 등이 차례로 나타났다.

바그다드는 현재 이라크의 수도이다. 그곳은 고대 바빌론 왕국의 수도로서 바벨탑과 공중정원으로 이름을 떨쳤다. 또한 '아라비안나이트'의 무대이기도 했다. 상업 도시로 명성이 자자했을 뿐만 아니라, 이슬람제국의 수도로서 대규모 도서관과 '지혜의 집'이란 학술기관을 운영해 이웃 나라의 부러움을 샀다. 도시 외관 또한 인공의 원형 도시로 사람들의 눈길을 끌었다.

바스라는 굴지의 무역항이었다. 고대의 무역도시로 로마 시대의 유물이 쏟아져 나온 곳이다. 고대 이집트의 수도였던 알렉산드리아 또한 중요한 교역 도시였다. 클레오파트라 여왕의 궁궐이 있던 알렉산드리아는 고대 지중해 무역의 중심지였다. 또한, 지식과 정보의 산실이기도 하였다. 항구를 훤히 밝힌 팔로스 등대며 고대 세계의 지식이 대량으로 집적되어 있던 알렉산드리아 도서관을 다들 알 것이다. 이 도시 역시 실크로드에 연결되어 있었다.

'실크로드'라는 용어는 비교적 새로운 것이다. 19세기 독일 지리학자 페르디난트 폰 리히트호펜이 처음 사용했다고 한다. 그는 중국에서 중앙아시아와 인도를 거쳐 유럽으로 이어진 고대의 교역로

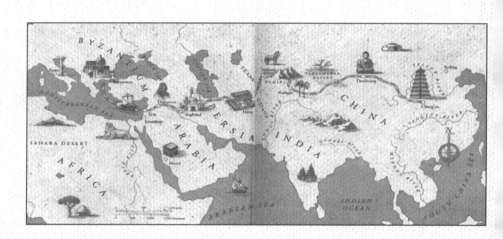

실크로드 지도

를 연구하다가 주된 교역상품이 중국산 비단이었다는 사실에 착안했다. 그래서 독일어로 '자이덴 슈트라쎄(Seiden Straße)', 곧 '비단길'이라 이름 지었다.

보통은 그 동쪽 기점을 당나라 수도 장안으로 보았다. 그러나 실은 삼국시대 우리나라의 수도들이며 일본까지도 비단길에 속했다. 각종 물건이 몽골초원을 가로질러 동서로 교역되었다. 주된 물품은 물론 값비싼 중국산 비단과 도자기였다. 유럽인들은 특히 비단을 애호했다. 동방에서는 로마와 페르시아의 유리그릇을 탐냈다. 전문가들은 경주 천마총에서 출토된 유리잔(보물 620호)도 서역에서 왔다고 본다. 비단길은 한국과 일본은 물론 베트남이나 타이 등 유럽과 중동 및 아시아의 많은 나라를 직접 간접으로 이어주었다.

비록 한 번에 그쳤다고는 하지만, 로마제국은 중국에 사신을 보내기도 했다. 그때 사신 일행은 콘스탄티노플을 거쳐 한나라 조정으로 갔다. 그들은 중국인들에게 비단 제조법을 물었으나, 중국의 입장은 부정적이었다. 중국은 로마와 직거래를 트고 싶지도 않았다. 이후로도 동서 양쪽을 오가며 무역은 계속되었다.

동서 양편의 교류가 가장 활발하기는 당나라 때였다. 비단길을 거쳐 중국의 제지기술과 차, 도자기, 비단 등이 서쪽으로 갔다. 본래 중국 측은 자국의 고유한 기술이 국외로 빠져나가는 것을 엄금하였다. 그 당시 동서 교역의 주도권을 쥔 쪽은 당나라였다. 그랬던 만큼 중국의 수도 장안은 국제도시로 번영을 누렸다.

그런데 8세기 중엽 사정이 바뀌었다. 탈라스전투에서 당나라가 이슬람 제국에게 크게 패했다. 중국인 포로 중에는 제지 기술자가 포함되어 있었다고 한다. 그리하여 중국의 제지술이 이슬람으로 파급되었다. 나중에는 유럽으로도 전해졌다. 이로 인해 이슬람 세계에 행정의 혁신이 일어났다. 양피지와 달리 종이는 가볍고 편리하며 가격도 합리적이었기 때문이다. 종이라는 존재는 지식의 생산과 보존을 편리하게 만들어 서양 세계에 르네상스를 선사했다. 아울러 인쇄 혁명의 불길도 지폈다. 이것은 물론 하나의 예에 불과하였다. 동서양의 여러 문물은 유형이든 무형이든 콘스탄티노플을 거쳐 양쪽으로 퍼져나갔다.

몽골(원)제국 때가 되자 중국이 다시 우이를 쥐었다. 몽골군대는 바그다드를 침략해 초토화했고 이슬람 국가를 점령하였다. 그들은 멀리 폴란드와 러시아까지도 공포에 떨게 하였다. 그로부터 얼마 지나지 않아 다시 평화가 찾아왔다. 베네치아(이탈리아) 상인 마르코 폴로 일행은 콘스탄티노플을 거쳐 원나라로 먼 여행을 떠났다. 그 여행기록은 『동방견문록』으로 정리되어 후세에 큰 영향을 끼쳤다.

동서 교역이 계속되는 1천 년 세월 동안, 콘스탄티노플은 중국의 수도와 더불어 최대 수혜자였다. 바이킹은 이 도시의 부를 부러워하며 '황금 수레'라고 불렀다. 그때 콘스탄티노플은 아랍 각지에서 온 상인은 물론, 이탈리아와 북아프리카, 러시아 및 북유럽 출신의 무역업자들로 북적였다.

도시로 보는 유럽사

# 하기야 소피아 대성당,
# 로마제국의 부흥을 꿈꾸다

콘스탄티노플의 정치적 위상을 더욱 높인 것은 동로마제국의 황제들이었다. 그 시작은 4세기경으로 올라간다. 게르만 민족이 이동하기 시작해 로마는 위협에 처했다. 그러자 콘스탄티누스 1세는 이 도시의 지정학적 가치에 주목했다. 330년, 황제는 이곳을 제2의 수도로 삼아 '콘스탄티노플'이라 명명했다. 콘스탄티누스 대제의 도시란 뜻이었다. 당시 그 황제는 분열된 로마제국을 재통일하는 데 성공하였다. 330년 5월 11일 월요일, 그는 이 도시를 '새로운 로마(Nova Roma)'라 부르며 동로마제국의 수도로 선포하였다.

뒤를 이어 황위에 오른 이는 콘스탄티누스 2세였다. 새 황제는 하기야 소피아 대성당을 건립했다(360년). 381년, 제1차 콘스탄티노플 공의회가 열려 이 도시는 로마에 버금가는 도시로 널리 인정되었다. 이후 이 도시는 알렉산드리아와 함께 수위권(교황의 권한)을 놓고 경쟁할 정도로 급성장했다. 소피아 대성당은 로마교황청과 패권 다툼을 벌이기도 했다.

그러나 소피아 대성당의 운명이 순탄하지는 않았다. 우선 화재가 발생해 큰 피해를 보았다. 다행히 테오도시우스 2세가 용단을 내려 재건축이 이뤄졌다(416년). 이어서 니카 반란이 일어나 대성당은 또다시 파괴되었다(532년). 유스티니아누스 1세(재위 527~565년) 때였다. 황제는 정치적 소요를 일으킬 가능성이 많은 정파를 탄압했다. 그 결과 일부 정치 세력이 '니카(그리스 말로 승리)'라는 구호를

외치며 폭동을 일으켰다.

황제의 반대파 정치가들은 이 기회를 빌려 아나스타시우스 황제의 조카인 히파티오스를 새 황제로 추대하였다. 그때 유스티니아누스 1세의 황후 테오도라가 정치 일선에 나섰다. 황후는 게르만 용병대를 움직여 반 황제파를 제거하고 황권을 회복하는 데 공헌하였다.

그러나 정치적 안정이 회복되자 황제는 대성당을 대대적으로 개축하기 시작했다. 에페소스의 아르테미스 신전과 레바논 바르베크의 아폴론 신전에서 기둥을 실어 왔고, 지중해 여러 도시에서 많은 석재를 운반해 왔다. 동로마제국의 재력이 풍부했고, 각지와 교역이 활발했기에 가능한 일이었다.

유스티니아누스 1세는 옛 로마제국의 영광을 되살리고자 했다. 황제가 로마법을 집대성해 역사에 큰 족적을 남긴 것은 유명한 일이다. 사실 황제의 염원은 오직 한 가지, 로마제국의 영속성을 증명하고, 부흥의 기틀을 마련하는 것이었다. 대성당의 개축도 그러한 의지를 반영하는 것이었다. 장인들이 5년 11개월 동안 심혈을 기울인 결과, 소피아 대성당은 장엄한 모습으로 부활했다. 이 대성당은 동로마제국의 자존심이었다. 대대로 황제들은 대성당의 화려한 모습을 유지했다. 이로써 이미 사라지고 만 서로마제국(476년 멸망)의 영광이 이곳에서 찬란하게 부활하였음을 세상에 말하고자 했다.

'하기야 소피아'(Hagia Sophia, 그리스어)는 성스러운 지혜를 말한다. 대성당은 15세기까지도 세계 최대 규모를 자랑했다. 중앙 돔은 지름이 31미터, 높이 54미터였다. 내벽을 장식한 아름다운 모자이크 벽화가 특히 유명하다. 본당 2층 회랑에 올라 황금색 모자이크를 감상할 때는 절로 감탄하지 않을 수 없었다. 지금까지 남아 있는 모자이크는 9세기 이후의 작품이다. 성경에서 밝힌 최후의 심판을 묘사한 것이다. 모자이크 가운데서도 예수와 성모 마리아 및 세례자 요한의 모습이 지극히 화려하고 성스러운 느낌을 준다.

성당 출구 쪽에 있는 모자이크도 아름답다. 황제들이 성모 마리아에게 콘스탄티노플과 대성당을 봉헌하는 모습을 묘사했는데, 그만큼 이 성당과 황제들의 관계가 밀접했다.

1054년, 가톨릭교회는 결국 양분되고 말았다. 한쪽은 로마교황청을 중심으로 운영되었고, 다른 한쪽은 소피아 대성당을 구심점으로 삼았다. 이때부터 대성당은 그리스 동방교회의 구심점이 되었다.

다시 400년이 흐른 15세기 중반 동로마제국이 명을 다했다. 콘스탄티노플이 이슬람의 지배 아래 들어가자 소피아 대성당도 모스크로 변신하였다. 본래 기독교 신앙을 묘사한 모자이크는 회칠해서 감춰졌다. 대성당에는 새로 미흐랍(mihrab)과 미나레(minare)가 설치되었다. 전자는 메카를 향해 만든 우묵하고 둥근 모양의 예배실이요, 후자는 이슬람 사원 특유의 첨탑이다.


## 십자군, 콘스탄티노플의 보배를 약탈하다

이 도시의 막대한 부는 사방으로부터 적을 불러들였다. 그들은 질투심 때문에 침략의 야욕을 감추지 못했다. 대성당 주변을 둘러보자니 〈십자군의 콘스탄티노플 입성〉이라는 그림이 떠올랐다. 1204

외젠 들라크루아, 〈십자군의 콘스탄티노플 입성〉

년 4월 12일, 십자군원정대가 콘스탄티노플을 함락시킨 장면을 생생하게 묘사한 그림이다. 그때 원정군의 주축은 프랑스 출신 기사들이었다. 이 그림의 작가인 외젠 들라크루아는 약탈과 살육의 현장을 사실적으로 그렸다(1840). 프랑스의 루이 필립 왕이 주문한 그림이다. 왕은 프랑스의 영광을 기록하는 데 열심이었다. 그래서 이런 그림도 필요했다. 1833년경부터 루이 필립 왕은 베르사유궁전에 프랑스의 옛 영광을 전시할 목적으로 박물관을 열었다.

콘스탄티노플을 무참히 짓밟았던 제4차 십자군원정대(1204), 그 원정대는 본래 이집트를 향해 출정식을 마쳤다. 그러나 우여곡절 끝에 목표가 바뀌었다. 부유한 무역도시 콘스탄티노플을 약탈하게 되었는데, 일이 그렇게 비뚤어진 데는 베네치아공화국의 흉계가 작용했다.

그 무렵 무역 국가 베네치아는 상당한 위기감에 시달렸다. 제노바와 피사, 아말피, 안코나 등 베네치아공화국과 경쟁 중이던 이탈리아의 여러 도시국가가 콘스탄티노플과 더욱 밀접해졌기 때문이다. 또, 콘스탄티노플은 그들 나름으로 지중해에서 중요한 거점을 확보하는 데 박차를 가했다. 그리하여 항로와 상품을 확보하는 데 어느 정도 성공했다. 전통적인 무역 강국 베네치아로서는 콘스탄티노플의 성장이 눈에 거슬렸다.

그 당시 베네치아는 제4차 십자군 원정을 통해서 무역대국인 자국의 입지를 강화하고자 했다. 그런데 처음부터 모든 일이 뜻대로 되지 않았다. 원정군은 병력도 부족했고, 군자금도 형편없이 적었다.

곤경에 빠진 베네치아는 십자군 지휘부를 설득했다. 그들은 우여곡절 끝에 달마티아의 자라(헝가리 보호령)를 약탈하기로 했다. 자라는 기독교 도시였다. 교황 인노첸시오 3세는 십자군이 기독교 도시를 침략한다는 소식에 혼비백산했다. 교황은 급히 특사를 파견해 십자군의 탈선을 방지하려 했다.

하지만 원정군은 막무가내였다. 그들은 상륙선까지 동원해 자라를 함락시켰다. 그러고는 살육과 약탈을 자행했다. 베네치아 사람들과 유럽 영주들은 전리품을 독차지하는 데 혈안이 되어 있었다.

교황은 헝가리 왕실의 진정서가 도착하자 원정군 지휘부와 베네치아공화국을 모두 파문했다. 파문은 종교적인 의미에서 사형선고와 다름없었다. 이런 조치에도 불구하고 한번 빗나가기 시작한 원정군은 궤도를 수정하지 않았다. 그들은 교황의 교서를 숨기고, 다음 공격 목표로 콘스탄티노플을 선택했다.

문제를 더욱 복잡하게 만든 것은 콘스탄티노플의 내분이었다. 당시 황위를 둘러싸고 황실이 내홍을 겪고 있었다. 권좌에서 축출된 알렉시오스 왕자는 앞서 폐위된 이사키오스 2세의 아들이었다. 당시 황제였던 알렉시오스 3세는 왕자의 숙부였다. 자신의 처지에 불만이 컸던 왕자는 십자군원정대에 접근했다. 만약 자신에게 황위를 되찾아주기만 하면 엄청난 보상으로 응답하겠다고 다짐했다.

왕자는 원정군이 콘스탄티노플에 진 빚도 몽땅 탕감하겠노라고 했다. 또, 원정 비용으로 20만 마르크를 제공하겠다고 약속했다. 아울러 1만 병력과 기사 500여 명도 파견하겠다고 공언했다. 또, 교황의 수위권을 인정하고 동방정교회를 로마교황청에 반환하겠다고 다짐했다. 원정군은 알렉시오스의 달콤한 유혹에 넘어갔다.

십자군과 콘스탄티노플 사이에 전운이 짙어지자 교황은 다시 특사를 보냈다. 콘스탄티노플에 대한 불법적 침략을 당장 중단하라는 명령이었다.

하지만 원정군은 미동도 하지 않았다. 그들은 무자비하게 도시를 점령했다. 2만여 명의 원정군은 유럽의 관례대로 사흘 동안 점령한 성안을 마음껏 약탈했다.

조금이라도 가치가 있어 보이는 물건은 모두 빼앗았다. 교회 역시 방화와 파괴의 대상이었다. 원정군은 남녀노소를 불문하고 폭행, 살해, 납치, 강간의 대상으로 삼았다. 귀족 여성은 물론 수녀들까지도 엄청난 피해를 보았다. 원정군은 황제들의 무덤까지 파헤쳐 부장품을 서로 나눠 가질 정도였다.

그때 유스티니아누스 1세의 유골도 파헤쳐지는 참극을 겪었다. 하기야 소피아 대성당도 이 무법자들의 침략에서 벗어나지 못했다. 원정군은 사제들을 몽땅 살해한 다음, 하기야 소피아 교회의 보물을 하나도 남김없이 약탈했다.

3일간 원정대는 무려 은화 90만 마르크 상당의 전리품을 얻었다. 그로 인해 세상에서 가장 풍요로웠던, 동방의 찬란한 기독교 도시가 이른바 십자군원정대의 말발굽 아래 처참하게 짓밟혔다. 기독교 국가가 십자군원정대의 침략으로 초토화되고 말았다!

# 콘스탄티노플 최후의 날

재앙은 쉬 끝나지 않았다. 이 사건이 일어난 뒤에도 주변 여러 민족이 잇따라 침략을 감행했다. 가진 것이 많아도 지킬 힘이 부족하면 도리어 재앙만 거듭될 뿐이다. 동로마제국의 영토는 날이 갈수록 줄어들었다. 그리하여 15세기에는 철옹성으로 둘러싸인 콘스탄티노플만 겨우 남았다. 그래도 동서 교역의 엄청난 이익을 독점한 결과, 콘스탄티노플은 여전히 부유했다. 그때는 향신료 교역의 전성기였다. 이 도시를 거쳐 유럽으로 들어가는 향신료 양이 우리의 상상을 초월한다. 6~7할이 후추였는데, 인도 남부지방에서 해마다 1천 톤이 콘스탄티노플을 거쳐 유럽으로 운반되었다.

1453년, 드디어 운명의 날이 오고야 말았다. 나는 풍상을 이기고 아직 남아 있는 이 도시의 성벽 밑을 거닐었다. 산책 중에 콘스탄티노플 최후의 날을 추억했다. 군사전략에 빼어난 오스만튀르크의 술탄 메흐메트 2세가 문제의 핵심이었다. 그는 어린 시절부터 콘스탄티노플을 빼앗아 이슬람제국의 새로운 중심지로 삼고 싶어 했다.

메흐메트 2세가 거느린 7만 대군이 물밀 듯 밀려왔다. 헝가리 출신의 기술자 우르반은 원정대를 위해 초대형 청동 대포를 만들었다. 53일 동안 69문의 대포가 불을 뿜었다. 5만 발의 무거운 돌덩어리가 성벽을 연속해서 때렸다. 날마다 1천 발의 포탄이 쏟아지자 드디어 철옹성이 무너졌다. 성벽의 길이는 6킬로미터, 높이는 30미터였는데, 포탄의 힘을 이기지 못했다.

메흐메트 2세 초상

콘스탄티노플은 이슬람으로 개종했고, 도시 이름도 이스탄불로 변경되었다. 대성당은 세계에서 가장 큰 이슬람 사원으로 재탄생했다. 메흐메트 2세는 이곳을 이슬람제국의 수도로 선포했다.

그는 동서무역의 거점을 장악하자마자 향신료 가격을 대폭 인상했다. 유럽 상인들의 이윤이 크게 줄었다. 불만이 커진 그들은 동양으로 가는 무역항로를 열고 싶었다. 콘스탄티노플이 함락되고 나서 채 50년이 지나기 전에 포르투갈 탐험가 바스코 다 가마가 문제를 해결했다. 그는 미지의 바다로 나아가 인도로 가는 직항로를 열었다. 이로써 콘스탄티노플을 축으로 한 지중해무역 시대는 종말을 맞았다.

콘스탄티노플이 멸망하자 많은 학자와 예술가들이 이탈리아로 이주했다. 기독교도였던 그들은 이슬람의 지배를 원하지 않았다. 그리하여 천 년 동안 고이 간직한 고대 그리스와 로마의 지식을 이

헝가리 출신 기술자 우르반이 만든
초대형 청동 대포.

탈리아에 전해주었다. 이로부터 새로운 문화 운동인 르네상스가 일어나게 되었다. 유럽에 새 시대의 서막이 열린 것이다.

제1차 세계대전이 끝나고 다시 여러 해가 지난 1923년의 일이었다. 그리스는 이 도시에 대한 자국의 연고권을 주장했다. 그러나 터키의 지도자 케말 파샤는 한 마디로 일축했다. 그렇게 말하면서도 심경이 불편했던지 터키의 수도를 앙카라로 옮겼다. 또, 로잔 조약을 맺어 이스탄불의 동방정교회를 보호하겠노라 약속했다. 그러나 정교회의 활동은 지금까지도 별로 자유롭지 못하다. 이슬람 국가 안에서 기독교는 결코 정상적인 종교 활동을 할 수가 없는 모양이다. 하기야 유럽이나 미국 등 기독교 국가에서도 이슬람이 마음대로 성전도 짓고 포교 활동도 전개하기는 어려울 것이다. 한번 깊게 파인 역사의 주름살은 쉽게 펴지지 않는다.

이스탄불은 여전히 대륙 간의 중요한 교차로이다. 지금도 러시아와 미국의 이익이 여기서 굉음을 내며 서로 충돌한다. 기독교와 이슬람이라는 양대 문화가 갈등을 벌이는 것은 사실이지만, 양자는 꾸준히 교섭하며 서로에게 영향을 주는 것 또한 사실이다. 이스탄불의 어제와 오늘이 뚜렷이 증명하는 바이다.

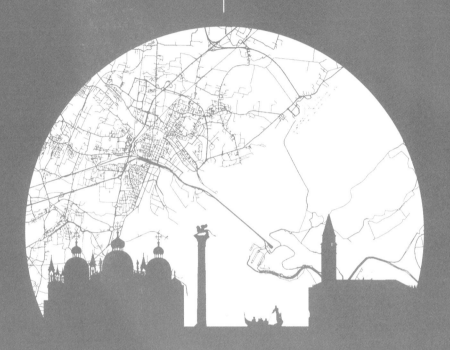

05

베니스,
자유와 모험정신의
분화구

Venice

○ ○
○ ○
○

베니스가 좋다. 나에게 이 도시는 자유이며 모험이다. 약 120개의 석호(潟湖, 라군)를 모아 하나의 도시를 만들었으니, 무에서 유를 창조한 셈이다. 모래톱에 수백 수천만 개의 기둥을 박아 기초를 놓고, 그 위에 화려한 석조 건물을 즐비하게 세웠다. 그러고는 400여 개의 다리로 섬과 섬을 종횡으로 이었다. 이곳에서는 아직도 자동차나 기차가 아니라 곤돌라와 수상 버스가 시민의 발이다.

"관광객 때문에 불편해서 못 살겠다!" 주민들이 거듭 불편을 호소한다. 젠트리피케이션도 심각한 수준이다. 관광객이 몰리는 도심부는 집값과 물가가 너무 비싸다. 본래 그곳에 살던 주민들은 버티지 못하고 대부분 외곽지역으로 밀려나고 말았다. 물론 베니스만의 현상은 아니다. 오늘날 세계의 유명 관광지에서 일상적으로 벌어지는 일이다. 베니스 시 당국은 2018년 겨울, 시민들의 의견을 수렴하여 관광특별세를 부과하기로 했다. 여행객이 넘쳐나는 베니스의 현주소를 실감하게 된다.

이 아름다운 도시의 진면모는 무엇일까. 고풍스러운 카페 플로리안에 앉자 여러 가지 생각이 떠올랐다. 1720년부터 오늘에 이르

카페 플로리안

기까지 이 카페의 인기는 참으로 한결같다. 일찍이 보나파르트 나폴레옹이 들렀던 곳이다. 근세에는 화가 모네, 작가 괴테, 철학자 쇼펜하우어가 이곳에 앉아 지중해의 낭만을 즐겼다고 한다. 지금도 세계 각국에서 온 방문객의 발길이 끊이지 않는다.

내 머릿속의 베니스는 자유로운 공기가 지배하는 도시 공화국이자 미지의 세계를 향해 떠나는 모험의 출발지였다. 플로리안에서 향기로운 한잔의 커피를 마시며, 나는 이 도시의 역사를 뒤돌아보았다. 기억의 창고를 열어 베니스에 빛깔과 향기를 더한 여러 인물을 찾아보았다. 베니스의 명소를 탐방할 적에는 그곳과 인연이 깊은 인물들이 절로 떠올랐다.

산마르코 대성당에 가본 적이 있는 이라면 알 것이다. 나는 대성당의 장엄함에 감탄했다. 성당 내부를 둘러보고 광장 앞에 나섰을 때, 5월 한낮의 햇살이 폭포수처럼 쏟아졌다. 마치 샤워라도 하는 느낌이 들었다. 그때 나폴레옹이 했다는 그 말을 떠올렸다.

"산마르코 대성당은 세상에서 가장 아름다운 응접실이다!"

말없이 고개를 끄덕이며 그렇다고 대답하고 싶었다. 하면 이 응접실의 주인은 누구일까? 나폴레옹은 그 이상 아무런 설명도 하지 않았던 것 같은데, 내가 보기에 그 대답은 명백할 것이다. 자유와 모험의 대명사였던 베니스 상인이다. 베니스 상인 중에는 악명이 높은 이들도 없지 않았다. 셰익스피어의 4대 희곡 가운데 하나가 『베니스의 상인』이다. 작중 인물 샤일록은 소문난 구두쇠였다. 냉혈한인 그는 부채를 제때 청산하지 못한 채무자 밧사니오의 심장을 꺼내 달라고 요구할 정도였다. 베니스의 상인들 가운데는 샤일록과 같은 수전노도 있었을 것이다. 그러나 그가 베니스 상업계를 대표하는 인물이었다는 증거는 없다.

베니스 상인의 모습이 궁금해진 나는 리알토로 달려갔다. 그곳은 이 도시의 상권을 대표하는 곳이었다. 아직도 귀금속 가게가 즐비하다. 또, 이탈리아 북부지역의 특산품인 가죽 제품과 무라노섬의 유리 세공품을 판매하는 상인들도 많다. 리알토의 상인들은 성실하고 친절하며 전문적인 지식을 소유한 사람들이다. 그들에게 상품을 거래한다는 행위는 정직과 신용을 토대로 이익을 공유하는 일이다. 탐욕스러운 수전노 샤일록과는 전혀 다른 직업관을 가지고 있다.

리알토의 번화한 가게를 둘러본 다음, 나는 리알토 다리로 가서 푸른 대운하를 내려다보았다. 이 다리는 대리석으로 된 것으로, 르네상스 시대의 수작이다. 1591년, 시청은 공모전을 통해 안토니오 다 폰테에게 건축을 의뢰하였다. 그때 천재 조각가 미켈란젤로도 응모했으나 낙선했다고 한다. 이 다리 아래로 가끔 곤돌라가 지나가곤 한다. 그 풍경은 한 폭의 그림이라 해도 좋을 법하다.

베니스의 역사는 화려하다. 그렇다고 해서 이 도시가 이미 수명을 다한 중세도시라는 뜻은 아니다. 이곳 특유의 자유로움과 모험정신은 언제라도 소환 가능한 현재형이다. 해마다 사순절이면 가면 행렬이 이 도시에 생기를 불어넣는다. 화려하다 못해 음험하기조차 한 색채미의 향연을 본 사람이면 알 것이다. 베니스는 결코 박제된 도시가 아니다. 해마다 열리는 베니스 국제영화제의 활기도 상당하고, 2년에 한 번씩 성대하게 막이 오르는 베니스 비엔날레는

● 베니스 시내 풍경 ●● 가면 축제

늘 성황을 이룬다. 이 모든 국제행사를 통해 베니스는 온 세상에 자유롭고 모험적인 전통을 예술적으로 과시한다.


# 상인이 주인인 도시

나는 이 도시의 진정한 주인이 상인이라고 단정했다. 비엔날레 또한 이곳 상인들이 기획한 문화상품이었다. 처음에 그들은 이탈리아 국왕 움베르토 1세(Umberto I)와 마르게리타(Margherita) 왕비의 은혼식(결혼 25주년)을 기념하는 미술 전람회를 개최하였다. 그것은 아마 더 큰 사업을 위한 작은 실마리였을 것이다. 1895년 이곳 상인들은 비엔날레를 시작했다. 진정한 목적은 새로운 미술시장을 만들어내는 것이었다. 그들은 미술 전람회에서 거래된 작품의 가격에서 10퍼센트를 거래 수수료로 가져갔다. 미술시장은 해마다 커졌고 상인들은 돈방석 위에 앉았다. 베니스 상인들은 지혜를 모아, 유럽 굴지의 미술시장 하나를 새로 만들었다.

한국에도 베니스 비엔날레는 잘 알려진 편이다. 1993년 백남준이 이곳에서 영예의 황금사자상을 받았다. 이어서 전수천(1995), 강익중(1997), 이불(1999)도 잇달아 특별상을 받았다. 이 도시와 한국의 인연은 더욱 깊어졌다.

속사정을 조금 더 들여다보면 비엔날레의 역사에도 이탈리아 현대사의 어둠이 숨어 있다. 1930년대 이탈리아는 파시스트의 시대였다. 파시스트는 모든 수단과 방법을 동원해 무솔리니 정권을 대

내외에 홍보했다. 비엔날레는 무솔리니의 치적을 과시하는 수단으로 전락했다. 물론 그때는 이탈리아에서 개최된 국제음악제도, 국제영화제 및 국제연극제도 파시스트의 정치적 목적을 위한 수단으로 전락하였다. 어느 행사에도 상인들의 창의적이면서도 실용적인 견해가 반영되지 못했다.

거듭 말하지만, 이 도시는 본래 상인의 것이다. 베니스 상인들은 동로마제국의 수도였던 콘스탄티노플과 아프리카의 카이로까지를 하나의 교역권으로 묶었다. 그 길을 따라서 중국산 비단이 들어왔다. 또, 인도에서 출발한 각종 향신료가 쏟아져 들어왔다. 아울러, 아프리카 말리제국에서 제련된 막대한 양의 황금도 카이로를 거쳐 베니스 상인의 보물창고에 차곡차곡 쌓였다. 이곳 상인들은 아프리카 황금을 두카트라는 금화로 만들어 유럽 금융시장을 거머쥐었다. 베니스 상인들은 무에서 유를 창출한 사람들이었다. 비엔날레를 기획한 상인들은 다름 아닌 그 후예였다.


## 피난처에서 부유한 상업 도시로

상인들의 용기와 모험정신이 이 도시를 키웠다. 그들은 자유로운 활동을 위해 왕정(王政)을 거부했다. 경제가 정치 권력에 종속되는 일을 막기 위해서였다. 베니스 상인들은 공화국을 선택했고, 부유한 상인들이 집권해 과두정치로 도시의 운명을 스스로 결정했다.

베니스에 가면 상인들의 전성기를 기념하는 유적이 많다. 지중해는 물론 멀리 북유럽 국가들의 옛 상관(商館)이며 물건을 보관하는 창고들이 있다. 상거래를 완벽하게 통제한 세관(稅關) 자리도 그대로 있다. 이 도시는 상인들의 섬이었다. 그들은 섬이라는 천혜의 조건을 활용해, 단 한 척의 외국 배가 들고 나는 것까지도 철저히 감시했다. 당국의 허락 없이는 누구도 이 도시를 출입할 수 없었다.

상인들 수중에 있었던 베니스공화국, 그 정식 명칭은 좀 길다. '가장 고귀한 공화국 베니스(원어 Serenìsima Repùblica de Vèneta)'이다. 그들의 자존심이 그대로 반영된 국호였다. 8세기부터 1797년까지 베니스는 무려 1천 년 동안 독립성을 유지했다. 실로 유서 깊은 도시국가였다. 그때 베니스 상인들의 부(富)는 우리의 지레짐작을 초월하였다. 도시 곳곳에 남아 있는 화려한 건물과 다종다양한 유물이 증명한다. 아직도 이곳에서 수작업으로 생산되는 최고급 양탄자는 화려한 문양이며 품질을 자랑한다. 가격이 얼마인지 물어보면 입이 쩍 벌어질 지경이다.

물의 도시 베니스의 역사는 어떻게 시작되었을까. 흥미롭게도 그것은 비극에서 출발했다. 5세기의 일이었다. 게르만족이 북이탈리아로 침입해오자, 사람들은 배를 타고 석호로 도망쳤다. 베니스는 일종의 피난처였다(452년). 피난지에 불과했던 볼품없는 마을들이 차츰 부유한 상업 도시로 발전했다. 막히면 통한다(窮則通)는 옛말이 생각난다.

시민들은 마르코(신약성서 『마르코의 복음서』 저자. 마가라고도 한다)를 신생 도시 베니스의 수호성인으로 삼았다. 예루살렘에 있던 초대교회는 마르코 어머니의 집으로, 거기에서 예수는 '최후의 만찬'

을 열었다고 한다. 전설에 따르면, 828년 2명의 베니스 상인이 이집트의 옛 수도 알렉산드리아에 도착했다. 그들은 거기서 성 마르코의 유해를 가져왔다고 한다. 이 전설의 진위는 누구도 알 수 없다지만, 한 가지 사실은 틀림없다. 늦어도 9세기경이면 용감한 베니스 상인들이 지중해 교역에서 상당한 역할을 담당하게 되었다는 점이다. 그들은 지중해를 가로지르며 각국과 활발하게 교류했다. 마르코의 유해가 베니스에 도착하자 시민들은 열광했다. 그들은 산마르코 대성당을 건립하고, 마르코를 이 도시의 수호신으로 받들었다.

7세기만 해도 베니스 상인들은 그다지 큰 세력을 갖지 못했다. 그들은 아직 미약했기 때문에 콘스탄티노플을 방문하여 동로마제국 황제에게 정치적 보호를 요청했다. 이후 베니스는 착실한 성장을 거듭하였다. 697년, 동로마 황제는 베니스 사람들의 요구를 받아들여 스스로 총독(원어 doge)을 선출할 권리를 주었다. 그렇게 해서 선출된 총독은 종신직이었으나, 권력은 강력하지 못했다. 상인들은 독재자 대신에 귀족들이 지배하는 과두정치를 원했다. 그리하여 독특한 권력 구조가 등장했다. 총독 및 6인의 총독보좌관, 10명의 원로원 의원 등 총 17명의 실력자가 도시를 실질적으로 다스렸다. 이와 별도로, 총독선출위원 40명도 도시의 운영에 상당한 입김을 행사했다.

12세기 말이 되면 성공한 상인 가문이 더욱 늘어났다. 그러자 원로원이 사실상 의회의 역할을 하게 되었다. 13세기에는 구성원이 팽창하여 300명을 넘었다. 그 뒤 원로원 의원 수는 1,200명까지 늘어났다. 통치 집단의 수는 계속 증가했다. 그래도 한 가지 사실은

언제나 변함이 없었다. 베니스의 정치 권력은 항상 상인들 수중에
있었다.

## 찬란한 영광

그들은 갈수록 다양한 물품을 거래했다. 처음에는 목재와 노예가
주요 상품이었다. 그런데 교역망이 점점 확대되자 상품의 종류와
물량도 꾸준히 증가했다. 1000년경, 베니스는 동지중해의 명실상
부한 강자로 부상했다. 그들은 헝가리, 크로아티아, 슬로베니아, 달
마티아 등 교역하던 여러 나라를 차례로 제압했다.

1204년, 베니스 공화국은 위험한 선택을 하고야 말았다. 그들은
제4차 십자군 원정을 후원하는 실력자로 등장하였다. 문제는 그들
이 교황의 의지를 무시하면서까지 동로마제국의 수도 콘스탄티노
플을 침공했다는 점이다. 신앙상의 목적으로 파견된 십자군이 동
방의 기독교 국가를 약탈한 끔찍한 사건이었다.

결과적으로, 베니스는 이 침략 전쟁으로 막대한 부와 보물을 약
탈하였다. 로마교황청과의 관계는 틀어졌고, 콘스탄티노플에 수도
를 두었던 동로마제국은 사실상 멸망한 것이나 다름없었다. 베니
스 상인들이 십자군원정대의 이름으로 제국을 통치할 괴뢰정권을
세웠다. 이름하여 라틴제국이었다. 베니스는 자신들의 총독을 라틴
황제로 삼을 계획까지 세웠다. 그러나 베니스의 독주를 견제하는
여러 나라의 개입으로 말미암아 그 꿈은 물거품이 되었다.

그렇다 해도 13세기의 베니스공화국은 더욱 강성해졌다. 이 나라 상인들은 아드리아해는 물론이고 동지중해에 요지를 하나씩 차지해 전략적 거점을 마련했다. 그들은 로마교황청의 권위에도 직접 저항할 정도로 자신감이 높아졌다. 베니스는 당시 유럽의 최고 실력자였던 신성로마제국 황제에게도 허리를 굽히지 않았다.

하지만 모든 일이 베니스의 뜻대로 되지는 않았다. 이탈리아반도 안에는 또 다른 실력자들이 있었다. 일례로 제노바공화국이 있었다. 제노바와 베니스는 경쟁을 벌였다. 그들은 서로 지중해 무역의 주도권을 차지하기 위해 사사건건 충돌했다. 120여 년 동안 두 나라는 네 차례 전쟁을 치를 정도였다. 전쟁의 마지막 승자는 베니스였다. 이후 세상에서는 베니스를 '레반트의 여왕'이라고 불렀다. 레반트는 '태양이 떠오르는 땅'이라는 뜻이므로, 베니스가 이제 동방의 지배자로 등극했다는 미칭(美稱)이었다. 전성기의 베니스는 이탈리아 본토에도 속국을 둘 만큼 세력이 커졌다. 르네상스 운동이 활발하던 15세기는 그들의 전성기였다.


## 쓸쓸한 몰락

언제나 모든 일에는 끝이 있다. 베니스의 좌절은 외적 환경의 변화에서 비롯되었다. 1453년, 오스만제국의 메흐메트 2세가 새 시대를 열었다. 그는 소년 시절부터 꿈꾸었던 동로마제국 원정을 달성했다. 그러자 지중해 일대의 상황이 완전히 바뀌었다. 오스만제국은 동방에서 가져온 향신료 가격을 멋대로 인상했다. 베니스 상인의 중간이득이 자꾸 줄었다. 1499~1503년 베니스는 상황을 타개하려고 오스만제국과 무력대결을 벌였다. 하지만 그들의 예봉을 꺾지 못했다. 설상가상으로, 베니스를 무너뜨리려고 연합한 여러 나라가 캉브레 동맹을 맺어 압박하기 시작했다. 그 동맹의 대표는 로마 교황 율리우스 2세였다. 그는 베니스를 완전히 궁지로 몰았다.

역사의 우여곡절을 몇 마디로 다 설명할 수는 없다. 한 가지 뚜렷한 사실은, 베니스의 몰락이 갈수록 기정사실로 굳어졌다는 점이다. 베니스는 일찍이 이탈리아 르네상스 문화의 발전을 선도했고, 오스만제국과의 전투에서 이겨 역사적 반전이 이루어질 듯했다(1571년 레판토 해전).

그러나 역사의 대세는 이미 기울었다. 동방무역은 시간이 갈수록 활기를 잃었다. 설상가상으로 흑사병까지 덮쳤다. 베니스 인구는 절반 이하로 줄었다. 상당한 세월이 흐른 뒤 흑사병은 물러갔다. 그런데 그때는 스페인과 포르투갈이 이끄는 '대항해시대'가 펼쳐지고 있었다. 지중해 교역은 유럽 경제에서 비중이 줄어들었다. 베니스의 역사적 황혼은 더욱 짙어 몰락의 길로 접어들었다.

18세기가 되자 베니스 상인들은 재건을 꿈꾸었다. 그들은 포기할 줄 몰랐다. 수공업자들을 동원해 무라노섬을 유리 공예의 기지로 삼기도 하고, 명품 가죽구두도 만들고 고급 융단 생산에도 박차를 가했다. 침체한 베니스 경제가 다시 움직이기 시작했다.

그때 또다시 거센 외풍이 불어왔다. 이번에는 프랑스에서 일어난 정치적 변화가 이탈리아를 혼란에 빠뜨렸다. 1789년 프랑스대

혁명이 일어나자 유럽의 정세는 불투명해졌다. 10년쯤 뒤에는 나폴레옹이 대군을 이끌고 베니스로 쳐들어왔다. 항복하는 길밖에 다른 방도가 없었다. 그때까지 북이탈리아는 오스트리아에게 운명을 맡기고 있었다. 그런데 야심만만한 나폴레옹은 오스트리아를 몰아내고 이탈리아를 수중에 넣으려 했다. 그는 명실상부한 유럽의 패자로 등극하기를 꿈꾸었다. 나폴레옹은 어렵지 않게 베니스를 점령한 다음, 1천 년 이상 명맥을 이어온 베니스공화국의 깃발을 끌어내렸다. 이것으로 역사는 일단락되었다.

## 역사를 바꾼 모험가, 마르코 폴로

역사란 아이러니로 가득하다. 베니스의 운명을 기울게 만든 사건이 대항해시대의 개막이라는 점은 누구나 안다. 그런데 그 시발점에는 한 사람의 베니스 상인이 있었다. 호기심 때문에 어떠한 모험도 마다하지 않은 불굴의 인물, 마르코 폴로(Marco Polo)였다. 『동방견문록』의 주인공 말이다. 그는 아버지와 숙부를 따라서 당시 서구 사람들이 세상의 끝이라 여기던 중국까지 여행했다. 길을 떠날 당시 마르코는 17살이었다.

1274년 천신만고 끝에 폴로 일행은 상도(上都, 네이멍구자치구)에 도착했다. 원나라 세조 쿠빌라이칸 재위 기간이었다. 상도에는 황제의 여름 궁전이 있었다. 황제를 알현한 마르코 폴로는 17년간 중국에 체류했다고 한다.

그는 대도(大都 베이징)를 포함해, 중국의 주요 도시를 두루 여행했다. 양저우(揚州)에서는 일시 관직 생활도 했다고 전한다. 그 뒤 폴로는 일한국(페르시아)으로 시집가는 원나라 공주를 호송하는 사절단에 포함되었다. 그는 사신의 일행으로서 귀로에 올랐다. 수마트라, 말레이, 스리랑카, 인도 서남부 등을 차례로 거친 다음, 1295년 폴로는 꿈에도 그리던 고향 베니스로 무사히 돌아왔다.

수년 뒤 그의 조국 베니스공화국은 제노바와의 전쟁에 돌입했다. 마르코 폴로는 전쟁포로가 되어 옥에 갇혔다. 그는 옥중에서 피사 출신의 작가 루스티첼로를 만났다. 폴로는 자신의 여행담을 구술했고, 결과적으로『동방견문록』이 탄생했다. 진기한 내용 때문에 이 책은 인기가 높았다. 한편 이 책이 필사 또는 번역되는 과정에서 윤색과 첨삭이 자유롭게 이루어졌다. 140개 이상의 이본이 만들어진 배경이다.

마르코 폴로는 전형적인 베니스 상인이었다. 그는 여행 중 자신이 목격한 각지의 특산물과 교역 현황을 상세히 구술해 후세에 전했다. 집필자였던 루스티첼로는 독자의 호기심을 자극할 만한 진기한 이야깃거리를 찾는 데 큰 비중을 두었던 것 같다. 그리하여 기이하고도 강성한 중국 또는 동방이라는 이미지가 창출되었다.

일부 역사가들은 폴로가 과연 중국까지 직접 여행한 것이 사실인지 모르겠다고 말한다. 원나라의 역사적 기록에는 그가 단 한 번도 언급되어 있지 않아 타당한 문제 제기라고 생각되기도 한다. 그러나 학계의 다수 의견은 명백하다. 폴로의 여행담을 대체로 신뢰하는 분위기다. 진짜든 아니든, 이 책은 출간되던 당시부터 많은 화제를 모았다. 애독자도 많았다. 유럽을 출항해 서인도제도까지 항해했던 콜럼버스도 예외가 아니었다. 스페인의 세비야 대성당에 가면, 콜럼버스의 유해가 안치되어 있고, 거기에는 그의 자필 메모가 빼곡히 적힌 『동방견문록』 한 권이 남아 있다.

너무 과장된 표현일 수도 있겠으나, 베니스의 상인 폴로 가문의 모험심이 역사를 바꾸었다고 말하고 싶다. 그들이 비단길을 왕래한 여행기록이 결국 '대항해시대'를 활짝 열었다. 그리하여 지중해 교역의 시대는 종말을 맞았다. 수백 년 동안 지중해무역을 석권하였던 베니스라는 거대한 선박도 침몰하고 말았다.

## 우리는 카사노바를 제대로 모른다

이 도시의 역사를 음미해보면 모든 시대를 관통하는 한 가지 뚜렷한 특징이 있다. 억누를 수 없는 호기심과 모험심이 그것이다. 마르코 폴로의 경우가 대표적이었다. 그에 버금가는 또 한 명의 인물이 있었으니, 지아코모 카사노바(1725~1798)다.

카사노바는 다재다능한 사람이었다. 그는 '생갈트의 기사 (Chevalier de Seingalt)'로 자처했으나, 사람들은 그를 희대의 바람둥이 정도로 폄훼하는 경우가 많다. 물론 오해라고 생각한다. 알고 보면 18세기 유럽에는 카사노바 못지않게 도박과 음주 그리고 성적 일탈을 일삼은 귀족들이 허다했다.

카사노바는 단순한 난봉꾼이 아니었다. 그는 미지의 세계를 적

도시로 보는 유럽사

카사노바 동상.
카사노바는 단순한
난봉꾼이 아니라
시대를 앞서간
천재였다.

극적으로 탐험한 대단한 모험가였다. 그는 저술을 통해 귀족 사회의 위선을 여지없이 폭로하기도 했다. 여기서 한 걸음 더 나아가 인간의 욕망과 쾌락을 긍정하는 새로운 관점을 온 세상에 공표하였다. 그의 저서 『카사노바, 나의 편력』은 그런 점에서 인간성의 보편적인 측면을 세상에 알린 계몽주의의 연장선 위에 있었다.

카사노바는 법학박사로서 한때 가톨릭교회의 성직자로 일했다. 나중에는 음악가이자 외교관으로 활동하기도 했다. 그는 유럽 여러 나라를 종횡으로 주유했다. 베를린, 마드리드, 프라하, 런던과 파리에 이르기까지 그의 활동 공간은 가히 국제적이었다. 게다가 그는 풍부한 인간성의 소유자였다. 왕후장상부터 거리의 부랑아에 이르기까지 기꺼이 다양한 사람들과 친교를 맺었다. 그의 친구 중에는 볼테르와 루소 등 당대의 이름난 계몽주의 사상가들이 여러 명이었다.

겉으로 보면, 카사노바의 일생은 일탈로 점철된 듯하다. 하지만 조금 자세히 들여다보면 이야기는 달라진다. 새 세상을 꿈꾸었던 그의 독특한 세계관이 섬광처럼 빛을 발할 때가 많았다. 예컨대 그는 뛰어난 상상력의 소유자로서 공상 소설 『20일 이야기』(1888)를 집필하기도 했다. 이 작품은 쥘 베른의 『지저(地底) 여행』의 예고편이라 해도 좋을 것이었다. 프란츠 카프카 역시 카사노바에게 영감을 받아, 『소송』을 창작했다고 고백하였다. 카사노바의 진정한 모습을 우리는 여태 잘 모르고 있었다.

1천 년가량 지중해 무역의 중요한 축이었던 베니스공화국이다. 매력적인 그 장소에서 나는 시대를 앞서 살았던 카사노바와 폴로를 떠올렸다. 역사를 비춘 찬란한 과거의 빛이 아직 남아 있는 공간에서, 선구자들의 불꽃 같은 생을 조용히 음미하는 것은 꽤 운치 있는 일이다.

브뤼헤,
중세 도시로 떠나는
시간여행

Brucher

브뤼헤(Brügge, 브뤼게라고도 부름)라는 도시를 아는 사람은 우리 가운데 별로 많지 않다. 인구 11만의 중소도시라서 어찌 보면 당연한 일이다. 그러나 역사 속 브뤼헤는 간단히 지나쳐도 좋을 정도가 아니었다.

우리와는 달리 유럽인들은 이 도시를 너무나도 좋아한다. 연간 8백만 명의 관광객이 브뤼헤를 찾는다고 한다. 브뤼헤에 가면 손쉽게 서양 중세의 부유한 상업 도시를 하나부터 열까지 관찰할 수 있어서 그렇다. 1960년대 후반부터 브뤼헤 복원사업이 탄력을 받았다. 중세의 주거지역은 물론, 상업지역과 교회가 차례로 복원되었다. 도시 곳곳에 흩어져 있는 역사적 기념물도 기지개를 켜며 되살아났다.

아름다운 이 도시의 운하를 바라보며 나는 물의 위력을 실감하였다. 브뤼헤의 젖줄인 운하 라인(Reien)은 켈트 어에서 유래했다. 신성한 물(Rogia)이란 뜻이다. 도시를 종횡으로 가로지른 이 운하와 이루 다 헤아리기 어려울 정도로 많은 아치 교가 이 도시의 경관을 지배한다. 그런 점 때문에 브뤼헤는 '북방의 베니스'라는 별명을 얻기도 했다. 이 운하는 브뤼헤를 북해와 연결하였다. 쩨브뤼헤

(Zeebrugge), 즉 브뤼헤 바다라고 불리는 항구가 있어, 이 도시는 중세 유럽을 대표하는 교역 도시로 자랄 수 있었다.

나는 보트를 타고 운하 라인을 돌아보았고, 도보로도 도시 구석구석을 누볐다. 한 도시의 역사와 문화를 제대로 맛보려면 아무래도 골목길 산책만 한 것이 없다고 생각한다. 다정한 내 친구 사이먼이 여행하는 동안 내내 함께 해주었다.

## 유네스코 세계문화유산 중세의 도시

사이먼은 이 도시의 내력을 잘도 안다. 그의 설명에 따르면, 브뤼헤 성벽에는 모두 20개의 풍차가 설치되었다고 한다. 풍차는 밀도 빻았고, 각종 수공업에 필요한 동력을 제공하였기 때문에 도시 경제가 발달할수록 그 숫자가 많았다. 지금은 4개의 풍차가 돌아가고 있다. 시대가 많이 변했기 때문에, 풍차는 고풍스러운 정경을 연출하는 장치로서 기능이 크다.

2000년, 유네스코는 브뤼헤를 세계문화유산으로 지정했다. 구시가지 전부, 곧 430헥타르(약 130만 평)가 그 영예를 누린다. 이 도시를 찾은 방문객으로서 내 눈에 가장 먼저 띈 것은 성모교회였다. 이 교회의 첨탑 높이는 무려 115미터이다. 혹자는 이 첨탑이야말로 브뤼헤 상인의 자존심을 상징했다고 말한다. 그럴 법한 주장이다. 사이먼이 전하는 말에 따르면, 그것은 전 세계에서 가장 높은 벽돌 건물이다.

미켈란젤로가 제작한
성 모자상

종탑.
높이가 **83**미터로 브뤼헤에서
가장 높은 건물이다.

성모성당에는 이탈리아 르네상스 시대의 거장 미켈란젤로가 조각한 성모와 아기 예수상이 있다. 벨기에에 있는 유일무이한 미켈란젤로의 걸작이다. 이탈리아 천재 작가가 아직 살아 있을 때 나라 밖으로 반출된 유일한 조각품이었다. 브뤼헤 상인들의 문화적 열망이 대단했고, 경제적 능력이 뛰어났던 사실을 말없이 웅변하는 작품이다.

이 도시에는 또 다른 자랑거리가 있다. 13세기에 지은 종탑이다. 역시 매우 웅장하다. 높이가 83미터나 된다. 50개가량의 거대한 종이 한꺼번에 울리는 풍경은 어디에서도 보기 어려운 장관이다. 종탑 안에서는 연주자가 주먹으로 건반을 두드려가며 화려하고 웅장한 멜로디를 선사하는데, 이 역시 브뤼헤의 엄청난 부와 권력을 상징하는 것이 아닐까 한다.

이 종탑으로 말하면, 평시에는 그 높이를 이용해 시내 구석구석을 살피는 소방감시대였다. 또, 아름답고 정겨운 브뤼헤의 풍경을 감상하는 평화로운 전망대였다. 그러나 유사시에는 적군의 동태를 하나도 놓치지 않고 감시하는 망루 역할을 다했다.

중세도시 브뤼헤의 높은 위상을 보여주는 또 다른 건물도 있다. 성혈성당이 그것이다. 거기에는 매우 특별한 성물(聖物)이 있다. 그리스도의 성스러운 피를 담은 병이라고 한다. 제2차 십자군 원정(1147~49) 때 브뤼헤의 기사들도 다수 참전했다. 그들 가운데 디트리히(Dietrich) 백작도 포함되었다. 백작은 예루살렘에서 예수의 성혈을 모신 병 하나를 가져왔다. 이 성당은 바로 그 성물을 위해 봉헌한 것이다.

그런 인연으로, 해마다 예수승천일(부활절 이후 제40일)이 되면 시민들이 대거 참가하는 행사가 열린다. 요즘도 최소 2천 명의 시민이 장사진을 이루며 성혈을 모시고 행진한다. 특이하게도 참가자는 성별과 나이를 막론하고 중세 복장으로 변장한다. 봉건영주와 기사부터 평범한 농부와 상인에 이르기까지 다양한 직업군이 등장한다. 나도 사이먼과 함께 그 행렬을 가까이서 지켜보았다. 타임머신을 타고 과거로 되돌아간 것 같은 느낌이 들었다. 2009년, 유네스코는 이 행사를 세계무형문화유산으로 지정하였다.

중세의 상업 도시 브뤼헤의 본 모습이 궁금했다. 사이먼은 나에게 '큰 시장'(Grote Markt)을 둘러보자고 했다. 그의 설명에 따르면, 중세에는 북유럽 각국의 상선들이 운하를 이용해서 이 시장까지 깊숙이 들어왔다. 시장 동쪽에는 거대한 화물창고가 즐비하게 서 있었다. 상인들은 '바터르 할러'(Waterhalle) 곧 수관(水館)이란 건물에서 사고팔 물건들을 주고받았다. 물론 이제는 옛이야기가 되었다. 1878년부터 그 자리에 플랑드르 지방의 정부청사가 버티고 서 있다.

워낙 많은 사람이 이 도시를 찾아왔다. 그래서 옛날 옛적에도 큰 병원이 필요했다. 옛 얀 병원(Oud Sint-Janshospitalal)이 그것이다. 12세기 후반에 설립된 병원인데, 순례자를 비롯해 많은 여행자와 병자들을 보살폈다. 그때는 아직 의학이 거의 발전하지 못했다. 병원의 기능은 미약했다. 양질의 간호를 기대하기도 어려웠다. 그보다는 외려 친절한 수녀들의 인도 아래 안정된 마음으로 죽음을 맞이하는 곳에 가까웠다. 지금은 그 시절의 병원 건물을 개조해 박물관이 관람객을 맞이한다.

성혈성당 외부          성혈성당 내부

# 유럽 교역의 중심지

사이먼과 함께 배를 타고 운하를 일주하며 우리는 이 도시의 역사를 훑어 내렸다. 브뤼헤라는 말은 원래 바다라는 뜻이다. 브뤼헤의 운명은 처음부터 바닷길에 달려 있었다. 그 역사는 900년 전으로 거슬러 올라간다. 1128년 7월 27일, 시민들은 도시를 만들어도 좋다는 특허장을 영주로부터 받았다. 중세에는 시민들이 돈을 주고 그런 특허장을 사는 경우가 많았다. 브뤼헤 시민들은 성을 쌓고 건물을 지어 신도시를 조성했다. 그들은 여기다 부유한 상업기지를 만들 꿈에 부풀었다.

바다는 이 도시의 운명을 몇 차례 바꿔놓았다. 본래는 바닷길이 열려 있어서 브뤼헤라고 불렀다. 그러나 1050년경 브뤼헤는 갑자기 북해와 단절되었다. 해마다 토사가 쌓인 결과 바다로 나아가는 수로가 꽉 막히고 말았다. 그로부터 80년쯤 세월이 흐른 뒤 행운이 찾아왔다. 1134년에 갑자기 바닷길이 다시 열렸다. 자연조건의 변화였다. 강력한 폭풍이 몰아쳤고, 막혔던 물길이 다시 트였다. 정확히 말해, 즈윈(Zwin, 현재의 자연보호구역)과 브뤼헤를 연결하는 해로가 뚫린 것이다. 브뤼헤 사람들은 교역을 통해 큰돈을 벌 기회를 잡았다고 믿었다.

시민들의 기대는 헛되지 않았다. 물론 상업기지를 건설하려는 강한 의지가 작용한 결과였다. 13~15세기 브뤼헤는 북해 연안 최고의 원거리 교역 중심지로 떠올랐다. 이때 영국 상인들의 활약이 대단했다. 그들은 노르망디의 곡물과 가스코뉴 지방의 와인을 실어 왔다. 또, 영국산 모직물도 다량으로 입하되었다. 이탈리아 상인들의 활동도 기록할 만하였다. 그들은 이탈리아 특산품인 훌륭한 옷감을 가져왔고, 아시아에서 수입한 향신료도 싣고 왔다. 그리고 브로케이드가 왔다. 브로케이드란 화려하게 수놓은 비단이었다. 북쪽에서도 물화가 들어왔다. 러시아산 모피와 목재도 브뤼헤로 향했다. 또, 스페인산 양가죽과 플랑드르에서 만든 블렝(깃발 또는 테두리에 단 화려한 수술)도 착착 도착했다.

동서남북에서 많은 상품이 몰려들었다. 당시에는 북쪽의 상인들, 특히 한자 동맹(Hanseatic League)에 속한 상선들이 전성기를 맞은 듯하였다.

한 마디로, 브뤼헤는 동서남북을 연결하는 유럽의 교차로였다. 그렇게 된 데는 무엇보다도 브뤼헤의 훌륭한 입지 조건이 한몫했다. 먼 북쪽의 한자 동맹은 멀리 남쪽의 이탈리아에서 올라온 상인들과 만나서 막대한 수량의 물품을 거래했다. 특히 라인 강가의 여러 도시에서 온 상인들이며 독일의 뤼벡 및 함부르크 등지에서 온 상인들이 활약했다. 당시 항해기술에는 상당한 제약이 있었다. 그들로서는 지중해변까지 직접 내려가기가 쉬운 일이 아니었다. 그리하여 한자 동맹 상인들은 런던의 슈탈호프(Stahlhof)와 브뤼헤의 브뤼겐(Bryggen)을 양대 해외 교역소로 삼았다.

1253년 플랑드르의 백작 마르가레테 2세(Margarete II)는 브뤼헤 시민들의 요구를 받아들여 한자 동맹 상인들에게 교역상 여러 가지 편의를 제공했다. 한자 상인 중에는 브뤼헤에 상주하는 이도 많았다. 당시 브뤼헤에는 '오스터링에'(Osterlinge)라 불리는 사람들이 많았는데, 이는 곧 동쪽에서 온 사람들이란 뜻으로 독일 상인을 의미했다. 그들이 지은 회관이 아직도 남아 있어, 현재는 호텔로 사용되고 있다.

한자 동맹의 중심지인 뤼벡의 상인 힐데브란트 베킨추센 (Hildebrand Veckinchusen)도 이 도시에서 활동했다. 그는 무려 500통이 넘는 편지를 후세에 남겼다. 10권이 넘는 거래 장부도 잘 보관되어 있다. 힐데브란트의 기록물은 중세 상인의 삶과 사업을 구체적으로 알려주는 값진 보물이다. 그가 가족과 친지에게 보낸 편지를 통하여 우리는 당시 상인의 일상생활을 깊이 들여다볼 수 있다.

힐데브란트는 옷감을 사들여 독일 등 동쪽으로 보냈다. 동쪽에서는 양초와 버터, 베이컨, 맥주 및 모피를 브뤼헤 쪽으로 가져왔다. 모피 수입은 대규모라서 연간 20만 장이나 되었다. 그가 상품을 가득 싣고 여행할 때마다 액면가의 2~16퍼센트 이익이 발생했다. 힐데브란트는 성공적인 상인으로서 많은 이의 존경을 받았다. 그는 자신감에 넘치는 목소리로 '명예와 믿음'을 중시하는 인간임을 강조했다. 거래 상대자들은 그에게 기꺼이 자금을 빌려주었다고 한다.

한자 동맹과의 거래를 목적으로 남쪽의 이탈리아 상인들도 브뤼헤로 밀려들었다. 가령 1277년만 해도 상업 도시 제노아의 상선들이 무리를 이뤄 이곳을 찾았다. 그들은 지중해 교역권과 한자 동맹을 연결하는 고리로서 브뤼헤만한 도시가 없다고 판단했다. 제노아 상인들 덕분에 이슬람제국을 통해서 수입된 아시아의 향신료도 대량으로 거래되었다. 그러자 1314년부터는 지중해 무역의 최강자였던 베니스 상인들도 상선을 파견했다.

schen, Valentynsche, Brededornsche Rosededornsche und der Poperschen
jo mest. Boven al so ramet sulven des besten. Hirmede, so beholde ju Got
gesunt an sele und an lyve und bedet to my, wes ic vormach und grotet
Greten unse dochter ser und Gerdrut er dochter. Gscreven in des hilgen
kruses dage.

By my Enghelbrecht Wytten.

*489. Engelbrecht Wytte in Riga an Hildebrand Veckinchusen in
Brügge.*

*Rev. St.-A. Orig. Pap. Adr.:* An Hyllebrant Weckinchûsen tho Brügge
dar sal desse brief. Detur littera. *Darunter von H. V. Hand:* 19 in
october. ✗ *Das Stück ist sehr unleserlich.*

Vrintlike ghrote thovoren ghescreven und wes ich ghudes vormacht
tho allen tyden an mynen leven swagher Hyllebrant Veckinchûsen. Wet,
dat ik juwen broder Sivert ghesant hebbe en tunneken werkes und 4 stucke
wasses, dat he ju vortan senden sal. Vortmer so is in der tunne ein dûsent
klesſm und 5te half timmer, und 20 timmer lusens werkes und en tendelink
myn dan 14 timmer harwerkes. Item so weghet de 4 stucke wasses 3 schip-
punt myn 25 markpunt, doet wol und doet hir dat beste by und weret,
dat ju God to ghelde beriede van myner weghen, so doet wol und kopet
uns jo wat lichtvar laken Popersche envaer[1] ... oft twe und Valentinsche
van allem wat, dar wy den besten kop an hebben und ramet des besten
boven al. Vortmers so doet wol und scrivet my jû ghenûcht ho jû wylle sy.
hir wer nu wol gûed kop hûse, ho jû wylle dartho sy und van gueden huse
koer. Wes ic dartho doen macht, dat wyl ic gherne doen und wer et, dat
dar einycht kop wan solte werden, dat gy my to voerjaren senden, en hûndert
ofte mer. Vortmer weret, dat ghy juwer ghesellen wat herwart senden, de
sendet hir tho my. Wes ic endoen macht, dat wyl ic gherne doen to allen
tyden. Und wetet, dat wy wol thoreke sin und laten jû beide sere grueten
und unsere dochter und Evert Znoyin enbuet vort jû beiden vele gueder
nacht. Darmede wart wol und ghebietet to uns myt allem dat wy vormogen
und blivet ghesunt tho ewygher tyt mytgaders. Und gruetet all vrunt sere.
Ghescreven des mydwekes vor unser frouwen daghe der lateren.

By my Enghelbrecht Wytten.

*490. Engelbrecht Wytte in Riga an Hildebrand Veckinchusen in
Brügge.*

*Rev. St.-A. Orig. Pap. Adr.:* An Hyldebrant Vockynkhusen tho Brugge
sal desse bref, ✗
detur.

Vruntlyken grot tovor gescreven an mynen leven swager Hyllebrant
Yockynkhusen. Wetet, dat ik ju sende 1 tunne werkes, dar so is inne 5 du-

---

1) Loch im Papier.

뤼벡의 상인
힐데브란트 베킨추셴이 남긴 편지.

앞에서도 잠깐 말했듯이 브뤼헤에는 영국 상인도 많았다. 1359 년에는 그들도 교역상 특권을 보장받았다. 1407년에는 런던에 본 거지를 둔 '모험가 상인 회사'(Company of Merchant Adventurers)가 진 출했다. 이 회사는 당시 영국 굴지의 옷감 회사였다. 그들은 일찌감 치 네덜란드에 진출하여 원단을 독점적으로 수출할 권리를 가졌 다. 이때 이르러 그들은 브뤼헤에 유럽 본토의 넓은 시장을 직접 공 략할 교두보를 얻었다. 1446년 영국 상인들은 교역 여건의 변화를 주의 깊게 관찰하였다. 공작 필립 3세가 허가를 하자 그들은 결국 안트워프로 무역사무소를 옮겼다. 따지고 보면 비교적 짧은 기간 에 불과했으나 브뤼헤는 그들의 주된 활동무대였다.

카스티야(스페인)의 양모 상인들도 왔다. 바스크 상인 또한 특산 품인 양모와 철물을 가져왔다. 포르투갈의 상선들은 아시아에서 수입한 후추를 잔뜩 싣고 왔다. 15세기 중반까지 각국이 경쟁적으 로 브뤼헤에 영사관을 설치해 두고 자국의 상인을 보호했다.

유럽 각국에서 몰려온 상인들은 대체로 얀 반 에이크 광장 근처 에 교역사무소를 설치했다. 그들이 타고 온 상선도 그 근처에 정박 했다. 그러나 당시 최강대국이던 스페인 상선만은 예외적인 대접 을 받았다. 그들은 스판제 로스카이(Spaanse Loskaai, 스페인 거리)에 머물렀다. 이렇듯 브뤼헤는 각지에서 물밀듯 쏟아져 들어온 외국 상인들을 적극적으로 환영하였다. 심지어, 그들에게 치외법권을 인정해줄 정도로 교역에 열을 올렸다.

국제 교역의 중심지로 자리매김되어 이 도시는 부유해졌다. 그 에 걸맞게 정치적 위상도 높아졌다. 1369년, 부르군트 공작은 브뤼혜를 부르군트 공작령에 편입했을 뿐만 아니라 공작령의 수도로 삼았다. 브뤼헤는 경제적으로는 물론 정치, 사회, 문화 및 군사적으로 이 지역에서 가장 중요한 곳이 되었다. 각종 관청이 들어섰고 인구 또한 늘어났다. 공작은 이곳에 편히 머물며 자신의 영지를 통치했다.

## 최초의 증권거래소가 탄생하다

내가 기억하는 그날은 햇살도 좋고 쾌청한 6월이었다. 사이먼과 함께 시청 앞 광장으로 가서 이 도시의 맥주를 마셨다. 독일 상인들이 많이 거주해서 그랬을까. 브뤼헤도 맥주 산지로 상당히 유명하다. 향긋하고 시원한 맥주를 한 모금씩 맛보며, 우리는 부자가 되기 위해 애쓰던 중세 브뤼헤 시민들의 노력에 관하여 한 마디씩 말을 보탰다.

그때 이곳 사람들은 섬유산업 및 섬유가공업에 큰 힘을 쏟았다. 장기간에 걸쳐 지속적인 노력이 있었다. 12세기부터 이 도시에는 양모를 거래하는 시장이 형성되었다. 모직물을 제조하는 공장과 거기서 생산된 제품을 판매하는 시장도 들어섰다. 영국의 영향이었다. 브뤼헤의 섬유산업은 착실히 발달해, 13세기 초에는 플랑드르와 프랑스의 의류박람회에 출품할 정도로 성장했다. 그런데 박람회가 더는 열리지 않게 되었다.

그러자 브뤼헤 사람들은 다른 활로를 찾아 나섰다. 그들은 이탈리아로부터 상업에 관한 신지식을 수용하였다. 상인들은 위험과 이익을 공유하며 금융시장을 개척하였다. 1246년, 브뤼헤의 상인 반 데르 부르즈(Van der Beurze)는 역사상 처음으로 증권 거래업을 시작했다. 그때부터 서양 사람들은 부채와 채권을 증권으로 작성하여 사고팔았다. 현대에도 '증권 거래소'(bourse des valeurs)라는 용어에 부르즈가 포함되어 있다. 브뤼헤의 상인 부르즈는 금융자본주의의 씨앗을 뿌린 셈이었다. 부르즈가 증권시장을 열기 전부터 이 도시에는 국내외 많은 상인이 모여 주기적으로 환전업을 벌였다. 그 결과 이런 새로운 시장이 열린 것이다.

13세기 브뤼헤의 상인들은 너나없이 자신의 성(姓)에 네덜란드어로 뷔르시(beurs)라는 낱말을 덧붙였다. '돈지갑'이란 뜻이다. 상인들 가운데는 아예 '반 데르 뷔르즈'라 하여 돈지갑을 성으로 삼은 경우도 많아졌다.

14세기가 되면 브뤼헤의 금융업은 더욱 발전했다. 약속어음은 물론, 신용장까지 등장했다. 예전과는 다른 새로운 방식의 경제적 교환이 활발해진 것이다. 1309년에는 이러한 유가증권을 사고파는 증권 거래소(Bourse)가 정식으로 문을 열었다. 증시는 광장에서 열렸는데, 그 근처에는 이탈리아의 제노아, 플로렌스, 베니스 상인들이 집단으로 거주했다. 그들이야말로 증권 거래소의 주요 고객이었다.

다음 세기에도 브뤼헤의 번영은 계속되었다. 부자들이 많아지자 많은 예술가와 은행가도 이 도시로 이주하였다. 유럽 전역에서 행운을 좇는 사람들이 쇄도했다. 한 가지 덧붙이면, 노동자와 기술자의 유입도 상당한 수준이었다는 점이다. 이 도시의 섬유산업이 당시로서는 유럽 최고 수준에 도달했기 때문이다.

도시의 인구도 나날이 증가했다. 1400년경 브뤼헤 인구는 최대 20만 명을 헤아렸다. 현재 인구가 12만 명 수준임을 고려할 때 실로 꿈같은 일이었다. 당시 유럽에서는 가장 번화한 도시라도 5~6만 명을 넘는 경우가 거의 없었다. 브뤼헤는 단연코 중세 최고의 도시라 해도 손색이 전혀 없었다. 인구로만 단순 비교를 하자면 그때 우리나라의 한양(서울)과 유사한 수준이었다. 다만 질적인 차이가 컸다. 한양은 통치기구에 종사하는 사람이 많았던 데 비해 브뤼헤는 상업과 수공업에 종사하는 인구가 대부분이었다.


## 물길에 따라 달라지는 브뤼헤의 운명

브뤼헤가 경제를 이끌던 시절 부르군트/플랑드르는 번영을 구가했다. 그러나 고난의 시절도 없지 않았다. 1302년 7월 11일, 벨기에의 코르트리크(Kortrijk)에서 브뤼헤와 프랑스 간에 전투가 벌어졌다. 브뤼헤가 이김으로써, 상당 기간 도시의 독립은 보장되었다. 그로부터 30년쯤 뒤, 영국과 프랑스는 100년 전쟁(1337~1453)을 시작했다. 간단히 말해, 영국령이던 플랑드르의 섬유산업을 프랑스가 빼앗으려는 시도였다. 초반에는 영국에게 유리한 전세였다. 에드워드 3세가 자국산 양모에 대해 수출 금지령을 내리자, 브뤼헤를 비롯해 플랑드르 지방은 영국의 뜻에 따랐다. 그러나 이 전쟁의 최종 승자는 프랑스였다. 영국은 유럽 대륙에서 사실상 철수하게 되었고, 브뤼헤는 프랑스의 영향력 아래 편입되었다.

그런데 15세기 말, 뜻밖의 사건이 벌어졌다. 또다시 자연환경이 변하였고, 브뤼헤의 운명은 하루아침에 달라졌다. 토사가 잔뜩 쌓여 북해로 통하는 항로가 완전히 사라졌다. 그동안 브뤼헤에 경제 발전을 선사한 즈윈(Zwin) 운하, 곧 '황금의 입구(Golden Inlet)'가 기능을 상실했다. 이러한 자연 질서의 변화로, 브뤼헤를 중심으로 전개된 교역의 황금시대는 끝났다.

플랑드르를 대표하는 교역 도시는 이제 안트워프였다. 브뤼헤의 경제적 위상은 추락했다. 설상가상으로, 다른 나라가 이 도시를 지배하기 시작했다. 처음 1524~1713년은 스페인이 지배자로 군림했다. 이어서 합스부르크 왕가(1713~1795년)의 차지가 되었다. 이후에는 프랑스(1795~1815년)와 네덜란드(1830년까지)가 차례로 브뤼헤를 통치했다. 알다시피 유럽에서는 왕위계승권의 향방에 따라 한 도시나 지방의 국적이 오락가락하는 사태가 종종 일어났다. 이런 혼란을 연거푸 겪은 다음에 벨기에에 속하게 되었다. 그 사이 경제력이 낙후되었고, 그에 걸맞게 인구도 대폭 줄었다. 1900년 현재 5만 명이 거주했다. 전성기였던 15세기 초에 비해 인구가 4분의 1일로 감소했다.

우여곡절 속에서도 지역경제를 살리려는 브뤼헤 시민들의 노력이 계속되었다. 17세기가 되자 그들은 레이스 산업을 부활시키려고 안간힘을 썼다. 이 도시는 중세 때부터 장식이 화려한 명품 레이스 산지로 유명했다. 지금도 수작업으로 전통 문양을 새긴 레이스를 직조하는 여성들이 있을 정도이다. 그러나 옛 영광은 쉽게 되살

도시로 보는 유럽사

아나지 않았다. 유럽이 산업혁명의 열기에 휩싸인 19세기까지도 브뤼헤의 경제는 답보상태였다.

그런데 한 가지 역설이 발생했다. 오랫동안 침체의 늪에 빠졌기 때문에, 브뤼헤는 도리어 중세의 모습을 변함없이 유지했다. 새로 지은 건물도 별로 없었고, 옛 건물도 본래 모습 그대로인 경우가 많았다. 바로 이처럼 정체된 도시의 모습이 많은 사람의 눈길을 끄는 시대가 오고 있었다.

때는 19세기 말이었다. 향수에 젖은 눈으로 중세 도시를 구경하려는 많은 유럽인이 브뤼헤를 찾았다. 관광객의 쇄도라고 말해도 좋을 정도였다. 작가 제오지 로덴바시(Georges Rodenbach)의 소설 『죽음의 도시 브뤼헤(Bruges la Morte)』의 역할이 컸다고 한다. 작가는 브뤼헤의 풍경을 극히 사실적으로 묘사했고, 이것이 유럽인들의 중세 문화에 대한 향수를 자극했다.

그런 가운데 1907년에는 자연환경이 또다시 큰 선물을 안겨주었다. 바닷물이 이 도시와 북해를 다시 하나로 연결하였다. 브뤼헤는 문자 그대로 물 만난 고기가 되었다. 도시 경제가 힘차게 회생하기 시작하였다. 중세 이래 그 물길이 막히고 트이고를 반복할 때마다 행운과 불행이 교차하였다. 역사에 보기 드문 사례였다.


## 플랑드르, 찬란한 미술의 고향

중세의 무역도시 브뤼헤는 이탈리아 르네상스의 영향을 받았다.

이 도시가 전성기를 구가하던 15세기, 유럽 각국으로부터 많은 인재가 몰려들었다. 특히 다수의 유명 화가들이 이곳으로 이주했다. 나는 사이먼의 안내로 그 시절의 거장들이 남긴 수작들을 그뢰닝 미술관(The Groeningemuseum)에서 만났다.

그뢰닝 미술관은 시립이다. 중세 에카우트 수도원에 부설된 것으로, 플랑드르와 벨기에 작가들의 주요 작품을 다수 소장하고 있다. 르네상스 및 바로크 시대의 예술 작품이 대표적이다. 그 밖에 고전주의와 표현주의 경향의 작품도 상당히 많은 편이다.

그렇지만 이 미술관을 유명하게 만든 그림은 중세 및 근세 초기의 걸작이다. 예컨대, 얀 반 에이크(Jan van Eyck, 1395~1441)의 〈마르가레타 반 에이크의 초상〉(1439)과 〈그리스도의 초상〉(1440)이 생각난다. 공교롭게 두 작품 모두 초상화인데, 반 에이크의 그림들은 네덜란드의 구식 화풍을 그대로 계승한 것이 특징이다. 요컨대 세부묘사가 섬세하기 그지없어 이탈리아나 스페인 화풍과는 한눈에 그 차이가 확연히 드러난다.

페트루스 크리스투스(Petrus Christus, 1410~1473)와 한스 멤링(Hans Memling, 1430~1494)도 이름난 화가였다. 또한, 헤라르트 다비트(Gerard David, 1460~1523)와 아드리안 이젠브란트(Adriaen Isenbrant, 1490~1556) 및 마르쿠스 제라르 부자(Marcus Gerards, 1520?~1586, 1561?~1636)도 이름을 날린 천재들이었다. 이 밖에 개성적인 네덜란드 화가 히로니뮈스 보스(Hieronymus Bosch)의 〈최후의 심판〉(1486년)도 두말할 나위 없는 수작이다.

세부 묘사에 강한 플랑드르의 훌륭한 미술품은 스페인에서도 인

화가 루벤스.
플랑드르와 이탈리아 화풍을 융합해 새로운 색채미를
발견했다는 평가를 받는다.

기였다. 나는 마드리드의 여러 미술관에서 플랑드르 출신 대가들
의 작품을 여럿 발견했다. 플랑드르 화파의 국제적인 명성은 교역
도시 브뤼헤의 높은 위상에 어울리는 것이었다. 이곳 상인들은 아
낌없는 재정적 후원으로 플랑드르에 독특한 문화적 전통을 창출했
다고 평가된다.

그 전통이 17세기 스페인의 마드리드와 암스테르담(네덜란드)에
계승되어, 서양 미술사를 더욱 풍요롭게 하였다. 특히 국제적으로

큰 영향력을 행사한 플랑드르의 화가로는 페터 파울 루벤스(Peter Paul Rubens, 1577~1640)가 있었다. 그는 플랑드르와 이탈리아의 화풍을 융합하여 새로운 색채미를 발견했다는 평가를 받는다. 그뢰닝 미술관에서 나는 경제와 예술의 조화로운 발전이 참으로 귀하다는 생각을 거듭했다.

13세기부터 약 200년 동안 브뤼헤는 유럽 각지의 물산을 연결하는 중심 고리였다. 이 도시는 여러 나라의 다양한 이해관계를 적절히 조율하며 번영을 누린 북유럽 최고의 중세 도시였다. 하지만 인간의 예측을 벗어난 자연환경의 급작스런 변화로 인해 여러 차례 운명이 바뀌었다. 자연의 위력 앞에 무력한 인간의 모습이 이 도시의 역사에 아로새겨져 있다는 점이 인상적이었다.

브뤼헤를 중심으로 한 플랑드르의 화풍도 내게는 깊은 인상을 주었다. 그들의 작품에는 〈그리스도의 초상〉과 〈최후의 심판〉에서 보듯 한편으로 신 중심의 중세적 세계관이 뚜렷이 표현되었다. 그러면서도 루벤스의 〈시몬과 페로〉에서 확인되는 바와 같이 인간의 세속적이고 예술적인 욕망도 여과 없이 표현되었다. 그런 점에서 플랑드르 화파의 과감하고도 도전적인 성격은 주목할 만하다. 나는 브뤼헤에서 15세기 북유럽 거장들의 그림을 보면서 중세적 세계관이 내부로부터 스스로 무너지는 모습을 관찰했다. 이런 흐름이 16세기에는 더욱 강렬해져 마침내 종교개혁을 낳았을 거라는 추측도 해보았다.

인간은 자연환경 앞에 한없이 무력하면서도 신의 권위에 도전하는 용기를 가진 독특한 존재란 말인가.

07

프라하,
저항과
혁신의 역사

Prague

비행기에서 내려 프라하 시내로 들어갔다(2017년). 길가에 익숙한 깃발이 나부꼈다. 삼성이란 이름의 깃발이었다. 체코에서 삼성이란 이름은 절대적인 힘을 가진 것처럼 보였다. 향기롭고 씁쓸한 맛이 나는 맥주 '필스너'로 유명한 체코의 수도 프라하에 한국 재벌의 위력이라니. 산업국가 한국이 이 정도로 성장했는가 하는 뿌듯한 느낌도 들었으나, 부디 큰 실수는 하지 말았으면 좋겠다는 바람도 생겼다.

프라하는 만만한 곳이 아니다. 나에게 이 도시는 오래전부터 자유의 빛으로 각인되어 있다. 저항과 투쟁 그리고 혁신으로 점철된 프라하의 역사를 나는 사랑한다. 지난 30년 동안 몇 차례 이 도시를 방문할 기회가 있었다. 갈 때마다 달라진 모습에 놀랐다. 현실 사회주의의 고통을 뒤로하고 자본주의의 길을 걸어가는 이 나라의 현대사는 보는 이의 숨을 가쁘게 한다.

고풍스러운 도시 프라하는 체코공화국의 중서부에 위치한다. 아름다운 블타바강(몰다우)이 시내를 관통해 흐른다. 너른 곳의 강폭은 대략 300미터 정도이다. 우리 한강에 비하면 3분의 1쯤 되는데, 세상에는 한강처럼 큰 강이 매우 드물다. 블타바 강가에서도 황혼의

도시로 보는 유럽사

운치를 즐길 수 있다. 특히 곳곳에 조각상이 버티고 선 카를 다리 위에서 낙조를 바라보는 즐거움은 형언하기 어렵다는 말이 옳다.

프라하는 날씨가 비교적 따뜻한 편이다. 습도도 낮아서 살기 편하다고 생각한다. 연간 강수량은 한국의 절반 이하인데 7월의 프라하는 기온이 지나치게 높지 않고 공기도 쾌적하다. 사철 다 좋지만, 여름의 프라하는 최상의 여행지가 아닐까 한다.

## 자유를 향한 저항의 역사

어느 도시라도 나름대로 전성기가 있기 마련이다. 프라하의 전성기는 언제였을까. 14세기였다고 생각한다. 그때 체코는 보헤미아 왕국으로 불렸다. 신성로마제국의 지배를 받았던 시절이다. 신성로마제국의 황제 카를 4세는 보헤미아 왕을 겸했다. 황제는 프라하의 궁궐에서 제국을 통치했다. 당시 이 도시의 인구는 4만 명쯤으로, 유럽에서는 손꼽히는 대도시였다.

그 무렵 고려의 수도 개경은 어땠을까. 적어도 40만 명은 되었을 거라는 것이 정설이다. 고려는 보헤미아를 비롯한 유럽 여러 나라보다 훨씬 더 중앙집권적인 나라였다. 수도는 비대했으나 지방에는 도시가 발달하지 못하였다. 보헤미아도 그렇고 유럽 여러 나라에서는 봉건제도 아래 각 지방이 비교적 균형적으로 성장했다. 특히 엇비슷한 규모의 도시들이 많았다.

체코인이 슬라브족이라는 사실은 모를 사람이 별로 없을 것 같다. 그들은 5~6세기 이후 체코에 거주한다. 그 중심 도시가 프라하인데 대체로 11세기부터 도시로 자리 잡았다. 시간이 흐르자 프라하는 중부유럽 최대의 도시로 성장했다. 그러나 곧 내리막길이 찾아왔다. 15세기 초 이 도시는 종교전쟁에 휘말렸다. 이후 프라하는 한동안 침체의 늪에 빠졌다.

프라하에 사는 내 친구 얀은 프라하의 역사를 내게 자세히 설명해주었다. 그에 따르면, 18세기 말 프라하는 또 한 번 도약의 계기를 얻었다. 그때부터 수공업이 크게 발달해 도시 경제가 급성장했다. 그 흐름은 100년 넘게 이어졌다. 19세기의 프라하는 오스트리아-헝가리 제국 내에서 굴지의 공업 도시로 인정받게 되었다. 특산품 중에는 정교한 무기도 포함되었다. 일제강점기 한국의 독립군도 체코제 기관총을 사용했다는 기록이 남아 있다.

체코는 독일과 오스트리아 등 강대국의 간섭을 받을 때가 많았다. 그러나 독립을 향한 체코인의 의지는 날이 갈수록 더욱 강해졌다. 마침내 제1차 세계대전을 끝으로 그들은 독립의 기회를 잡았다. 1918년, 독립국 체코슬로바키아를 출범시키는 데 성공했다.

그 뒤로도 체코의 역사에는 우여곡절이 많았다. 히틀러의 침략에 시달리다가 제2차 세계대전이 끝나자 잠시 해방의 기쁨을 맛보았다. 그 뒤로는 소련의 간섭이 심했다. 동유럽의 다른 나라들과 함께 체코는 공산권에 편입되었다. 하지만 체코 사람들은 소련식 공산체제에 저항했다. 1968년 1월, 프라하에서 일어난 자유화 운동은 소련에 대한 반발심에서 비롯되었다. 온 세계인의 주목을 받은 사건이었다. 그보다 10여 년 앞서 역시 동구권의 일부였던 헝가리에서도 자유화 운동이 일어났다(1956년 10월). 김춘수 시인은 〈부다페스트에서의 소녀의 죽음〉이란 시를 지어 소련의 군홧발에 짓이겨진 헝가리 자유화 운동의 비극을 노래했다.

프라하의 비극을 극복하고 30년이 지난 다음, 또다시 역사의 분화구가 폭발했다. 동구권의 해체였다. 이때 프라하는 동구권의 역사적 전환에 견인차 노릇을 했다. 1989년 여름, 동독을 탈출하려는 수천 명의 동독 시민들이 프라하 주재 서독 대사관에 몰려들었다. 많은 사람이 담을 넘어 비좁은 서독 대사관저로 들어갔다. 체코 당국은 인도주의적 관점에서 이 문제를 중립적으로 잘 처리했다. 그때 동독 시민들이 바란 것은 오직 한 가지, 서독으로의 망명이었다. 실로 엄청난 사건이었다.

그해 9월 30일, 우여곡절 끝에 대사관저에서 버티고 있던 동독 시민들은 프라하역에서 서독행 기차를 탈 수 있었다. 그들은 프라하역에서 '자유의 여정'을 시작했다. 기차는 동독을 무사히 통과해 서독 땅으로 진입했다. 일대 역사적 사건이었다. 나는 그 무렵 독일에 살았기 때문에 시시각각으로 변하는 정세를 자세히 관찰할 수 있었다. 프라하에서 벌어진 이 사건을 분수령으로, 소련 다음으로 강성했던 현실 사회주의 국가 동독이 붕괴했다.

이어서 체코와 헝가리 및 폴란드 등 동구권 전체가 흔들렸고 곧 해체되기에 이르렀다. 프라하는 소련의 지배체제에 대한 본격적인 저항의 출발점이자 동구의 몰락에 결정타를 날린 종착지였다고 말해도 좋겠다.

# 얀 후스의 저항 정신이 살아 있는 곳

자유를 향한 체코인의 저항에는 깊은 내력이 있다. 내 친구 얀은 나를 프라하 시내 한복판에 있는 '종교개혁 광장'으로 안내했다. 광장에는 후스의 동상이 우뚝 서 있었다. 종교재판 끝에 화형되고 만 체코의 영웅이, 운명한 지 500년 만에 시민들의 품으로 다시 돌아온 거였다. 1915년, 당시 체코 최고의 조각가로 정평이 있었던 라디슬라프 샬로운(Ladislav Šaloun)이 심혈을 기울여 제작했다. 이 동상의 기단에는 의미심장한 구절이 새겨져 있다.

서로 사랑하라. 사람들 앞에서 진실 즉, 정의를 결코 부정하지 말라!

후스의 옥중서신에 나오는 문장이다. 그에게 사랑이란 정의를 실천하는 것과 같은 말이었다. 불의한 지배체제에 대한 저항의 중요성을 강조한 말이었다. 날카로운 이 글귀가 지난 500년 동안 체코인의 가슴 속에 맥맥히 살아 있었다고 믿는다. 그 생각을 하노라면 역사란 실로 엄중한 유산이라는 결론에 도달한다.

종교개혁가 얀 후스(Jan Hus, 1372~1415)는 복음주의자였다. 그는 성서야말로 신앙의 유일한 근거라고 믿었다. 그래서 그는 로마가톨릭교회의 부패를 강도 높게 비판했다. 그러나 그 점이 문제가 되어 결국 콘스탄츠공의회에 불려갔고, 화형에 처해지고 말았다(1415년).

후스는 입지전적이고 매력적인 인물이었다. 그는 빈농의 아들로 태어났으나, 많은 어려움을 이기고 카를 대학교에 진학해 신학을 공

도시로 보는 유럽사

종교개혁가 얀 후스 동상

부했다. 1398년, 학업성적이 탁월했던 후스는 신학 교수가 되었다. 1409년에는 카를대학교 총장에 선출되는 영예까지 얻었다. 여기까지는 위인전에서 만날 수 있는 역사적 인물들의 성공 신화와 전혀 다름이 없었다.

그런데 그에게는 특별한 점이 있었다. 후스는 시대의 한계를 넘어서 개인의 신앙적 자유를 추구했다. 『교회론(Deecclesia)』과 『강론집』 등의 저술에서, 그는 이렇게 주장했다. '영혼의 구원은 신이 예정한 대로 이뤄진다. 따라서 돈을 주고 구매한 〈면벌부〉(면죄부) 따위로는 죄의 문제를 결코 해결할 수 없다.' 우리가 보기에는 당연한 말이었으나, 당시에는 위험천만한 주장이었다. 후스는 〈면벌부〉 판매에 골몰하던 가톨릭교회와 정면충돌하였다.

후스는 자신이 교황청을 비판하는 이유를 4가지로 요약하였다. 첫째, 교황은 천주의 율법과 복음을 이해하는 참된 신자들의 의견을 함부로 무시한다. 교황은 낡은 전통에 얽매여 있다. 둘째, 교황과 사제들은 신자들의 종교적 기대를 저버리고 세속적 이익만 추구한다. 셋째, 교황이 어처구니없게도 교회 일에 모리배를 동원하고 있다. 넷째, 구원을 소망하는 신자들에게서 교황은 천주의 말씀을 앗아갔다. 후스의 주장은 모두 옳았으나, 로마교황청은 잘못을 인정하지 않았다.

1410년 분노한 교황은 프라하 대주교를 움직여 후스를 파문했다. 그 이듬해 로마교황 요한 23세도 그를 직접 파문했다. 사태는 더욱 나빠져, 후스는 종교재판에 회부되어 화형을 받고 세상을 떴다.

얀 후스로 말하면, 한 세대 일찍 태어난 체코의 마르틴 루터였던 셈이다. 그는 프라하의 베들레헴 성당에서 주임사제로 재임할 때부터 선구적인 모습을 보였다. 후스는 대중이 이해하지 못하는 라틴어를 사용하지 않았다. 대신에 그는 대중에게 친숙한 체코어로 강론하여 사람들의 마음을 사로잡았다(1402년). 그는 성서를 체코어로 직접 번역하기도 했다. 또, 체코어 맞춤법을 고안할 정도였다. 마르틴 루터를 비롯한 후대의 종교개혁가들은 후스의 이러한 행적에서 깊은 영향을 받았다고 한다.

　루터와 후스의 차이는 과연 무엇일까? 다행스럽게도 루터 곁에는 구텐베르크가 만든 금속활자가 있었다. 루터는 활자라는 새로운 매체의 가능성을 한눈에 알아보았다. 그는 금속활자로 인쇄된 글을 통해 자신의 견해를 온 세상에 널리 알렸다. 곧 그의 인기는 하늘을 찌를 듯 높아졌다. 교황청은 루터를 지지하는 대중이 두려워, 감히 그에게 함부로 손대지 못할 정도였다. 만약 후스의 시대에 이미 금속활자가 있었더라면 어땠을까. 그는 아마도 종교개혁에 성공했을 것이다. 그러나 운명의 여신은 얄밉게도 후스를 비껴갔다. 특별한 일에 착수한 이라면 자신의 주장을 널리 전파할 매체에 대해서 깊이 생각하는 편이 현명하겠다.

　후스가 화형을 당하자 대중은 좌시하지 않았다. 평소 그의 가르침을 믿고 따르던 용감한 체코 사람들은 교황청의 처사를 비판했다. 이것이 전쟁으로까지 발전했다. 후대 역사가들은 체코 사람들과 가톨릭교회 사이에 벌어진 전쟁을 '후스전쟁'이라 부른다. 1419년 7월 30일, 얀 젤리프스키(Jan Zelivsky) 등 강경파 후스주의자들은 관헌에 붙들린 동료들의 석방을 요구하였다. 그들은 뜻이 관철되지

카를 다리

않자 프라하 시의회 의원들을 시청 창문 밖으로 내던졌다. 그러자 교황 마르티노 5세는 군대를 동원해 후스파를 진압하기 시작했다.

후스전쟁은 쉬 결판이 안 났다. 밀고 밀리는 지루한 공방전이 계속되었다. 1433년 리판(Lipan) 전투를 고비로 교황 측은 승기를 잡았다. 그들은 일단 후스파를 진압했다. 그러나 후스파의 저항은 미미한 상태로나마 오래오래 계속되었다. 교황청이 후스파를 인정해 다시 가톨릭교회로 불러들인 것은, 1620년의 일이었다. 교황 비오 2세 때 양자의 화해가 이뤄진 셈이었다.

그래도 후스의 사상을 계승한 소수파는 끝까지 저항했다. 즉, '보헤미안 공동체'는 끈질기게 독립성을 유지했다. 그들은 18세기에 모라비아 교회(체코 개신교)를 세워 완전히 독립하였다.

여름 해가 뉘엿뉘엿 넘어가는 카를 다리에서 내 친구 얀과 나는 황금빛 낙조를 함께 바라보았다. 그때 얀은 내게 후스전쟁 이야기를 자세히 들려주었다. 그의 얼굴은 유난히 홍조를 띠고 있었다. 그 모습을 보며 나는 가슴으로 느꼈다. '얀 후스는 체코의 민족적 영웅이다. 그를 체코 민족의 수호신이라 불러도 손색이 없을 것이다.'

실제로도 그러했다. 19세기에 체코의 많은 지식인이 오스트리아-헝가리 제국의 지배에서 벗어나고자 했다. 그들은 후스를 마음의 고향으로 삼았다. 그는 화형을 받고 쓸쓸히 사라졌으나, 수백 년이 지난 뒤에도 체코 민족운동의 정신적 지주임이 틀림없었다.

# 카를대학교, 개혁의 상징

얀 후스와 떼려야 뗄 수 없는 것이 카를대학교이다. 1348년, 카를 4세가 이 대학을 세웠다. 유럽에서 가장 오래된 대학 가운데 하나이다. 카를대학교 설립을 기념하는 카롤리눔(Carolinum)은 현존하는 세계 최고(最古)의 대학 건물이기도 하다. 설립자 카를 4세는 이탈리아의 볼로냐대학교와 프랑스의 파리대학교를 본떠, 이 대학교에도 신학을 비롯해 법학, 의학 및 철학과를 설치했다.

카를대학교는 처음부터 국제적으로 운영되었다. 보헤미아(체코)는 물론이고, 인접한 독일의 작센과 바이에른 및 폴란드 등 4개의 교원조합이 연합하여 학교의 모든 사무를 맡았다. 알다시피 서양의 대학교(University)는 어원상 일반인도 참여하는 '조합'이란 뜻이다. 카를대학교의 역사를 보아도 조합이란 표현이 맞는 거였다.

체코는 카를대학교를 통해 서유럽 여러 나라에서 발전한 새로운 이론과 주장을 수용했다. 얀 후스처럼 출중한 인물이 나온 것도 개방적인 국가 간 문물교류의 결과였다. 예부터 개방과 자유는 대학의 생명줄이었다.

얀 후스가 카를대학교에 미친 영향은 절대적이었다. 그의 지도를 받은 제자들이 종교개혁과 사회개혁에 앞장섰다. 이 대학교는 후스주의 운동의 요람, 곧 체코 종교개혁운동의 성지였다.

그러나 후스전쟁으로 인한 타격도 컸다. 이 대학교에서 일하던 독일인 교수와 학생들은 정세가 불안해지자 대부분 독일의 라이프치히로 떠났다. 카를대학교가 휘청거릴 정도로 타격이 심했다. 이

후 신교와 구교의 종교적 분쟁은 유럽 안에서 '30년 전쟁'(1618~
1648)으로 발전하였다. 그 바람에 이 대학은 오랫동안 침체기를 겪
었다. 그 전쟁이 끝나고 체코는 가톨릭교회의 영향력 아래 놓였다.
다시 교황청의 지배를 받게 된 것이었다. 카를대학교는 예수회의
통제 아래서 정치적으로 보수적인 성향을 띠었다. 그렇게 오랜 세
월이 흘러갔다.

　이 대학의 졸업생 가운데는 역사에 이름을 남긴 인물이 많았다.
특히 근현대의 탁월한 문인들이 많았다. 독일 시인 라이너 마리아
릴케를 비롯해 프란츠 카프카, 카렐 차페크, 밀란 쿤데라가 대표적
이다. 릴케와 카프카는 현대 독문학계의 큰 별이었다. 그들의 작품
을 읽어보지 않은 시민은 아무도 없을 것이다. 또, 차페크는 사회비
판 정신이 넘치는 작가였다. 쿤데라는 우리에게도 잘 알려진 작가
로, 자유를 추구하면서도 어쩔 수 없는 한계에 신음하는 인간존재
의 비극을 탐구한다고 볼 수 있다. 그는 현대 문학계의 최고 거장으
로 정평이 있다.


## 당대 최고의 천문학자 브라헤와 케플러

프라하의 지적 분위기는 저항과 혁신을 지향했다. 나는 그렇게 생
각한다. 그래서였겠지만, 근대과학에 조용한 혁명을 일으킨 다수
의 학자도 프라하와 남다른 인연을 맺었다. 나는 프라하의 옛 시청
건물 벽에 걸린 천문시계를 물끄러미 바라보며, 얀과 더불어 튀코

브라헤(Tyge Ottesen Brahe, 1546~1601)의 생애를 화제로 삼았다.

브라헤는 탁월한 천문학자였다. 그는 덴마크인으로 성격이 괴팍했다고 알려져 있다. 한 번은 사촌과 결투하다가 코가 잘렸단다. 그래서 황동으로 만든 코를 달고 다녔다. 브라헤는 최후의 순간도 극적이었다. 갑자기 방광이 터지는 바람에 운명했다고 전한다. 그는 생전에 자신의 묘비명을 미리 준비했다는데, "그는 현명하게 살다가 바보처럼 죽었다"는 기이한 글귀였다.

처음에 브라헤는 지구중심설 곧 천동설을 신봉했다. 그러나 오랜 천문관측을 통해 결국에는 아리스토텔레스–프톨레마이오스의 전통적 우주관인 천동설을 부정하기에 이르렀다. 그는 지구중심설과 태양중심설(지동설)의 장점을 모아, 천문학의 새로운 체계를 구성했다는 평가를 받는다.

일찍이 그는 초신성의 존재를 발견해 천문학자로서 명성이 높았다. 덴마크의 왕 프레데릭 2세는 그에게 벤(Hven) 섬을 주어 천문연구를 도왔다. 그 왕이 죽자 신성로마제국 황제 루돌프 2세가 재정지원을 약속하며 프라하로 이주하기를 종용했다. 브라헤는 그 말에 따랐다.

브라헤는 성실한 학자였다. 그는 자신을 후원한 황제와 귀족들의 성원에 점성술로 보답했다. 그때는 아직 천문현상이 인간사와 불가분의 관계가 있다고 믿는 시절이었다. 브라헤도 그런 믿음을 청산하지는 못했다. 하지만 그는 좀 달랐다. 초신성이나 혜성 또는 일식 등이 세상의 멸망을 예고한다는 식의 해석을, 그는 수긍하지 못했다.

1570년, 브라헤는 천문관측 장비인 4분의(Quadrant)를 개량했다. 직경 12미터짜리 육분의(Sextant)도 제작했다. 그는 별의 위치를 이전 시대의 천문학자들보다 훨씬 정밀하게 측정했다. 그는 당대 최고의 천문학자였다. 그가 죽은 지 8년 뒤 망원경이 발명되었다 (1609년). 만약 망원경이 있었더라면, 그의 천문관은 크게 달라졌을 것이다.

프라하 시절, 청년 요하네스 케플러(Johannes Kepler, 1571~1630)가 브라헤의 문하로 들어왔다. 케플러는 독실한 개신교 신자였다. 그는 신앙의 자유를 찾아 프라하로 온 것이었다. 이 도시는 가톨릭 지역이었으나, 후스주의자들의 오랜 저항 덕분에 다른 도시들보다는 신앙의 자유가 잘 보장되었다.

케플러는 코페르니쿠스의 지동설을 수용했다. 또한, 스승 브라헤의 관측 결과를 토대로 행성이 타원형의 궤도를 따라 움직인다는 점을 확인했다. 이것이 '행성운동'의 제1 법칙이다. 그 밖에도 그는 면적과 속도가 보존된다는 내용의 '행성운동' 제2 법칙도 발견했다. 또, 행성과 태양의 거리와 운동 주기에 관한 제3 법칙도 알아냈다. 케플러는 평생 신앙의 자유를 찾아 헤매다 쓸쓸히 사망했다. 그의 탁월한 학문적 성과를 재확인한 이는 영국의 뉴턴이었다.

## 프라하의 봄

자유를 향한 프라하의 행진은 시간의 장벽을 넘어 계속되었다. 사람들은 아직도 '프라하의 봄'(Prague Spring)을 기억한다. 1968년 8월이었다. 소련군을 선두로 바르샤바조약기구의 탱크가 프라하를 침략했다. 그들은 체코에서 전개되었던 공산주의 체제의 개혁을 중지하고자 했다.

그해 1월, 체코 개혁파는 공산당 제1서기 노보트니를 사임시켰다. 그 후임으로 개혁파인 두브체크를 선출했다. 체르니크가 수상직을 맡았고, 온건파 스보보다는 대통령이 되었다. '프라하의 봄'은 이렇게 시작되었다. 체코슬로바키아공화국 지식인들이 오랫동안 민주화와 자유화를 위해 노력한 결과였다.

같은 해 4월, 체코 공산당은 공산체제의 근간을 위협하는 개혁안을 발표했다. 목표는 민주적인 사회주의 체제의 건설이었다. 동구 공산권의 맹주 소련은 당황했다. 그들은 동유럽의 여러 공산주의 국가들과 함께 체코를 압박했다. 이에 대항하여 체코 지식인들은 이른바 '2천어 선언'을 발표했다. 그들은 "인간의 얼굴을 한 사회주의"를 표방하며 시민운동으로 맞섰다. 내가 보기에 그들은 얀 후스의 후계자임이 명백했다.

예컨대 국가기관의 삼권분립을 보장하며, 언론에 대한 사전검열제도 폐지하기로 했다. 또, 선거제도의 민주화를 약속하였고, 언론·출판·집회 등의 기본권도 보장한다고 약속했다. 국외여행은 물론 이주의 자유도 허락하기로 했다. 그동안 시민들을 공포에 떨게 했던 감시와 통제의 경찰정치를 중단하고, 시민을 위한 경제계획도 세우기로 했다. 체코슬로바키아를 구성하는 체코와 슬로바키아도 상호 동등한 자격으로 연방제를 시행하기로 했다. 이 개혁안에 따라 다수의 정당과 정치단체가 등장하였다. 이때 체코 의회는 미래를 위한 다양한 논의에 불을 지폈다.

소련을 비롯한 공산 국가들은 체코에서 일련의 개혁조치가 효과를 내기 시작하자 큰 충격을 받았다. 소련은 체코의 체제변화를 '마르크스·레닌주의로부터의 이탈'이라고 비판했다. 이어서 소련의 지시대로 바르샤바조약기구가 군대를 파견해 체코의 개혁 의지를 꺾었다. 1968년 8월 20일, 바르샤바조약기구에 가입한 5개국이 20만 명의 연합군을 편성해 프라하로 쳐들어갔다. 그들은 삽시간에 체코 개혁파를 숙청했다. 개혁파로 분류된 50여만 명의 당원도 체코 공산당에서 모두 제명되었다.

프라하의 봄.
**1968**년 체코에서 일어난 민주화운동을 일컫는다.

# '프라하의 봄'을 꽃피운
# 작가 출신 대통령 하벨

내 친구 얀은 프라하 고성 앞에서 바츨라프 하벨이 생각난다고 말했다. 하벨은 이름난 극작가였다. '프라하의 봄' 때 그는 '독립작가클럽'과 '앙가주망 비당원클럽'에서 활약했다. 그러나 소련이 프라하를 점령하자 그는 곧 극장에서 추방되었다. 그의 작품도 공연 금지 처분을 받았다.

그러나 하벨은 굽히지 않았다. 끝끝내 그는 반체제운동을 계속했다. 어느 때부터인가 그는 반체제운동의 상징적 인물이 되었다.

1989년 공산체제가 붕괴하자, 체코슬로바키아 연방의회는 만장일치로 하벨을 초대 대통령으로 선출했다. 그는 민주주의 개혁의 견인차가 되어 체코슬로바키아 대통령(1989~1992년)이 되었다. 이어서 슬로바키아가 분리되자 체코공화국 대통령에 선출되었다(1993~2003년). 국제사회는 그를 박식하고 균형 잡힌 지도자라며 환영했다. 1980년대 후반, 나는 독일어로 번역된 하벨의 연설문을 감명 깊게 읽은 기억이 있다. 자유를 향한 그의 신념이 문학적으로 표현된 훌륭한 글이었다.

**

15세기 초, 얀 후스는 자유를 향한 체코인의 여정을 시작했다. 그 길은 실로 험난했다. 많은 체코 사람이 고통 속에 목숨을 잃기도 하였다. 그러나 그들의 노력은 결국 하벨의 시대에 이르러 고귀한 결실을 보았다. 그렇게 평가해야 할 것이다. 내 친구 얀은 그런 식으로 체코의 역사를 요약했다. 나는 진심으로 그의 주장에 공감했다. 쓴맛이 나면서도 향기로운 체코 특유의 필스너 맥주잔을 가볍게 부딪치며 우리 두 사람은 유쾌하게 웃었다.

## 08

마드리드,
눈에 보이는 것이
전부가 아니다

Madrid

스페인의 수도 마드리드는 축구로 유명하다. 레알 마드리드라는 팀이 있어서다. 그런데 이 도시는 현대사의 깊은 암울을 간직하고 있다. 청년들은 잘 모르겠지만, 나이가 좀 든 시민들은 스페인의 악명 높은 독재자 프란시스코 프랑코 총통(1892~1975)을 기억할 것이다. 그는 히틀러와도 거래한 인물이었다. 그는 1930년대에 우파를 총동원해 스페인 내전(1936~1939)을 치르기도 하였다. 미국 소설가 어니스트 헤밍웨이(1899~1961)는 이 피비린내 나는 싸움에 종군했다. 그는 그때의 경험을 토대로, 『누구를 위하여 좋은 울리나』라는 소설을 썼다. 소설은 많은 이들에게 평화의 중요성을 일깨웠다.

19~20세기 스페인은 자세히 알면 알수록 참담한 역사의 현장이었다. 유럽인들은 아직도 마드리드를 미개하고 끔찍한 곳이라고 말할 때가 있다. 과거 유럽에 널리 퍼져 있던 속담 하나를 소개한다.

"그는 생각이 있는 사람이다. 그의 말에는 뜻이 담겨 있었다. 그리하여 그는 마드리드에서 교수형을 받고 죽었다."

생각이 있는 사람이라면 마드리드에서는 도저히 제 명대로 살 수 없다는 말이다. 얼마나 끔찍한 혹평인가.

헤밍웨이.
스페인 내전에 종군한 경험을 토대로
소설 『누구를 위하여 좋은 울리나』를 집필했다.

# 피카소의 〈게르니카〉 앞에서

마드리드에 대한 내 인상은 좀 다르다. 마드리드는 이제 침울한 곳이 아니라고 생각한다. 이곳은 세상에서 가장 매혹적인 예술의 도시이다. 나는 그렇게 믿는다. 무엇보다도, 그곳에는 그림을 좋아하는 세계 시민의 마음을 사로잡는 프라도 미술관이 있다. 이 미술관은 파리의 루브르 박물관 및 상트페테르부르크의 에르미타주 미술관과 더불어 세계 3대 미술관으로 손꼽힌다.

　전통적으로 스페인 왕가는 회화작품을 많이 소장했다. 엘 그레코(1541~1614)의 대표작을 비롯하여, 벨라스케스(1599~1660)와 고야(1746~1828)를 비롯한 스페인 거장들의 작품이 우선 떠오른다. 그에 더하여 유럽 각국의 탁월한 화가들의 작품도 소장 목록을 빼곡히 채웠다. 가령 스페인 왕실과 친밀한 관계를 유지했던 플랑드르 출신 화가들의 작품도 적지 않다. 또, 스페인의 화풍에 큰 영향을 준 르네상스 시대 이탈리아 화가들, 예컨대 라파엘로와 보티첼리의 걸작들도 있다.

　마드리드에 가면 누구나 명작의 세계에 깊이 빠져들 수 있다. 프라도 미술관뿐만 아니라, 국립 소피아 왕비 예술센터와 티센 미술관에서도 수많은 걸작이 방문객을 기다린다. 내가 가장 좋아하는 프라도에는 르네상스 이후 19세기까지의 걸작이 수두룩하다. 소피아에는 19세기 말부터 20세기 전반까지 유럽 미술사를 이끈 거장들의 그림이 걸려있다. 그런가 하면, 티센에는 중세부터 20세기에 이르기까지의 명작이 많다. 방문객들은 각자의 취향에 따라 어느 미술관을 구

프라도 미술관

경할지 결정해도 좋을 것이다. 나는 물론 프라도를 가장 좋아한다.

그러나 내가 가장 주목한 작품은 파블로 피카소(1881~1973)의 〈게르니카〉다. 누구나 그 존재를 알고 있는 이 그림은, 국립 소피아 왕비 예술센터에 소장되어 있다. 나는 이 유명한 걸작 앞에 한동안 말없이 서 있었다.

게르니카는 지명이다. 그것도 스페인 북부 바스크 지방에 있는 작은 마을이다. 바스크라면 스페인에서도 소수민족이 사는 특별한 지역이다. 1937년 4월 26일, 스페인 내란 당시 프랑코 군을 지원하던 히틀러의 독일 공군이 이 마을을 무차별 폭격했다. 삽시간에 2,000여 명의 민간인이 목숨을 잃었다.

비보를 전해 들은 피카소는 절망했다. 그는 전쟁의 비극과 현대 사회의 부조리를 통감했다. 양심적인 시민들에게 호소하여 가능하면 전쟁을 추방하고 싶기도 했다. 피카소는 그러한 마음을 담아 한

편의 대작을 완성했다. 그림은 완성되자마자 파리에서 열린 만국
박람회에 전시되었다. 피카소는 스페인 사람이지만 그 당시에는
프랑스에 체류하였다. 그가 그린 〈게르니카〉는 국제적으로 큰 반향
을 불러일으켰다. 박람회가 끝난 뒤 그 그림은 오랫동안 뉴욕 현대
미술관에 걸려있었다. 나중에 프랑코 정부는 이미 명화가 된 그 그
림을 스페인이 소장하기를 바라며 피카소에게 추파를 던졌다. 피
카소는 한마디로 거절했다. 그는 독재자 프랑코 따위와는 결코 협
력할 의사가 없었다. 이 그림은 피카소도 죽고 프랑코도 죽은 다음
에야 스페인으로 돌아왔다(1981년). 역시 피카소의 유언에 따른 것
이었다.

　피카소는 사후에야 조국과의 관계를 정상화하였다. 자유분방하
기 짝이 없었던 이 화가에게도 이처럼 꼿꼿한 일면이 있었다. 조선
시대 선비를 떠올리게 하는 꼬장꼬장함이 아닌가.

　피카소는 모든 종류의 전쟁을 혐오했다. 그는 한국전쟁의 참혹
함도 그림으로 표현해, 전쟁의 추악함을 널리 고발했다. 그가 처절
하게 묘사한 인간의 폭력성과 잔인성은 물론 그 한 사람만의 주제
는 아니었다. 그런 점에서 피카소가 존경했던 대선배 작가 고야가
생각난다. 역시 스페인 화가였던 고야는 조국이 나폴레옹의 침략
을 받았을 때를 잊지 못했다. 그는 침략군에게 직접 저항을 표시할
만큼 용기 있는 인물은 아니었다. 그러나 침략군이 물러난 다음, 고
야는 과거의 비참한 광경을 그림으로 재현했다. 그는 1808년 5월 3
일에 벌어진 프랑스군의 학살 장면을 화폭에 담았다. 나폴레옹의
군대는 스페인에서 무고한 양민을 무자비하게 살해했다.

고야, 〈1808년 5월 3일〉.
프랑스군의 학살 장면을 화폭에 담았다.

역사책을 읽어보면 어디서나 끔찍한 전쟁이 되풀이되었다. 그러나 고야와 피카소처럼 전쟁의 비극을 날카롭게 고발한 화가는 별로 없었다.


# 콜럼버스,
# 스페인의 전성시대를 열다

스페인의 역사는 유별났다. 이 나라도 한때는 세계 최강의 권좌에 올랐다. 아니, 스페인으로 말미암아 중부 및 남부 아메리카에 존재하던 찬란한 문명(아즈텍, 잉카)이 자취를 감추었다. 침략자들은 금과 은에 걸신이 들린 마귀처럼 아즈텍과 잉카의 보물을 닥치는 대로 약탈하였다. 그것으로도 부족해 수천만을 헤아리던 원주민을 강제노동으로 내몰았다. 금과 은을 생산하기 위해서였다. 열악한 노동 조건으로 고통을 받던 원주민들이 몰사했고, 그에 더하여 유럽에서 건너온 각종 전염병으로 말미암아 원주민들은 한두 세대가 지나기도 전에 거의 멸종하고 말았다. 그러자 스페인 사람들은 서아프리카에서 노예를 끌고 와서 노동력을 착취하였다.

이런 악랄한 피의 역사에도 긍정적인 일면이 있기는 하였다. 스페인이 아메리카를 경영하였기에 그곳에서만 서식하던 토마토, 옥수수, 감자 등이 세계로 퍼져나가게 되었다. 그들 덕분에 온 세계가 하나로 연결되었다는 평가도 가능하다.

거슬러 올라가면 스페인처럼 오랫동안 이민족의 통치를 받은 나라도 드물었다. 고대에는 지중해를 석권한 페니키아와 그리스의 식민지였다. 이어서 카르타고, 로마, 이슬람제국도 차례로 이 나라를 지배했다. 스페인의 독립과 통일은 요원한 일이었다.

지중해 서쪽 끝에 자리한 때문에 발전 속도가 그렇게 늦었을까. 그러나 스페인은 오랜 준비와 고난 끝에 결국 통일왕조의 꿈을 달성했다. 무려 800년간에 걸쳐 스페인 사람들은 이슬람제국을 상대로 '레콩키스타'(국토회복 전쟁)를 치렀다. 이슬람 세력이 철수하자 스페인반도는 하나의 연합왕조로 통일되었다(1492년).

1561년, 마드리드가 스페인의 새 수도로 결정되었다. 그에 앞서 톨레도(Toledo)가 이 나라의 수도였다. 통일왕조의 수도 마드리드는 활기를 띠었고, 대항해시대와 더불어 '황금의 100년(Siglo de Oro)'이 스페인에 찾아왔다. 그들은 지중해를 벗어나 대서양 중심의 세계 교역체계를 건설하였다. 지중해 서쪽 끝자락을 차지한 덕분에 새 시대를 열 수 있었고, 이제 막 통일왕조를 열었던 참이라 국가의 새로운 팽창전략을 수행하기에 유리했다.

스페인의 전성기를 연 인물은 콜럼버스였다. 어떤 이는 그를 스페인 사람이라 하고, 또 다른 이는 그를 이탈리아 사람이라고 한다. 중요한 사실은 바로 이 사람을 통해 새 시대가 열렸다는 점이다. 이사벨라 여왕의 후원으로 콜럼버스 일행은 바하마 제도에 닻을 내렸다. 이로써 인류의 역사는 새로운 전기를 맞았다. 콜럼버스도 그를 보낸 스페인 여왕도 일확천금하지는 못했으나, 행운이 뒤따랐다.

스페인은 계속해서 대항해시대를 열어갔다. 16세기가 되자 스페인은 아즈텍과 잉카에서 막대한 금은 보물을 찾았다. 용감하다 못해 잔인한 스페인 정복자들은, 아메리카 대륙을 송두리째 약탈하는 데 성공했다.

스페인 왕실과 귀족은 노예노동을 통해 더 많은 부를 쌓았다. 심지어 포토시의 은 광산에서 정복자들은 '미타 시스템'이라고 하는 혹독한 강제노역제도를 도입했다. 스페인 은화인 페소를 한 개 만들 때마다 평균 일고여덟 명의 원주민이 희생되었다는 기록을 읽은 적이 있다. 이렇게 번 돈으로 스페인은 각지에 새로운 도시를 만들고, 화려한 건축물을 축조했다. 사치와 방탕이 도를 넘었다. 또, 때마침 벌어진 종교전쟁에 깊숙이 개입하였다. 스페인은 가톨릭교회의 수호자를 자처하며 신교와의 전쟁에 막대한 자금을 댔다. 그 결과 로마교황청과는 특별한 관계를 맺게 되었으나, 국가는 빚더미를 떠안게 되었다.

스페인은 신대륙에서 착취한 금은 보배를 이용해 새로운 산업을 육성한 것도 아니고, 전보다 정의로운 사회를 건설하기 위해 노력한 것은 더더욱 아니었다. 스페인의 침탈로 인해 위대한 잉카 문명이 사라졌고, 그들이 앞장섰던 종교전쟁을 통해 유럽의 분열은 더욱 골이 깊어졌다.

스페인의 영광은 오래가지도 못했다. 17세기에 이르러 '무적함대'를 자랑하던 스페인은 한계를 드러냈다. 후발주자인 네덜란드와 영국의 도전에 직면해, 스페인은 자국의 이익을 지키기 어렵게 되었다. 그때부터 수 세기 동안 이 나라의 국제적 지위는 서서히 하락하였다. 그 사이에도 여러 가지 뼈아픈 일이 일어났다. 가령 스페인은 잔혹한 마녀재판으로 홍역을 치렀다. 마녀재판은 유럽은 물론

　　　　　　　　　　　　　　　　도시로 보는 유럽사

미국 땅에서도 있었는데, 스페인이 가장 심했다. 또, 유대인에 대한 차별과 학살도 매우 심했다. 그 결과 유능하고 부유한 유대인들은 탄압을 피해 네덜란드를 비롯한 유럽 각국으로 이주했다. 이 역시 스페인의 몰락에 일조했다. 그 뒤 19세기 초반에는 이미 말한 대로, 나폴레옹이 침략군을 보내왔다. 스페인의 저항은 상상하기 어려울 정도로 강력해, 프랑스 군대는 큰 타격을 입었다. 그러나 전쟁이 장기화하자, 스페인의 국운이 크게 기운 것도 사실이었다.

1930년대에는 내전의 고통도 겪었다. 그때 『그리스인 조르바』의 작가 니코스 카잔차키스가 스페인을 찾았다. 마침 그가 쓴 기행문이 남아 있어 읽는 이의 가슴을 적신다. 작가는 황량하고 쓸쓸한 스페인의 풍경을 극히 사실적으로 묘사하였다. 전쟁으로 폐허가 된 마을과 패잔병이 가득한 도시의 골목길이 눈에 보이는 것 같다.

스페인 내전에 관해 조금만 더 설명을 덧붙인다. 이 전쟁은 마르크스주의를 신봉하는 공화주의자들과 군국주의자들 사이의 분열이었다. 그러나 실은 그 이상이었다. 1900년대 초반부터 스페인에서는 자국 문화의 독자성을 고집하는 민족주의자들과 유럽적 보편주의를 추구하는 지식인들 간의 갈등이 심했다. 달리 말하자면, 가톨릭교회의 가르침에 순종하는 종교인들과 과학과 합리성을 더욱 중시하는 세속주의자들의 대립이라고 표현할 수도 있다. 그 당시 스페인 사회는 사분오열돼 있었다. 그들의 반목과 분열이 결국에는 내전으로 활활 불타올랐다.

내부 분열과 맹목적인 패권 투쟁은 현대 스페인의 심각한 문제라 여겨지기도 한다. 2016년에는 총선이 있었으나, 선거가 끝나고 10달이 지나도록 정부를 조직하지 못했다. 연거푸 총선을 두 번이나 치른 다음에도, 연립정부조차 출범하지 못한 정도이다. 그만큼 스페인 정치권은 반목과 대립의 수렁에 깊이 빠져있다. 스페인의 역사를 돌이켜볼 때, 내 눈앞에는 현대 한국의 역사가 자꾸만 겹쳐 보인다.


## 기하학, 스페인 문화를 빚다

스페인에는 이슬람 문화의 흔적이 역력하다. 그들의 '레콩키스타' 운동은 이슬람제국의 속박에서 벗어나려는 시도였다. 그 점을 기억할 필요가 있다. 이슬람 통치가 남긴 문화유산은 찬란하였는데, 특히 알 안달루시아 지방이 볼 만하였다. 그라나다의 알함브라 궁전이 대표적이다.

그렇게 특정하지 않아도 이슬람의 영향은 스페인 어디서나 느껴진다. 마드리드 근방에서 내 눈길을 유독 끈 것은 이슬람 문화를 연상시키는 기하학적 문양이었다. 알다시피 기하학은 고대 이집트에서 시작해 고대 그리스에서 꽃피었다. 『기하학 원본』의 저자인 그리스인 유클리드는 알렉산드리아에서 활동했다. 그곳은 당시 이집트의 수도였다. 해마다 나일강이 범람하는 바람에 농경지의 경계가 사라지곤 하였다. 기하학은 농지를 정확히 측량하고, 피라미드를 건축하는 데도 유용한 학문이었다. 실용적인 지식만 알렉산드리아에서 환영을 받은 것은 아니었다. 유클리드뿐만 아니라 원자론의 주창자 데모크리토스 등도 알렉산드리아 도서관에서 활동했다.

476년 서로마제국이 멸망한 다음, 고대 서구 문명의 지혜를 고이 간직한 것은 이슬람 세계였다. 중세의 스페인은 오랫동안 이슬람 제국의 영토였고, 그 바람에 기하학을 비롯해 그리스 로마의 고전 문명을 제대로 전수하였다. 그것을 소화한 이슬람의 독특한 문화 역시 스페인 사람들에게 전달되었다. 스페인의 코르도바는 이슬람의 중심지로서 문화의 꽃이 찬연하였다.

이탈리아에서 르네상스가 본격적으로 시작되기 전, 유럽의 지식인들은 스페인에서 고전 문명의 본질을 재발견했다. 많은 사람이 톨레도를 비롯한 스페인 땅에 유학하였다. 그 가운데는 나중에 로마 교황이 된 제르베르 도리악(실베스테르 2세)처럼 굵직한 인물도 포함되어 있었다. 14세기 이후 르네상스 시대가 활짝 열리게 된 데에는 스페인 땅에서 융성하였던 이슬람 문화가 상당한 역할을 했다. 달리 말해, 스페인 사람들이 수백 년간 참고 견딘 이민족 지배의 고통이 유럽의 문예 부흥에 밑거름이 되었다는 말이다. 역사란 이렇듯 돌고 도는 것인가.

나는 프라도 미술관에서 스페인 전성기의 화가 엘 그레코(1541~1614)와 벨라스케스(1599~1660)의 그림을 유심히 살피다가 거기서도 기하학적 구도의 아름다움을 발견했다. 그들의 그림에서 나는, 20세기 초 유럽 화단에 등장한 입체파와 인상파의 기운을 감지할 수 있었다.

또, 스페인 문학에 존재하는 구조적 특징도 고도의 기하학적 사고에서 비롯된 것이 아닐까 한다. 가령 『돈키호테』만 해도 겉으로는 서사 기법이 매우 단순해 보이지만 실은 복잡하고 질서정연하다. 그래서 후세는 이 작품의 해석을 둘러싸고 여러 가지 이견을 보이는 것이다. 이것은 물론 나의 주관적인 판단이지만, 스페인 사람들은 사물의 입체성을 중시하는 것 같다. 그들은 그로부터 추상적인 결과물을 추출하는 데 장기가 있다고 여겨진다. 피카소의 추상적이고 입체적인 그림도 기하학적이려니와 바르셀로나에 있는 가우디의 건축물도 입체 기하학의 특징을 보이는 것 같다.

마드리드 근교에는 중세도시 세고비아가 있다. 한국 사람들은 세고비아가 기타와 관계가 깊다고 생각하지만 사실 이 지명과는 무관하다. 안드레스 세고비아라는 스페인의 유명한 기타연주자 때문에 생긴 착각이다. 나는 세고비아에서 기하학에 대한 스페인 사

마드리드 근교에 있는 세고비아 성.
외벽에 기하학 문양이 새겨져 있다.

람들의 깊은 애정을 증명하는 뚜렷한 증거를 발견했다. 이 도시는 도시 전체가 예술품처럼 아름다워 유네스코 문화유산으로 등재되기도 하였는데, 이 도시에서 나를 놀라게 만든 것은, 건물 외벽을 장식한 무수한 기하학적 무늬였다.

세고비아 사람들에게는 벽이 곧 화판이었다. 사람들은 화판에 사실적인 장면이 아니라, 은유와 상징으로 가득한 기하학적 문양을 아로새겼다. 그런데 사물에 대한 그들의 기하학적 인식은 스페인 역사에 어둠을 드리우기도 했겠다는 생각이 머리를 스쳤다. 그들은 사물을 있는 그대로 성실하고 정직하게 기술하기를 거부한다. 세르반테스로부터 현대 작가 보르헤스의 『픽션들』에 이르기까지 스페인 지식인들은 독특한 표현 방법을 터득한 것이다. 그것은 일종의 편집적 미학이라고 볼 수도 있을 텐데, 스페인에서 종교적 광신이 연출된 것과도 모종의 연관이 있지 않을까.

마녀재판, 유대인 혐오, 극렬한 내전 등 스페인에는 이데올로기의 편향에서 비롯된 역사적 갈등이 유독 많았다. 그 숨은 동인은 그들의 편집적인 미학과 관계가 있을 것이라고 나는 추측한다. 치밀하게 논증하기는 어렵겠지만, 낯선 여행지에서 나는 그런 짐작을 하였다.

20세기 스페인의 지성으로 손꼽히는 호세 오르테가 이 가세트는 스페인 사회의 어둠을 극복하려고 평생 노력하였다. 그는 시민 사회의 각성을 위해 기꺼이 공개 강연을 맡았다. 특히 세르반테스의 문학성을 새롭게 해석하였는데, 『돈키호테』야말로 진지한 사회 비판 정신을 담은 책이라고 주장해 많은 관심을 끌었다.

# 돈키호테가 말하고자 하는 것

때는 스페인의 국운이 기울기 시작할 때였다. 홀연 세르반테스라는 작가가 등장했다. 그는 작중 인물 돈키호테를 통해 스페인 사회의 치부를 여과 없이 드러냈다. 니코스 카잔차키스가 예리하게 분석하였듯, 돈키호테와 그의 하인 산초는 곧 스페인의 원초적인 초상이었다.

돈키호테를 깊이 이해하지 못하는 사람들은 그를 저돌적인 행동파라고 분류하기 쉽다. 사람들은 사색적인 햄릿의 반대편에 돈키호테가 있다고 믿는 경향이 있다. 그러나 가세트의 평가는 달랐다. 그는 돈키호테야말로, 시공을 초월해 존재하는 스페인의 혼이라고 했다. 언제까지나 이상을 포기하지 않는 불굴의 정신이라는 말이다.

망국의 위기가 날로 짙어가던 17세기의 스페인에서, 세르반테스가 돈키호테라고 하는 새로운 인간형을 창조한 데는 특별한 이유가 있었다. 그는 조국의 미래에 희망을 불어넣고자 하였다. 나도 그 소설을 다시 읽으며 가세트의 주장을 음미해보았다.

『돈키호테』가 출간될 당시, 대부분의 스페인 사람들은 세르반테스의 깊은 뜻을 잘 헤아리지 못했다. 비유와 상징으로 가득한 소설이라서 그랬을 것이다. 사람들은『돈키호테』를 그저 흥미로운 기사소설로만 알았다. 가세트의 설명에 따르면, 저자는 필화의 위험에서 벗어나고자 수사의 덧칠을 했을 뿐이었다. 하지만 그의 수사 때문에 사람들은 이 소설의 핵심에 접근하지 못했다. 실로 안타까운 일이었다.

세르반테스의 저술 의도가 새롭게 재조명된 것은 20세기의 일이었다. 화가 피카소도 세르반테스에 주목했다. 이 저명한 화가가 돈키호테와 산초의 모습을 한 장의 화폭에 담은 것은 우연이 아니었다. 시대의 고뇌를 묵묵히 감당한 선배 작가에 대해, 화가는 감사의 마음을 그림으로 표현했다. 나는 그렇게 해석한다.

호세 오르테가 이 가세트가 『돈키호테』에 관해 새로운 해석을 시도했던 사실도 주목할 일이다. 그의 글을 읽으며, 나는 퇴락하는 조국의 운명을 슬퍼한 세르반테스를 떠올렸다. 또한 『돈키호테』에 대해 가세트가 품었던 강렬한 사랑과 동조 의식을 발견했다.

화가 피카소도 사상가 가세트도 현대 스페인의 비운을 직시했다고 볼 수 있다. 그들은 스페인을 질곡에 빠뜨린 군국주의자 프랑코 장군의 잘못을 날카롭게 인식했다. 그래서 그들은 마지막까지 독재자에게 협력하지 않았다. 그렇다면 그들이야말로 현대의 세르반테스라고 말해도 좋을 것이다. 스페인의 양심을 밝히는 길잡이였으니, 나로서는 그렇게 평가하고 싶다.


## 스페인에서 미술이 융성한 이유

스페인은 정열의 나라이다. 너무도 유명한 스페인의 투우장 풍경만 정열적인 것이 아니다. 축구팀 레알 마드리드를 응원하는 열기도 대단하다. 정열의 춤 플라멩코도 스페인 사람이 과연 어떤 사람들인지를 알려주기에 손색이 없다.

내가 보기에, 스페인 사람들의 정열이 가장 잘 표현된 것은 미술이었다. 15세기까지 이슬람 문화의 깊은 영향 아래 있던 이베리아 반도였다. 거기서 새로운 시각예술이 탄생한 것이었다. 스페인 사람들은 유화의 매력을 발견해, 캔버스 위에 새로운 색채미와 조형미를 구현했다. 이후 스페인은 서양 미술사에서 독보적인 위치를 차지하였다.

회화는 스페인의 가장 빛나는 문화적 자산이었다. 스페인 사람들은 왜 하필 미술 방면에서 두각을 나타냈을까? 한 마디로 대답하기 어려운 질문이지만, 스페인의 회화 붐은 르네상스 문화의 수용과 관련이 깊다고 대답하고 싶다.

15세기 이후 유럽 각국은 이탈리아에서 시작된 조각과 그림의 신경향, 즉 르네상스 문화를 앞다퉈 수용하였다. 벨기에, 네덜란드, 프랑스, 독일 등지에서 회화와 건축을 중심으로 르네상스 문화가 일어났다. 스페인도 예외가 아니었다.

스페인은 다른 어느 나라보다도 이탈리아와 지리적으로 가까웠다. 이 나라 사람들은 지중해 무역을 마감하고 대서양 교역의 시대를 열었다. 그랬던 만큼 그들은 이탈리아를 대신하여 문화적 헤게모니를 행사하고 싶었다.

그리하여 16세기 스페인 왕실은 미술을 집중적으로 후원했다고 생각한다. 세월이 흐르자 시각예술 장려는 스페인 왕실의 전통으로 자리 잡았다. 그런 분위기 속에서 앞에서 언급한 기하학적 취향이 이 나라의 고유한 미학으로 발전하였을 것이다. 또 하나, 외래종교인 이슬람과 유대교를 청산하는 과정에서 이 나라에서는 종교재판이 유독 심했다. 이후 스페인에서는 감시와 통제가 다른 나라보다 훨씬 철저했다. 그리하여 미술과 문학 등에서도 은유와 상징 기법이 더욱 발전했다. 나는 그렇게 주장하고 싶다.

＊＊

어느 해 여름 나는 마드리드에 며칠을 머물렀다. 마드리드를 떠나면서 나는 노트에 다음과 같이 메모를 해두었다.

첫째, 눈앞의 사물은 있는 그대로의 모습만 중요한 것이 아니다. 우리는 때로 보이는 것도 지워야 한다. 그 대신에 보이지 않는 모습을 그려야 한다. 스페인 미술의 거장들이 걸어간 길에서 배운 바이다. 마드리드에 오기 전에는 전혀 생각하지 못한 점이다.

한 사람의 역사가로서 앞으로 내가 나아갈 길 또한 그러할 것이다. 일찍이 엘 그레코가 주장했듯, 형체보다 색채가 우선한다. 내 식으로 말하면, 구체적 사실 또는 개별적 사건보다 역사적 맥락이 우선한다. 해석이 사실에 앞선다고 표현해도 좋다.

둘째, 마드리드에서 내가 만난 역사의 거인들은 뚜렷한 개성의 소유자였다. 그들은 삶을 구속하는 기성체제의 비판자들이었다. 자연히 그들의 삶은 순탄하지 않았다. 그들은 곤욕을 치렀고, 세상은 그들을 곧 망각했다. 그러나 얼마 뒤 새 세상이 밝아올 때면 그들은 다시 찬란하게 부활했다.

세르반테스의 삶이 증명하듯이, 지배체제와 정면 대결하기란 어려운 일이다. 그래서 작가는 자신을 배신하지 않으면서 세상에 맞설 미학적 구도를 설계하는 데 정성을 기울였다. 자연히 추상성이 강조되었다. 스페인의 뛰어난 예술작품에 추상성이 두드러진 이유를 이해할 수 있을 것 같다.

그들은 평범한 사람들에게 깊은 애정을 가졌다. 지배 세력인 가톨릭교회의 명령과 질서에는 저항했다. 엘 그레코도 그러했고, 벨라스케스와 고야 또한 마찬가지였다. 피카소와 가세트도 예외가 아니었다. 그들은 진정한 의미에서 우리 모두의 스승일는지도 모른다.

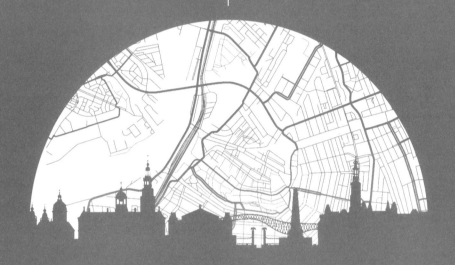

09

암스테르담,
이곳에서는 누구나
자유롭다

Amsterdam

사람마다 특별히 좋아하는 나라와 도시가 있다. 나는 네덜란드를 좋아하고 암스테르담을 으뜸으로 친다. 세상에서 가장 용기 있는 사람들의 역사를 만나는 현장이라서 그렇다. 그곳에 가면 지금도 수백 년 전통을 자랑하는 운하가 있고, 도시 근교에는 커다란 풍차 바퀴들이 아우성치며 돌아간다. 강가에 늘어선 풍차 행렬을 바라보노라면 네덜란드를 향한 나의 사랑은 더욱 깊어진다.

유럽에서 가장 인구밀도가 높은 나라가 네덜란드이다(㎢에 402명). 참고로, 우리 한국은 그보다도 조밀한 편(km²에 490명)이다. 네덜란드는 땅도 좁고 자연조건도 거주에 적절하지 않다. 이 나라의 이름이 말하듯 문자 그대로 '저지'이다. 번화한 암스테르담도, 유럽 최고의 공항이라 해도 손색이 없을 스히폴 공항도 해수면보다 아래에 있다. 오랜 세월에 걸쳐 네덜란드 사람들은 댐을 쌓고 풍차를 돌려 바닷물을 빼고, 그 위에 기적을 연출한 것이다. 지난 1천 년 동안 그들은 국토 4분의 1을 바다에서 건져 올렸다. 최신 기계를 사용하는 오늘날에도 바다와 싸워 땅을 얻는다는 것은 쉬운 일이 아니다. 하물며 그들이 간척사업에 착수한 중세시대에는 말로 다하지 못할 어려움이 있었다.

유럽에는 흥미로운 속담이 하나 있다. "신은 만물을 창조하셨다. 그러나 네덜란드는 그 나라 사람들이 창조했다." 많은 사람의 눈에 이 나라는 쓸모없는 땅덩어리로 보였다. 그래서 서양 중세의 탐욕스러운 귀족과 성직자들조차 외면했다. 덕분에 역사적 반전이 일어났다. 용감한 평민들이 암스테르담의 개펄을 일궈 옥토로 만들었다. 그들의 이마에서 흐른 구슬땀이 한 뼘 한 뼘 땅덩어리가 됐다. 말이 쉽지 바닷물을 뽑아내고, 파도를 막아 밭을 일구고 마을과 도시를 만드는 작업은 여간 어려운 일이 아니었다.

이러한 전통이 대대로 이어져 네덜란드는 하나의 독특한 문화를 낳았다고 생각한다. 그들은 지구상의 다른 어느 국민보다 용감하고 근면하며 도전적이다. 물론 나의 주관적인 생각이지만 암스테르담이란 도시의 역사는, 어떠한 악조건에도 굴복하지 않는 인간 의지의 승리를 보여주는 기념탑이다.

## 모두에게 열린 관용의 도시

나는 제일 먼저 국립해양박물관을 찾았다. 17세기 유럽 최강의 해양국가 네덜란드의 모습을 눈으로 확인했다.

알다시피 네덜란드는 국가로서의 출발이 매우 늦었다. 1588년, 역사상 처음으로 네덜란드 연방공화국이 성립되었다. 그러나 일단 정치적 안정이 찾아오자 그들은 해외 진출을 서둘렀다. 유럽은 15

해양박물관

세기 말부터 '대항해시대'에 접어들었다. 포르투갈과 스페인을 비롯해 여러 나라가 바다에서 치열한 경쟁을 벌이고 있었다.

용감한 암스테르담의 상인들은 포르투갈이 개척한 무역로를 이용해 동남아시아로 뻗어나갔다. 그들은 곧 포르투갈을 무찌르고 영국과 막상막하의 게임을 벌였다. 그리고는 마침내 유럽 부유층을 매혹한 향신료 무역의 최강자로 등극하였다. 17세기의 일이었다. 암스테르담을 비롯한 네덜란드 상인들은 이익을 극대화하기 위하여 '연합 동인도회사'(VOC)를 설립하였다. 이어서 동남아시아와 남아프리카에 여러 개의 식민지를 건설하였다. 이어서 북미 대륙에도 진출해 뉴 암스테르담(현 뉴욕)을 지배 아래 두었다.

흥미롭게도 네덜란드 상인들은 일본에까지 진출하였다. 일본 집권자들은 서양의 다른 나라와는 교역을 거절하면서도 네덜란드 상인에게만은 호의적이었다. 그들은 일본 땅에서 기독교를 선교하지 않겠다고 약속했고, 막부 정권은 그 말을 믿었다. 알다시피 네덜란드는 나가사키의 데지마에 교역사무소를 열었다. 양국은 장기간에 걸쳐 평화롭게 교역에 종사했다.

한편 일본에서는 네덜란드를 통해 서양에 관한 지식을 받아들이려는 움직임이 일어났다. 그것이 점차 활발해져 '난학'(蘭學, 네덜란드학)이란 신학문이 등장하였다. 일본의 선구적인 지식인들은 서양 의학을 비롯해 과학기술과 인문지리 등을 차근차근 배웠다. 19세기에는 일본 전역에 난학을 연구하는 기관이 2천여 개를 헤아릴 정도로 성장하였다! 1858년 일본이 쇄국을 포기하고 미국과 통상을 결정했을 때도 배후에서 네덜란드가 중요한 역할을 했다. 네덜란드 정부는 막부에 서한을 보내 미국과 협상하는 편이 일본에 유리할 것이라고 조언하였다.

중국은 일본보다 먼저 서양과의 교역을 시작하였다. 또, 서양과의 교역량도 중국이 훨씬 많았다. 중국의 수도에는 서구 선교사들도 파견되어 있었다. 하지만 중화의식이 걸림돌로 작용해 서구 문화에 대한 학술적 관심은 부족했다. 결과적으로, 중국은 세계 사정을 제대로 이해하지 못한 채 '아편전쟁'에서 대패하였다. 19세기 후반 중국은 반(半)식민지 상태로 전락했다. 서구와 공식적으로 아무 접촉도 없었던 조선의 사정은 더욱 비참하였다. 두말할 나위도 없는 일이었다.

오늘날 학자들은 네덜란드야말로 자본주의의 원산지라고 말한다. 17세기 암스테르담에서는 보험업, 운송업은 물론 증권시장도 고속으로 성장했다. 자본주의에는 물론 적잖은 폐단이 있는 것이 사실이다. 하지만 네덜란드가 불리한 자연조건을 극복하고 얼마 안 되는 적은 인구(2020년 현재 1천 700만)를 가지고 사실상 세계를 제패하고 자본주의 문명의 중심에 섰다는 사실은 경이로운 일이다.

내가 암스테르담에 매혹되는 이유는 무엇인가. 자본주의 때문만이 아니다. 이 도시가 지켜온 관용의 전통 때문에 나는 이 도시를 특별하게 여긴다. 그들의 관용은 개방적인 문화 또는 자유의 정신과 안팎을 이룬다. 이야말로 암스테르담의 생명력이 아닐까 한다.

암스테르담에서는 누구나 자유롭다. 이 도시를 비롯한 네덜란드에서는 세계 최초로 동성 간의 결혼을 허용했다(2001년). 카페에서는 마리화나도 거리낌 없이 사서 피울 수 있다. 무의미할 수도 있는 연명치료의 허울에서 벗어나 안락사를 인간의 당연한 권리로 인정하는 곳도 암스테르담이다(2002년). 매춘도 어엿한 직업으로 대접한다. 그들은 영업행위에 따른 세금을 낸다. 의료보험부터 사회보장보험에 이르기까지 다양한 복지 혜택을 받는다. '성 노동조합'까지 만들어 정치적으로도 목소리를 낸다. 이 모든 것이 합법적이다. 암스테르담은 전 지구상에서 가장 관용적이고 자유로운 곳이 틀림없다.

네덜란드 특유의 관용과 개방성은 어느 날 갑자기 생긴 현상이 아니다. 거기에도 오랜 역사가 있다. 수백 년 전부터 종교적 또는 정치적 이유로 박해를 받는 사람들은 네덜란드, 특히 암스테르담으로 이주했다. 다른 나라에서 금서로 낙인찍힌 서적들도 이곳에서는 자유롭게 출판되었다. 이미 중세부터 교회와 왕 또는 귀족으로부터 가장 자유롭던 평민의 도시라서 가능한 일이었다.

이곳 사람들은 영어도, 불어도, 독일어도 자유롭게 구사한다. 그래서일까. 암스테르담 사람들, 나아가 네덜란드 시민들은 좁은 자기네 땅 안에서 복작거리며 심하게 다투지 않는다. 세계 어디든 자유롭게 진출하는 네덜란드 사람들이 나로서는 부럽기 그지없다. 내가 알고 지내는 몇몇 네덜란드 학자들만 해도 서양 여러 나라와 일본 및 한국에서 직장을 구했다. 네덜란드는 독일처럼 명품 자동차를 생산하지 못하는 나라이고, 삼성과 현대처럼 거대한 재벌기업도 존재하지 않는 나라지만, 아쉬울 게 없어 보인다. 네덜란드인의 평균소득은 유럽의 경제 대국인 독일을 크게 앞선다. 2018년 현재 네덜란드 평균소득은 5만 5,185유로로 독일 5만 841유로를 넘어섰다.

네덜란드를 생각하면 나는 항상 기분이 밝아진다. 우리가 불가능할 거라고 지레짐작하는 많은 장벽이 이곳에는 존재하지 않는다.


## 중산층 증가와 늘어난 그림 수요

경제 호황 속에서 문화의 꽃도 활짝 피었다. 요하네스 페르메이르(1632~1675)는 〈진주 목걸이를 한 여인〉과 같은 명작을 남겼다. 그보다 한 세대 먼저 태어난 렘브란트 판 레인(1606~1669)은 더욱 주목할 만한 천재였다. 나는 렘브란트의 작품들을 오랜 시간 감상했다. 그의 주요 작품들은 암스테르담 국립미술관에 소장되어 있다.

중산층이 증가하자 암스테르담에서는 그림에 대한 수요가 부쩍 늘어났다. 그들은 집 안에 그림을 걸어 둠으로써 부와 사회적 지위를 과시했다. 알다시피 르네상스 시대 이탈리아에서는 가톨릭교회와 귀족들의 주문에 따라 화려하고 웅장한 그림과 조각이 제작되었다. 17세기 네덜란드의 사정은 좀 달랐다. 그들은 개신교를 믿었으므로, 성인을 그린 종교화의 수요는 없었다. 대신에 화가들은 중산층이 원하는 인물화, 풍경화 및 정물화를 그렸다.

암스테르담의 중산층은 마음에 드는 작품에 대해서는 얼마든지 고액의 보수를 지급할 용의가 있었다. 17세기 암스테르담은 최고로 부유한 도시였기 때문에 가능한 일이었다. 그들은 900만 길더(현 55억 달러 상당)를 들여서, 야코프 반 캄펜(Jacob van Kampen)에 새 의사당을 건립할 만큼 부유했다.

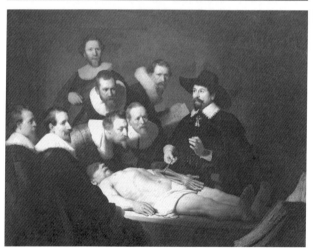

● 렘브란트 자화상

●● 렘브란트가 그린 집단 초상화
〈니콜라스 툴프 박사의 해부학 강의〉

렘브란트처럼 재능이 있는 화가들은 돈을 벌기가 쉬웠다. 〈니콜라스 툴프 박사의 해부학 강의〉라는 그림이 있다. 일종의 집단 초상화였다. 1632년, 암스테르담 외과의사조합은 렘브란트에게 이 그림의 제작을 의뢰했다. 이것은 17세기의 수술실을 가장 세밀하게 묘사한 작품이다. 렘브란트가 생애 처음으로 그린 집단 초상화였다. 등장인물들의 개성이 날카롭게 표현되어 많은 갈채를 받았다.

그 당시 외과의사조합은 유명한 의사를 초빙하여, 조합원들 앞에서 인체를 해부하는 일종의 퍼포먼스를 진행했다. 렘브란트의 그림은 바로 그런 기록화이기도 했다. 이 그림에서 렘브란트는 등장인물의 얼굴을 한 줄로 배열하는 집단 초상화의 통례를 부정했다. 그는 피라미드 구도를 도입했다. 또, 해부 강의에 보는 이의 시선이 집중되도록 조명을 설정했다. 아울러, 등장인물의 다양한 표정도 놓치지 않았다. 등장인물의 '암시적 심리상태'를 묘사하는 데 성공했다는 점에서 특별한 그림이다.

니콜라스 툴프는 외과의사이자 암스테르담 시의회 의원이었다. 당대 최고의 권력집단인 '섭정 그룹'에 속한 유명 인사였다. 암스테르담에 머무는 동안 나는 꽤 두꺼운 책자에서 툴프 박사에 관한 상세한 정보를 읽었다. 그의 본명은 다이어만이었다. 그런데 1620년대 이 도시에 튤립 열기가 거셌다. 많은 사람이 튤립에 환호하였기 때문에, 그는 자신의 문장에 튤립을 새겼다. 사람들이 그를 툴프 곧 튤립이라 부른 까닭이었다.

얼마 뒤 튤립 거품이 갑자기 사라졌다. 역사상 너무나 유명한 이야기였다. 한동안 암스테르담 시민들은 튤립이란 말만 들어도 고개를 내저었다. 툴프 박사로서는 여간 낭패가 아니었다. 그는 자신의 문장에서 조용히 튤립을 지웠다. 하지만 소용이 없었다. 시민들은 여전히 그를 툴프 박사라고 불렀다.

## 천재 화가 렘브란트의 선택

부자들의 비위만 잘 맞춘다면 유능한 화가가 돈을 벌기는 쉬운 세상이었다. 그러나 렘브란트는 개성이 강한 화가라서 무조건 고객의 주문에 따르지 않았다. 그는 자신의 눈에 비친 실제 모습대로 그렸다. 그러자 실망한 고객들은 그를 외면하였다. 사람들은 천재 화가의 예술적 자아를 제대로 이해하지 못했다.

렘브란트는 날카로운 시선으로 평범한 사람들의 특성을 파악했다. 그 점에 그의 장기가 있었다. 말년에 그린 한 폭의 집단 초상화에는 포목상 길드 조합원들이 등장한다. 탁자를 중심으로 빙 둘러 앉은 다섯 명의 가난한 상인들이다. 성실한 태도로 평범한 일상에 만족해하는 보통 사람들의 진면모를 파악한 것으로 평가된다.

렘브란트는 암스테르담의 일상생활을 생생하게 묘사한 소묘도 많이 남겼다. 이 도시에도 빈부 차이는 컸다. 가난에 시달리는 빈민들이 많았는데, 그 가운데는 장애인도 상당수였다. 렘브란트는 세상에서 소외된 소시민의 표정을 화폭에 담았다. 또, 소외된 이들을 성서에 등장하는 인물로 되살리기도 했다. 이런 그림을 부자들이 좋아할 리가 없었다. 그러나 렘브란트는 개의치 않고 자신의 뜻을 꺾지 않았다.

그는 작중 인물의 개성과 심리를 포착하는 데서 희열을 느꼈던 것 같다. 렘브란트가 22세 때 자신의 모습을 그린 자화상이 있다. 이 그림을 감상한 독일의 문호 괴테는 우울과 방황으로 세월을 보낸 자신의 청춘 시절이 떠올랐다고 고백했다. 과장된 표현일지 몰라도, 렘브란트의 자화상이 『젊은 베르테르의 슬픔』을 탄생시킨 셈이었다.

세상 풍조에 무조건 영합하기보다 자유로운 예술정신을 추구했던 렘브란트였다. 그는 성찰적인 화가였다. 20대 청년 시절부터 죽을 때까지 100여 점의 자화상을 남겼다. 선례를 찾아보기 어려운 일이었다. 자화상은 그의 자서전이었다.

어느 모로 보든 렘브란트는 강한 개성의 소유자였다고 생각한다. 바로 이런 예술가의 삶이 있었기에, 관용과 자유는 암스테르담을 지배하는 정신이 될 수 있었다. 나는 그렇게 보고 싶다.


## 스피노자, 철학자들의 그리스도

자유와 관용이 우리의 화두라면 암스테르담 출신의 철학자 스피노자란 이름을 빼놓을 수 없다. 프랑스의 지성 질 들뢰즈는 스피노자를 가리켜 "철학자들의 그리스도"라고 불렀다. 때로는 사회제도 때문에, 때로는 내적 억압과 공포로 인해 인간은 예속의 나락으로 굴러떨어진다. 바로 그런 인간을 곤경에서 구원할 힘을 가진 것이 스

스피노자.
그는 네덜란드를 '자유의 나라'라고 불렀다.

피노자의 철학이라는 뜻이다.

스피노자는 17세기 초반 암스테르담에서 부유한 상인의 아들로 태어났다. 무난하게 평생을 살 수도 있었을 텐데, 그의 삶에는 굴곡이 많았다. 그는 진정으로 내적 자유를 추구했기 때문에 줄곧 수난을 겪었다. 처음에는 유대인 공동체로부터 파문을 당했다(1656년). 유대의 신을 부정했다는 이유였다. 1660년, 그는 신변의 위협을 피하려고 도망치듯 고향 암스테르담을 떠났다. 이 도시에 남아 있던 몇몇 친구와 자유주의자들의 우정이 그를 지켜주었다. 그들의 격려와 후원에 힘입어, 그는 철학적 탐구를 계속할 수 있었다. 몸은 비록 암스테르담을 떠났으나, 그의 정신은 이 도시의 지적, 철학적 활동의 중심에 있었다.

저서 『신학정치론』에서 스피노자는 네덜란드를 '자유의 나라'라고 불렀다. "암스테르담은 엄청난 번영을 이루었고, 전 세계가 감탄할 만큼 자유롭다. 번영을 구가하는 이 도시에서는 모든 인종과 종파의 사람들이 완전한 조화 속에서 살고 있다." 과연 스피노자의 말처럼 당대 어느 도시보다도 이곳은 사상적 자유와 종교적 관용을 추구하였다.

그러나 지나친 과장은 금물이다. 그 시절의 네덜란드는, "국가의 목적은 자유다"라는 스피노자의 언명과는 거리가 먼 나라였다. 스피노자에 대한 종교적 파문이 증명하는 바였다. 또, 『신학정치론』을 금서로 지목해 탄압한 사실만 보아도 명백하게 알 수 있다.

숱한 고난에도 불구하고, 스피노자는 진정한 자유인이었다. 독일 하이델베르크대학교는 그를 교수로 초빙하기로 했다(1673년). 상처투성이 스피노자에게 엄청난 명예와 경제적 혜택이 동시에 주어질 수도 있는 기회였다. 하지만 그는 하이델베르크행을 거부했다.

1673년 3월 30일, 스피노자는 하이델베르크대학의 제안을 거부하는 편지를 썼다. 이유는 크게 보아 두 가지였다. 첫째, 그는 당시 독일의 공교육을 불신하였다. 둘째, 그는 자유를 지향하는 철학자였던 만큼 기독교에 대한 비판을 결코 멈출 수 없다고 확신했기 때문이다.

스피노자에게 중요한 것은 사회적인 지위나 안정된 수입이 아니었다. 그가 진심으로 바란 것은 학문적 자유였다. 오직 절대적 자유가 보장되어야만 내적 평안을 누릴 수 있다고 믿었다. 그리하여 스피노자는 하이델베르크대학교에 보낸 편지를 다음과 같은 주장으로 마감하였다.

"저를 움직이는 것은, 좀 더 나은 지위에 대한 열망이 아닙니다. 평안에 대한 사랑이 저를 움직이는 힘입니다. 저는 공적 교육 활동과 거리를 둠으로써, 약간의 평안을 유지할 수 있다고 믿습니다."

교회의 예속이 당연시되던 시대였다. 그런데 스피노자는 감히 교회의 권위에 저항했다. 그는 합리성을 추구함으로써 삶을 긍정하고 자유를 꿈꾸었다. 인간적으로 감당하기 어려운 비난과 증오가 쏟아졌다. 그의 삶은 끊임없는 위협 속에 놓였다. 온 힘을 쏟은 저서 『에티카』는 생전에 출판조차 할 수 없었다. 그러나 스피노자는 자유를 향한 지적 탐험을 포기하지 않았다.

　　　　　　　　　　　　　　　　　　도시로 보는 유럽사

# 관용의 나라에서 벌어진 인종차별

나는 틈이 나는 대로 도시 여기저기를 누볐다. 꽃시장도, 오래된 서 교회와 동물원도 방문했고, 안네 프랑크가 숨어 살던 집도 찾아갔다. 그 과정에서 암스테르담의 역사와 문화를 더욱 구체적으로 알게 되었다. 사실 13세기까지만 해도 이 도시는 작은 마을에 불과했다. 그 범위라야 지금의 구 교회와 홍등가 정도를 벗어나지 못했다.

14세기부터 상업이 발달해 도시화가 집중적으로 전개되었다. 현재의 왕궁과 신교회 지역이 신도시로 개발되었다. 16세기 유럽 전역에서 종교개혁이 일어나자 또 한 차례 변화의 물결이 밀려왔다. 프랑스의 개신교 신자들, 즉 위그노가 박해를 피해 암스테르담으로 몰려왔다. 그에 앞서 스페인과 포르투갈에서 종교적 박해에 시달리던 유대인들도 이곳으로 집단 이주했다. 이 도시 특유의 종교적 관용 덕분에, 암스테르담은 유능한 상인과 수공업자 그리고 지식인들을 끌어안게 되었다. 덕분에 암스테르담은 당대 유럽 문화를 주도한 런던, 파리와 어깨를 나란히 할 정도가 되었다.

17세기가 되자 암스테르담은 앞서 설명한 대로 황금기를 맞았다. 그들은 합스부르크 왕조의 간섭에서 벗어나기가 무섭게 해양 강국으로 발돋움했다. 그때 이 도시는 4개의 운하를 새로 팠다. 싱얼, 헤렌, 카이저, 프린스 운하였다. 이를 축으로 운하지구가 한층 확대되었다. 물론 그 시절에는 운하에서 악취가 진동했다. 마실 물도 부족해 시민들은 외부에서 물을 가져와야 했다.

서 교회와 안네 프랑크가 살던 집, 러시아 피터대제가 머물던 저

안네 프랑크.
나치의 탄압이 심해지자 안네의 가족은
암스테르담으로 이주했다.

택, 반 고흐 삼촌댁, 그리고 내가 숙소로 사용한 집도 모두 운하지구에 속한다. 이곳은 2010년에 세계문화유산으로 지정되었다.

18세기부터 암스테르담은 쇠퇴했다. 영국과의 경쟁에 졌기 때문에 네덜란드의 해상활동은 상당한 제약을 받게 되었다. 그래도 동인도회사(VOC)의 위세는 꺾이지 않았다. 암스테르담 사람들은 영리한 상인으로 사는 것이 잘 어울렸던 것 같다. 그들은 경제적 이익과 개인적 자유를 추구하는 데 누구보다 실용적이고 지혜로웠다고 생각한다.

내 눈에 비친 암스테르담은 예부터 가장 자유롭고 관용적인 도시이다. 각국에서 심한 차별에 시달리던 유대인들이 몰려들어, 도시 인구의 10퍼센트를 차지했다는 사실만 보아도 그러하다. 나치에 희생된 안네 프랑크의 집안도 예외가 아니었다. 안네 할아버지 또한 이 도시에서 사업장을 소유했다. 그 집안은 대대로 독일 프랑크푸르트에 살았다. 유대인 사업가들에게 암스테르담은 유사시 피난처가 될 만한 곳이라서 중요했다. 그들은 이곳에 점포 하나쯤 운영하는 것이 현명한 처사라고 믿었다. 안네 집안도 그랬다. 그 인연으로 나중에 나치의 탄압이 심해지자 안네 가족은 암스테르담으로 이주했다.

이처럼 자유와 관용을 중시하는 암스테르담이었으나 한계는 명백했다. 20세기 초에도 남아프리카와 인도네시아 등 식민지에서 현지 주민들을 무자비하게 짓밟았다. 인종차별은 암스테르담조차 여간해서 넘기 어려운 장벽이었다. 지금은 인종차별이 거의 사라졌으나 완전히 없어졌다고 말하기는 어려울 것이다.

# 10

런던,
사라져가는 제국의
영광인가

London

"런던을 버리고 떠날 지식인은 단 한 명도 없다. 런던이 싫다면 삶에 지친 것인데 이곳에는 인생의 무게를 견디게 할 모든 것이 있다."

18세기 후반 영국 시인 새뮤얼 존슨은 그렇게 말했다. 그때 영국에는 제1차 산업혁명 바람이 불었다. 성공한 부르주아가 많았다. 변호사, 의사, 은행가, 고급관리 등 직업적으로 성공한 사람들도 많았다. 그들은 의회에 진출해 정치적으로도 상당한 영향력을 행사했다. 런던 중산층은 명문 학교를 통해 대대로 교양을 쌓으며 세계 경영의 꿈을 키웠다.

알다시피 19세기 영국은 세계 최강의 나라였다. 20세기에 들어와 그 시절의 영광은 과거형이 되고 말았으나, 찬란했던 과거의 기억이 아직도 런던 사람들의 가슴에 남아있다.


## 전통과 혁신의 조화가 만들어내는 매력

세계적인 도시 런던에도 이따금 대형 사고가 일어난다. 언론 보도를 통해 우리가 목격하는 바이다. 하지만 안전전문가들의 진단에

2층 버스를 타고 런던 시내를
한 바퀴 돌아보면 근대 제국의 위용을
한눈에 조망할 수 있다.

따르면, 이 세상에서 재난 대비가 가장 완벽한 도시가 바로 런던이다. 그다음은 도쿄라고 한다. 그 도시들의 안전요원들은 날마다 불의의 사태에 대비해 여러 가지 훈련을 거듭한다.

역사적으로 보면 도시의 공중위생시설이 가장 일찌감치 발달한 곳도 런던이었다. 완벽한 상하수도 시설과 방역시스템을 갖춘 것도 이 도시였다. 현대 대도시들이 런던에서 배운 것이 한둘이 아니다.

런던은 참 매력적인 도시이다. 1,900만 명도 넘는 외국인 관광객들이 해마다 이 도시를 찾는다. 런던은 어느 면에서 보더라도 세계에서 가장 영향력이 큰 몇몇 도시 가운데 하나이다. 물가도 가장 비싼 편이다. 하지만 어느 도시보다 혁신적이다. 이곳은 세계적인 상업 중심지인 동시에 교육과 예술에서도 선두주자로 인정받는다.

런던은 가장 세련된 현대적인 도시이면서도 오랜 역사와 전통에서 절로 우러난 품격 높은 곳이다. 시내 곳곳에 세계문화유산이 있어 방문객의 발길을 기다린다. 런던탑도 있는가 하면 큐 왕립식물원도 있다. 웨스트민스터 사원과 그리니치도 그냥 지나치기 어려운 곳이다.

이 도시는 명소가 너무도 많아 일일이 다 돌아보기 어려울 지경이다. 주로 19세기 이후에 건설된 공공건물이 눈길을 끄는데, 세계를 지배한 대제국에 어울리는 유산이라고 생각한다. 2층 버스에 올라타고 런던 시내를 한 바퀴 돌아보는 시내 일주 여행 또한 흥겨운 일이다. 유럽의 여러 도시를 둘러보았으나 런던보다 더 근대 제국의 위용을 한눈에 조망할 수 있는 도시는 없었다.

# 런던이라는 성공 신화

알려진 대로 런던 날씨는 별로 마음에 들지 않았다. 날씨 탓일까,
20세기 초 작가 아서 코난 도일은 안개가 자욱이 깔린 런던 골목길
에 명탐정 셜록 홈스를 등장시켰다. 홈스는 사냥모자를 눌러 쓰고
파이프 담배를 문 채, 조수 왓슨과 함께 거리를 걷는다. 그들은 비
상한 추리와 꼼꼼한 증거 수집으로 온갖 미제 사건을 다 해결한다.
코난 도일의 추리소설을 읽을 때 나는 영국인이 얼마나 합리적이
고 실용적인지를 실감했다. 이 세상의 많은 청소년처럼 나 역시 소
년기에는 홈스에 심취하였다.

셜록 홈스 박물관.
홈스 소설에 나오는 소품을 일일이 재현해 두었다.

1990년, 런던에는 셜록 홈스 박물관이란 신기한 명소가 문을 열었다. 소설에 등장하는 소품 하나하나까지 그대로 재현한 곳이다. 주인공 홈스의 서재에는 책에 나오는 여러 가지 실험 기구도 있고, 그가 작중에서 언급한 책들도 서가를 장식한다. 이 박물관은 작중 인물 홈스의 하숙집 주소에 설립되었다.

런던시 당국은 1930년에 도로망을 재정비하면서 홈스를 기억했다. 그를 추억하는 많은 독자를 위해 '221b' 즉, 베이커 스트리트 221번지를 지도상에 새로 추가했다. 이런 일은 꼼꼼한 영국인들만이 할 수 있는 행정 처리가 아닐까 한다.

영국 친구 윌리엄은, 영국 사회의 특징이 무어냐고 묻는 나에게 간단히 대답했다. 실용주의에 기초한 합리성이라고. 그래서일까, 영국에는 시민의 자유와 평등을 주장한 계몽사상가는 많았으나 독일의 칸트나 헤겔에 견줄 만한 형이상학적 철학자는 없었다. '비틀즈'라는 대중음악의 달인은 있어도 모차르트나 베토벤처럼 고전적인 음악가는 존재하지 않았다. 그들이 존경하는 철학자요 수학자이자 실천적 행동가인 버트런드 러셀만 하여도 실용적이고 합리적인 글을 남겼을 뿐, 복잡하고 난해한 철학을 논하는 저자는 아니었다.

우리는 위스키를 나눠 마시며 런던의 역사를 조용히 이야기했다. 이 도시의 역사는 마치 한 편의 멋진 성공 신화와도 같았다. 14세기 중반, 고려 말기 때만 해도 런던은 개경보다 훨씬 작은 도시였다. 개경은 인구 수십만 명의 국제적 대도시였으나, 흑사병의 습격을 받은 런던은 인구 4만(본래는 8만)에 불과했다. 그러나 16세기 이후 런던은 상공업이 발달하고 해외 개척이 급물살을 타면서 계속 성장했다. 조선의 수도 서울은 인구 20만 명 선에 거의 고정되어 있었다. 그와 달리 런던의 역사는 역동적으로 움직였다. 17세기부터 영국 사람들은 세계 최강의 함대를 자랑하며 각지에 제국의 영토를 키웠다. 런던은 대영제국의 심장부로서 양적, 질적 변화를 두루 겪었다. 1700년 런던 인구는 58만 명을 기록했고, 그보다 100년 뒤에는 87만 명으로 서유럽 최고 대도시로 자라났다.

특히 19세기에는 대영제국의 영광이 이 도시에 멋진 모습을 선사했다. 국회의사당을 포함해 대영박물관, 잉글랜드 은행 등 빅토리아풍 건축물이 모두 그때 완성되었다. 리젠트 스트리트와 트라팔가 광장도 역시 그 시절에 완공되었다. 19세기는 런던이 세상의 흐름을 결정한 시대라 해도 과언이 아니었다.

우리의 지레짐작과는 달리 18세기까지는 런던에 화려하고 웅장한 건물이 거의 없었다. 영국 귀족들은 시골에 있는 영지를 경영하는 데 주력했다. 그들은 겨울철에만 런던으로 돌아와서 한철을 보내고 다시 시골로 내려갔다. 그 바람에 그들의 런던 생활은 소박했다. '타운하우스'라고 불리는 비좁은 집에서 생활했다.

그렇다 해서 런던이 형편없이 보잘것없는 도시였다는 뜻은 결코 아니다. 17세기 후반부터 도시 풍경이 전과는 비교할 수 없이 크게 달라졌다. 크리스토퍼 렌 경(1632~1723)의 역할이 컸다고 한다. 그는 르네상스 건축술에 정통했는데, 무려 53개 교회를 런던에 새로 건축하였다. 그 가운데 최고 걸작은 앞에서도 잠깐 언급한 적이 있는 세인트 폴 대성당이었다. 1981년 7월, 찰스 황태자와 다이애나 스펜서가 '세기의 결혼식'을 올린 곳이다. 그때 전 세계에 실황 중계된 결혼식 광경을 지켜본 기억이 아직도 생생하다.

건축가 크리스토퍼 렌 경에게는 뜻밖의 행운이 따랐다. 1666년 9월, 런던에 대화재가 발생했다. 런던 도심이 화재로 5일간 불에 탔다. '런던 대화재'로 인해 도심의 3분의 2가 잿더미로 변했다. 재건사업이 시급한 국가적 현안으로 떠올랐다. 렌은 국왕 찰스 2세에게 도시 재건계획을 제출했으나 채택되지는 않았다. 하지만 렌은 무려 51개 교회를 재건하는 역할을 맡았다. 그는 영국 바로크풍 건축의 대표자로서 세인트 폴 대성당을 비롯해 도심의 큰 교회를 미적 감각을 살려 다시 지었다.

도시 풍경이 바뀌자 영국의 부유한 상인들은 웨스트엔드로 이주했다. 덕분에 경제도 빠르게 회복되었다. 18세기 초, 런던에는 증권거래소를 개장할 만큼 금융업이 발달하였다. 도시가 서쪽으로 확장되자, 조지 3세는 웨스트민스터의 버킹검 하우스를 접수했다(1762년). 그때부터 버킹검 궁전 시대가 열렸다.

이것은 좀 다른 이야기지만, 근대 도시는 치안이 불안했다. 생계가 곤란한 빈민층이 많이 살았던 관계로 사회는 불안했고 각종 범죄도 잦았다. 1750년, 런던시 당국은 이 문제를 해결하기 위해 특별한 조치를 했다. 전문적인 경찰 제도를 도입해 치안 문제를 적극적으로 처리했다.

이후 산업혁명이 일어나자 시골에서 수십만 명의 노동자가 런던으로 유입되었다. 런던 인구는 급증했다. 19세기 초에는 100만 명이 사는 거대도시가 되더니 20세기 초에는 무려 600만 명으로 늘어났다. 조선 500년 동안 서울 인구는 두 배쯤 늘어났다고 본다. 같

10   런던,
사라져가는 제국의
영광인가           195

은 기간에 런던은 100배나 확대되었다. 영국 역사가 얼마나 역동적이었는지 짐작하고도 남음이 있다.

1851년 런던에서는 제1회 세계박람회가 열렸다. 이를 계기로 몇 년 뒤에는 메트로폴리탄 건설위원회가 출범했다. 그때 엔지니어 조셉 바잘게트는 그물망처럼 짜인 런던 하수도를 건설했다. 하수도가 완비되자 수질 오염으로 인한 전염병 발생이 거의 사라졌다. 도시 생활이 질적으로 변화되었다. 이렇듯 19세기 런던은 위생, 기술, 산업 및 경제 분야에서 타의 추종을 불허했다. 지구 곳곳에 퍼진 제국의 광활한 영토를 관리하는 정치, 군사적 사령탑으로서 런던은 정치적으로도 가장 영향력이 큰 도시였다.

그러나 제국의 영광도 사라질 때가 왔다. 20세기 초반, 두 차례 세계대전이 일어나자 영국의 위상에 엄청난 변화가 왔다. 한때 영국 식민지였던 미국의 약진이 눈부셨다. 그러나 런던은 여전히 세계 최상급 대도시이다. 오늘날에는 무엇보다도 국제금융의 중심지이다. 뉴욕을 필두로, 싱가포르, 홍콩과 더불어 세상을 움직이는 돈줄인 것이다.


## 그리니치, 실용주의와 합리성의 상징

런던에는 독특한 정체성을 가진 지역들이 있다. 그리니치도 그 가운데 하나이다. 이곳은 '표준시(GMT)'로 유명하다. 세상의 모든 시계는 그리니치 시각을 기준으로 삼아 빨라지거나 느려진다. 또, 이

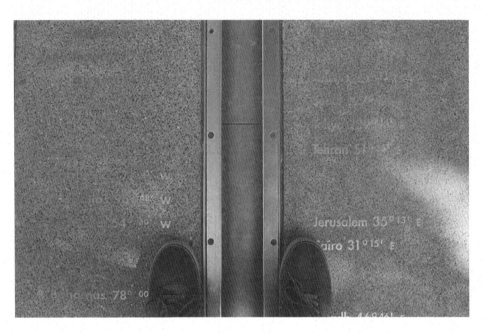

런던 그리니치는 자오선이 지나가는 곳으로 여겨져
경도가 0으로 표시된다.

곳은 자오선(Prime Meridian)이 지나가는 곳으로 여겨져 경도가 0으로 표시된다.

내 친구 윌리엄은 나와 함께 그리니치로 산책하러 가면서 천문학자 존 플램스티드(1646~1719)의 생애를 이야기했다. 1675년 봄, 플램스티드는 초대 왕실 천문관이 되었다. 당시 그의 연봉은 100파운드로 박봉이었다(현재 6천~7천 파운드, 800~1천만 원). 그는 왕립 그리니치 천문대장으로 근무했다. 당시 영국 과학자들은 어떤 장소를 기점으로 지구의 경도를 나눌지 고심하였다. 우여곡절이 길게 이어졌는데 조너스 무어 경이 국왕 찰스 2세에게 이 문제를 해결할 만한 적임자로 플램스티드를 천거했다. 플램스티드는 달과 여러 행성의 운동에 관해 영국 최고의 학자로 인정받고 있었기 때문이다.

찰스 2세는 천문대 건설비용으로 520파운드를 내놓았다. 설계 및 시공은 앞서 언급한 크리스토퍼 렌 경이 맡았다. 사실 왕실의 지원금은 액수가 충분하지 않아, 관측에 필요한 설비와 장비를 설치하지 못했다. 플램스티드는 사비를 몽땅 들여서 천문대 출범을 도왔다. 1688년 천문대가 완공되자 플램스티드는 온 힘을 기울여 별을 관측했다. 그는 실로 정밀한 관측자였다. 워낙 꼼꼼한 성격이라서 나중에 관측 결과를 정리한 책자를 출판하는 데도 큰 애로가 있었다. 우여곡절 끝에 1712년, 2천 935개의 천체를 표시한 항성표(恒星表)가 발표되었는데, 역대 최고 수준의 정밀도를 자랑했다.

그의 후학들은 더욱더 완벽한 항성표(Historia Coelestis Britannica)를 출판하였다(1725년). 덕분에 영국 선박은 항성표를 이용하여 세상 어디서든 배의 위치를 위도와 경도상으로 정확히 표시할 수 있게 되었다. 또한 한 번 항해한 해로를 정확히 기록하는 것이 가능해졌다. 후세는 그리니치 천문대 덕분에 안전하고 정확한 항해를 보장받은 셈이다. 그리니치 천문대는 합리적이고 실용적인 런던의 힘을 상징하게 되었다.

## 거리 시위가 없는 '의회의 나라'

템즈 강가에 가면 거대한 시계탑 하나가 보인다. 빅벤이다. 95미터 높이의 대형 탑에 시계가 걸려 있다. 탑 내부에는 5개의 종이 달려 있다. 무게가 무려 13톤이라고 한다. 빅벤은 웨스트민스터 궁궐과 하나로 이어져 있다. 신 고딕풍의 그 궁궐이 영국 의회이다. 의회는 양원제로, 하원과 상원으로 구성되어 있다. 다우닝가 10번지 총리 관저나 11번지 재무장관 관저와도 거리상으로 매우 가깝다.

의회 건물, 즉 웨스트민스터 궁궐의 역사는 920여 년 전으로 소급한다. 1097년 이 자리에 웨스트민스터 홀이 조성되었다. 처음에는 국왕의 주거시설이었다. 그러다가 1529년부터 의회의 차지가 되었다. 말하자면 의회가 왕가를 밀어낸 모양이 되었다. 알다시피 13세기부터 의회와 왕실은 권력을 둘러싸고 힘겨루기를 시작했다. 그 결과 의회는 영국의 진정한 통치자로 성장했다. 프랑스를 비롯한 유럽 여러 나라에서는 찾아보기 어려운 일이었다. 독일이나 프랑스에서는 행정부가 실제 권력을 행사한다. 하지만 런던에서는 아직도 의회가 정치 권력의 중심이다. 다수당의 대표가 저절로 총리직을 수행한다. 영어로 '웨스트민스터'라고 하면 보통은 의회를 의미하는 것으로 이해한다.

의회는 정치적 타협의 장소이다. 의회가 발전한 덕분에 런던에서는 이렇다 할 유혈혁명이 일어나지 않았다. 특이하게도 영국인들은 왕의 압제에서도 일찌감치 벗어났고, 가톨릭교회의 지배도 서둘러 청산했다. 인구와 면적만 가지고 간단히 비교해 보면 영국은 한반도와 비슷한 조건이다. 그런데도 유럽 최강자를 넘어서 세계 경영에 성공하였다. 더구나 아무런 작위도 없는 다수의 향신(젠트리)과 부르주아가 의회를 장악해서 제국의 모든 것을 결정하였다! 영국 역사는 참으로 독특하다.

나는 런던 시내 어느 한적한 펍에서 텔레비전으로 중계되는 하원 회의 장면을 관찰했다. 영국 의회는 소박하다는 말로는 이루 다 표현할 수 없을 정도였다. 의원들이 나란히 앉은 장의자는 너무 비좁아 보였다. 의원들은 총리의 연설에도 이따금 소리 내어 비웃었고, 때때로 야유하며 일제히 자리를 박차고 일어났다가 다시 앉기를 되풀이했다. 우리가 막연히 상상하기 마련인 엄숙하고 질서정연한 의회의 진지한 회의 풍경과는 거리가 한참 멀었다. 물론 우리나라 국회는 영국 의회보다 훨씬 더 소란스럽기는 하다. 그러나 유럽 여러 나라보다는 영국 의회가 시끄럽고 역동적이다.

영국은 수백 년 전부터 의회 중심적인 나라이다. 정치가 행정부를 중심으로 돌아가는 독일이나 프랑스와는 사회 분위기가 전혀 다르다. 모든 문제가 의회에서 결정되기 때문에 런던 길거리에서

도시로 보는 유럽사

폭력혁명이 일어난 적이 한 번도 없었다. 수백만 시민이 운집하는 거센 시위도 볼 수 없다.

의회로 상징되는 영국인은 한편으로 신사적이기도 하지만 또 다른 한편으로는 괴물처럼 보인다. 19세기 초반, 그들은 청나라를 상대로 한 '아편전쟁' 개전을 결정했다. 아편 밀매에 종사하는 무역상들의 로비로 인해, 신사의 나라라는 영국이 '더러운 전쟁'을 시작하였다. 그 전쟁으로 인하여 청나라는 제국주의의 반(半)식민지로 전락했다. 그 바람에 청나라라는 울타리를 믿고 의지했던 조선이 덩달아 무너지고 말았다. 다른 나라의 보호를 기대한다는 것은 한없이 어리석은 일이다.

## 왕의 권위를 형상화한 웨스트민스터 사원

의회와 더불어 웨스트민스터를 빛내는 또 다른 건물이 있다. 웨스트민스터 사원이다. 왕실의 주요 행사가 열리는 곳이다. 엘리자베스 2세의 대관식도 여기서 열렸고(1953년), 윌리엄 왕자와 케이트 미들턴의 결혼식도 이곳에서 거행되었다(2011년). 영국 왕가는 보통 이 사원에서 대관식도 장례식도 치른다. 사원에는 왕의 석관이 20개가량 안치되어 있다. 예컨대 헨리 3세와 에드워드 1세 및 3세, 리처드 2세와 헨리 5세도 여기에 잠들어 있다.

일찍감치 영국은 가톨릭교회를 떠나 영국국교회, 곧 성공회로 독립하였다. 그런 사실을 기념하는 건물이 바로 웨스트민스터 사

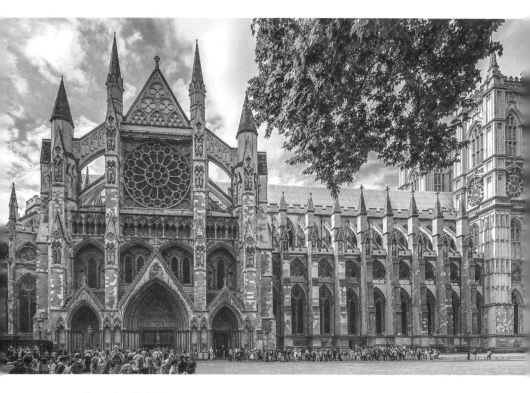

웨스트민스터 사원

원이라 해도 좋다. 국교회 우두머리인 영국 왕의 신성한 권위를 눈에 보이는 건물로 형상화한 것이 이 건물이다.

이 사원 한쪽에는 3천 명도 넘는 유명 인사들의 무덤이 있다. 각기 자신의 전문분야에서 사회적 발전에 크게 이바지한 인물들이다. 아이작 뉴턴이라든가 찰스 다윈, 스티븐 호킹 같은 과학자도 있고, 윌리엄 피트, 파머스턴, 윌리엄 글래드스톤과 윈스턴 처칠 등 유명한 정치가의 이름도 발견된다.

내 친구 윌리엄은 이 사원과 인연이 깊은 한 바위에 대하여 흥미로운 이야기를 들려주었다. 처음에는 그 바위 위에서 스코틀랜드 왕들이 대관식을 거행했단다. 그러기를 수 세기 동안 거듭하였다. 그러던 중 1297년에 에드워드 1세가 이 바위를 웨스트민스터로 운반해 왔다. 왕은 잉글랜드 국왕으로서 웨일스와 스코틀랜드를 정복하고자 노력했다. 재위 기간에 여러 차례 의회를 소집하였는데, 1295년에는 '모범의회'를 열어 근대적 의회의 토대를 이룩했다. 왕은 왕권 신장을 위해 다방면으로 노력했다. 바로 그 에드워드 1세가 스코틀랜드의 유서 깊은 바윗돌('스콘의 바위')을 런던으로 가져왔다.

1950년 크리스마스 무렵, 누군가 그 바위를 훔쳐갔다. 당시 글래스고 대학교 학생 이안 해밀턴은 런던 웨스트민스터 사원에 보관된 이 바위를 스코틀랜드로 반환할 계획을 세웠다. 모두 네 명의 청년이 거사에 동참했다. 그들은 이 바위를 가져옴으로써 이미 사라진 옛 독립국 스코틀랜드의 국가적 정체성을 되살리고자 했다. 그러나 경찰은 수사 끝에 범인을 체포했고 바위는 다시 웨스트민스터 사원으로 되돌아왔다(1952년 2월).

하지만 1996년 영국 정부는 이 바위를 본래 주인인 스코틀랜드 정부에 돌려주었다. 화해와 평화를 위해서였다. 현재 그 바위는 에든버러 성에 보존되어 있다. 스코틀랜드의 정체성을 상징하는 그 바위가 이제 스코틀랜드로 되돌아간 것이다. 사필귀정인 것도 같다. 그러나 이 바위에 관한 이야기는 둘 사이의 정치적 통합이 얼마나 어려운 일인지를 무언중에 웅변하는 것이 아닌지 모르겠다.

스콘의 바위.
영국과 스코틀랜드 사이에
이 바위를 두고 얽힌 오랜
이야기가 있다.

## 피시 앤드 칩스

견문이 부족한 탓인지, 영국인의 식탁을 칭찬하는 글이나 말은 아직 접하지 못했다. 아무리 보아도 런던 시민의 식습관은 정말 소박하다. 피시 앤드 칩스가 사실상 대표 요리라 해도 좋을 듯하다.

생선튀김에 감자튀김을 곁들인 간단한 요리이다. 튀김옷을 만들 때 맥주를 섞은 '맥주반죽'(beer-battered)을 이용하는 점이 특이하다. 이 튀김 요리는 제1차 산업혁명 때부터 유행하였다. 그도 그럴 것이, 당시 면직 공장에서 면화씨가 대량으로 쏟아졌다. 그것으로 값싼 면실유를 만들 수 있었다. 덕분에 서민을 위한 튀김 요리가 유행하게 되었다. 그야말로 전형적인 패스트푸드요, 길거리 음식이었다.

현재 런던에는 외국인이 경영하는 상점도 많고, 외국 요리도 넘쳐난다. 전통적으로 외국인 노동자들이 많이 거주하는 이스트엔드가 대표적이다. 그곳에는 벵골인이 주민의 30퍼센트를 차지한다. 이 또한 역사적 산물이다. 18세기부터 동인도회사는 인도 북부지방 사람들을 선원이나 잡역부로 고용했다. 그리하여 인도 출신 이민자가 점차 많아졌다. 20세기 후반에는 특히 벵골인의 런던 유입이 활발했다.

전반적으로 말해, 제2차 세계대전 이후 영연방에 속하는 과거의 식민지 여러 나라에서 영국으로 이민자가 폭주했다. 영국도 경제적으로 호황을 누리던 시절이라 값싼 노동력에 대한 수요가 컸다. 수요와 공급이 맞아떨어졌다. 그런데 1971년 동파키스탄 분쟁을 계기로, 그쪽 출신이 영국으로 이주하는 경우가 더욱 많아졌다.

내 친구 윌리엄도 이민자의 후예다. 그의 집안은 20세기 초 동유럽에서 건너온 유대인이다. 그의 설명에 따르면, 처음에 그들은 런던의 이스트엔드에서 매우 힘들게 살았단다. 참으로 다행이었던 것은, 그의 증조할아버지가 천신만고 끝에 재봉틀 하나를 장만할 수 있었던 점이다. 그는 자신과 처지가 비슷했던 동유럽 출신 이민자들을 고용해 의류 사업을 키웠다고 한다. 그 시절 1평방 마일의 의류 공장에서 수만 명 유대인 노동자들이 열악한 노동 조건을 참고 견디며 일했다는 기록을 본 적이 있다. 혹독한 시절이었다.

월리엄의 조상도 그랬지만, 동유럽 출신 이민자들은 차츰 런던 생활에 적응하였다. 그들은 점차 중산층으로 발돋움했다. 직업적으로 성공한 이주민들은 빈곤의 상징인 이스트엔드를 떠나 웨스트엔드로 옮겨갔다. 그들 중에는 더 큰 기회를 잡으려고 미국으로 떠나는 사람들도 상당수였다고 한다. 세계의 중심이 미국으로 바뀌었으니 당연한 일이었다.

## 런던 시티, 세계 경제가 결정되는 곳

런던의 진짜 주인은 누구일까. 아무래도 시티를 점령하고 있는 금융 자본가들이라고 생각한다. 그들이 활동하는 시티는 3평방 킬로미터나 될까 말까 한다. 하지만 이곳이야말로 중세 런던의 중심부였다. 역사를 살펴보면 금융자본은 16세기부터 그곳에서 착실하게 성장해왔다. 물론 시티의 발전에도 중대한 고비가 없지는 않았다.

18세기 말이었다. 나폴레옹 군대가 암스테르담을 함락시키자 유대인 금융업자들이 암스테르담을 떠났다. 그들은 자신들이 거주하는 도시보다 한 수 아래로 평가되던 런던으로 이주했다. 그리고는 유대인 공동체를 만들었다. 그 당시 런던에서 복잡 미묘한 금융 수단을 완벽하게 장악한 집단은 유대인 금융 엘리트뿐이었다. 런던에 정착한 그들은 상인, 군인 및 산업가들과 손을 잡았다. 이로써 영국은 세계의 지배자로 군림하게 되었다. 런던 시티의 금융권은 아직도 성업 중이다. 최근에는 그 영토가 카나리 워프까지 확장되었다.

런던은 아직도 건재하다. 이곳에는 무려 480개의 해외 은행이 있다. 또, 유럽의 500대 기업 중에서 100개 이상이 이 도시에 본사를 두고 있다. 그 밖에 〈포춘〉 지가 선정한 세계 500대 기업 가운데 75퍼센트가 런던에 사무실을 운영한다. 런던 시티는 예나 지금이나 세계 경제의 현재와 미래가 결정되는 중요한 곳이다.

비엔나,
아직 살아 있는
구체제의 영광

Vienna

비엔나는 선망의 도시다. 향기로운 문화도시다. 이곳은 화가 클림트가 활동한 곳이며, 심리학을 인류에게 선사한 프로이트의 고향이다. 수많은 학자와 예술가를 배출한 곳이다.

비엔나를 가장 비엔나답게 만든 것은 고전음악이었다. 음악의 물결이 잔잔히 흐르는 이 도시에서, 우리는 하이든과 모차르트, 베토벤, 슈베르트, 브람스, 슈트라우스와 말러의 숨결을 이곳저곳에서 느낄 수 있다. 도심을 산책하노라면 자신도 모르게 음악 속으로 깊이 빠져드는 것 같은 착각이 들 정도이다.

비엔나의 역사를 수놓은 음악과 문화의 향기는 이곳이 합스부르크 왕가의 본거지라는 사실과 관계가 깊다. 이 왕가는 유럽의 전통적인 지배 질서를 상징하였다. 그들이 이룩한 통치 질서 안에서 다양한 문화가 꽃피었다. 그 전통이 후세에까지 이어져 비엔나는 많은 사람의 사랑을 받는 향기로운 도시가 되었다.

# 가장 살기 좋고 아름다운 국제도시

비엔나는 삶의 질이 대단히 높다. 통계조사 결과 세계인이 가장 선호하는 문화도시로 평가되었다. 2018년 3월 미국 컨설팅 회사 머서(MERCER)가 조사한 순위에 따르면, 비엔나는 9년 연속으로 1위를 지켰다. 2위는 스위스의 취리히였고, 서울은 유감스럽게도 79위였다.

다 아는 대로 비엔나는 영어식 이름이다. 독일어로는 비인(Wien)이라 부른다. 인구는 대략 150만 명이다. 한국의 대도시를 기준으로 판단하면 그렇게 큰 도시는 아니다.

하지만 비엔나는 더할 수 없이 국제적이다. 과장이 아니라 관광객의 행렬이 끝도 없다. 또한, 각종 국제회의가 무척 빈번하다. 잠시 통계를 곁눈질해 보았다. 2014년 한 해만도 이곳에서 대규모 국제행사가 202번 개최되었다.

비엔나의 역사에도 내리막길은 있었다. 이 도시도 한때는 깊은 위기에 빠져 허우적댔다. 오스트리아 출신 아돌프 히틀러가 일으킨 문제였다. 1938년, 독재자 히틀러는 자신의 조국 오스트리아를 독일제국에 편입하였다. 그 바람에 오스트리아는 전범 국가가 되었고, 제2차 세계대전이 끝나자 주권을 잃게 되었다.

그러나 오스트리아 사람들은 지혜로웠다. 그들은 신중한 고려 끝에 중립을 선포했다. 장차 미국이 주도하는 북대서양조약기구에 속하지도 않겠고, 소련 중심의 동구권에 가입하지도 않기로 맹세했다. 이 약속으로 오스트리아는 10년 만에 주권을 되찾았다. 1945

년 해방 뒤에 겪은 한반도의 혼란과 비극을 생각하면, 오스트리아의 결정이 한없이 부럽기만 하다.

유서 깊은 문화도시 비엔나는 약속대로 흔들림 없이 정치적 중립을 지켰다. 국제사회는 그에 대해 일종의 보상을 해주었다. 국제원자력기구가 비엔나에 본부를 두고 있을 뿐만 아니라 유엔마약범죄사무국, 석유수출국기구, 유럽안보협력기구 등이 하나둘씩 이 도시에 둥지를 틀었다. 오스트리아가 국제무대의 중심으로 떠오른 것이다. 정말 부러운 일이다. 우리나라도 장차 이처럼 될 수 있으면 얼마나 좋을까.

비엔나란 이름에 대해 설왕설래가 많다. 내가 관심을 가지는 것은, 베두니아(Vedunia)에서 유래했다는 주장이다. '숲의 물결'이란 뜻을 가진 켈트족 말이다. 아닌 게 아니라 비엔나는 다뉴브 강가에 자리한 숲의 도시다. 요한 슈트라우스 2세의 음악 가운데도 '비엔나 숲'이란 곡이 있다. 숲은 아늑한 휴식의 공간이요, 상상의 나래가 절로 펼쳐지는 신비한 장소이다. 독일을 비롯해 유럽 각국의 전래동화에서는 숲을 무대로 흥미로운 이야기가 많이 펼쳐진다. 그들에게 숲은 생활의 터전이자 신비한 꿈의 세계였다.

중세의 비엔나는 외적을 방어하기 위해 견고한 성을 쌓았다. 그리고는 그 바깥을 널찍하게 비워두었다. 적을 방어하기 쉽기 때문이었다. 근대에 와서 화약 무기가 발달하자 전술 개념에도 큰 변화가 일어났다. 성벽의 전술적 가치가 사라진 것이다. 19세기 오스트리아 황제는 무용지물이나 다름없는 성벽을 헐어 비엔나의 외곽을 확대했다. 1850년, 본래 성곽이 있던 자리에 원형의 거리가 조성되었다. 이것이 링 슈트라세다. 이후 그 거리의 앞과 뒤에 여러 공공 건물이 속속 들어섰고 드넓은 공원도 만들어졌다. 시청과 의회, 대학교와 극장, 박물관이 자리 잡은 것이다.

비엔나에서는 링 슈트라세에 볼거리가 가장 많이 집중되어 있다. 내 눈길을 가장 먼저 끈 것은 성 슈테판 대성당이었다. 고딕식으로 높이 솟은 대성당으로 비엔나의 상징이다. 해마다 11월부터는 뜨락에서 크리스마스 마켓이 서는 것으로 유명하다. 유럽의 도시마다 크리스마스 마켓이 있다. 브뤼셀 도심에 있는 그랑 플러스 광장도 대단하고, 체코의 프라하, 런던, 파리, 독일 뉘른베르크의 크리스마스 마켓도 훌륭하다. 그러나 비엔나야말로 유럽 최대 규모를 자랑하는 것으로 정평이 나 있다. 언 손을 비비며 한 잔의 뱅쇼를 즐겁게 마시던 추억이 뇌리를 스친다.

## 영원한 여제, 마리아 테레지아

비엔나에 갈 때마다 내 친구 요셉을 만난다. 그때마다 요셉은 나를 쇤브룬 궁전으로 데려간다. 궁전 외관은 바로크풍이지만 내부는 로코코풍이다. 화려한 바로크 양식을 대표하는 궁전은 프랑스 베르사유 궁전이다. 로코코 양식은 프랑스 루이 15세 때 등장했는데 여성적이고 우아한 느낌을 준다.

쇤브룬 궁전은 합스부르크 왕가가 여름 한철을 보내려고 지은 별궁이었다. 궁전 뒤편에는 널찍한 프랑스식 정원이 펼쳐져 있다.

쉰브룬 궁전

궁전 안과 밖이 모두 프랑스의 영향을 많이 받았다. 딱히 쇤브룬 궁전만 그런 것은 아니고, 18~19세기에 건축된 유럽의 모든 궁궐이 그리하였다.

언젠가 그 정원을 산책할 때였다. 요셉은 마리아 테레지아 여제에 관한 이야기를 자세히 들려주었다.

1740년, 마리아 테레지아가 이 궁전에서 즉위했다. 여제는 오늘날까지도 비엔나 시민의 사랑을 독차지한다. 계몽적 전제군주였다고 볼 수 있다. 테레지아는 재위 기간에 다방면에 걸쳐 많은 개혁조치를 단행했다. 결과적으로, 여제가 다스리는 동안 오스트리아 황실(합스부르크 왕가)은 전성기를 맞았다.

합스부르크 왕가는 스위스령 알프스 산악지방에서 출발했다. 오스트리아와 인연을 맺은 것은, 이미 13세기 후반이었다. 1273년, 이 가문의 실질적인 시조 루돌프 1세(백작)가 '로마 독일 왕'으로 선출되었다. 그 당시 오스트리아를 포함한 독일에서는 왕을 제후들이 투표로 선출하는 풍습이 있었다. 그리하여 루돌프 1세의 후손들은 오스트리아를 통치하게 되었다.

"가문의 영토와 재산을 절대로 나누지 말라." 루돌프 1세는 가문의 위세를 유지하기 위해 이처럼 특별한 상속 원칙을 제정하였다. 그의 유언은 이후 650년 동안 철저히 지켜졌다. 후손들은 많은 어려움에도 불구하고, 단독 상속을 대대로 고수했다. 왕실 재산은 한 번도 분할되지 않았다. 이에 더하여 이 왕가에는 큰 행운이 따랐다. 1452년, 프리드리히 3세가 신성로마제국 황제로 즉위하게 되었다. 이후 무려 460년 동안 그의 자손들이 제위를 독점했다. 오스트리아를 넘어서 독일 전체를 대표하는 황제로 승격된 거였다. 물론 그 당시에는 황제라는 이름에 상응하는 실질적인 권력이 없었다. 그래도 황제는 다른 왕들보다는 격이 한층 높았다.

마리아 테레지아 여제의 부왕은 카를 6세였다. 그에게는 1남 3녀가 있었는데, 아들은 낳자마자 죽었다(1716년). 1713년, 그는 일찌감치 후계자 문제를 해결하기 위해 특별한 조치를 마련했다. 이른바 '실용적 조칙'이었다. 그에 따라 황제의 장녀인 마리아 테레지아가 제위를 계승하는 데 아무런 논란도 일어나지 않았다.

마리아 테레지아가 등극하기가 무섭게 프로이센이 시비를 걸어왔다. 독일 역사에 계몽 군주로 이름난 프리드리히 대왕이 문제였다. 대왕은 슐레지엔의 영유권을 주장하며 오스트리아에 선전포고를 하였다. 마리아 테레지아 여제는 강적을 만나 18년 동안 노심초사했다.

길고 긴 전쟁은 승패를 뚜렷이 갈라놓지 못하고 끝났다. 여제는 예상을 뒤엎고 적국 프로이센의 선진 문물을 모방하여 제도개혁을 단행했다. 합스부르크 왕가로서는 역사상 유례없는 개혁정치였다. 그에 따라 우선 행정권과 사법권이 분리되었다. 또, 기득권층인 귀족들의 특권도 제한했다. 오스트리아는 법치국가로서 거듭났다. 여제의 끈질긴 노력으로, 기득권층도 이제는 평민과 마찬가지로 납세의 의무를 지게 되었다. 또, 중세적 관행이던 동업조합 길드의 특권도 제한되어 근대적 산업 활동이 활발해졌다. 이에 오스트리아의 정치 경제가 본격적으로 근대화되기 시작하였다.

여제는 사회문화적인 개혁도 추진했다. 초등교육을 의무교육으

마리아 테레지아 여제.
개혁정치로 오스트리아 근대화의 문을 열었다.

로 선포하였고, 가톨릭 수도단체인 예수회가 갖고 있던 비엔나 대학교의 관리 감독권을 박탈했다. 아울러, 중세의 낡은 관습도 힘써 제거했다. 그 결과 일종의 체벌이었던 태형도 사라졌고 마녀재판도 중지되었다. 또, 지주들이 농민에게 강요하던 부역도 크게 줄었다. 오스트리아는 중앙집권적 근대국가로 탈바꿈하여 전성기를 맞았다.

여제는 이처럼 인상적인 업적을 많이 남겼다. 때문에 비엔나 시민들은 물론 대다수 오스트리아 사람도 여제를 사상 최고의 인물로 호평한다.

## 마리 앙투아네트의 비운

여제는 조상 전래의 결혼정책을 유지했다. '축복받은 오스트리아여, 전쟁일랑 다른 나라에게 맡기고, 너희는 결혼에 힘쓰라!' 이것이 조상의 유훈이었다. 합스부르크 왕가는 대대로 결혼정책을 중시하였다. 결혼 동맹을 통해 여러 나라를 거저 상속받을 수도 있고, 이웃의 강적을 쉽게 제압할 수도 있었기 때문이다. 테레지아 여제는 강적이었던 프로이센을 고립시키기 위해 프랑스 및 이탈리아와 결혼 동맹을 맺기에 힘썼다.

그 전략은 일단 성공적이었다. 여제에게는 모두 5남 11녀, 즉 16명의 자녀가 있었다! 그들을 어느 나라의 누구와 결혼시키느냐에 따라 오스트리아의 국력이 강화될 수도 있었다. 여제는 11번째 딸 마리아 카롤리나를 시칠리아(이탈리아) 공국의 페르디난트 3세와 결혼하게 하였다. 또, 막내딸 마리 앙투아네트도 프랑스 왕 루이 16세의 배우자가 되었다. 프랑스와 이탈리아는 오스트리아와 힘을 합쳐 프로이센을 압박하였다.

그러나 모든 것이 계획대로 되는 법이 없다. 천만뜻밖에도 여제의 사위와 딸인 루이 16세와 마리 앙투아네트가 단두대에서 생을 마감했다. 프랑스혁명의 결과였다. 그때 마리 앙투아네트 왕비의 죄목은 무엇이었을까? 오스트리아 황실에 국가기밀을 누설했다는 엄청난 죄명이었다. 프랑스 혁명정권은 왕비가 궁녀를 사주해 간첩 활동을 벌였다고 했다. 그런데 증거로 제시된 편지 내용이 좀 우스꽝스러웠다. '어젯밤에 루이 16세가 왕비와 동침하지 않았다'는 식의 정말 하찮은 보고뿐이었다.

막내딸의 결혼은 혁명이라는 일대 정치적 사건으로 비극적 결말을 맞았으나, 마리아 테레지아 여제의 결혼생활은 매우 행복했던 것 같다. 여제는 19살 때 9살 연상인 프란츠 슈테판 폰 로트링겐, 곧 후일의 프란츠 1세와 결혼했다. 놀랍게도 연애 결혼이었다. 프란츠 1세는 여제의 첫사랑이었다. 두 사람의 사랑은 처음부터 끝까지 뜨겁게 이어졌다. 남편은 가끔 염문을 뿌리기도 하였으나 여제는 철저히 눈감아주었다. 그들 사이에는 16명의 자녀가 연이어 탄생했다.

훗날 연상인 남편이 먼저 별세하였다(1765년). 여제는 이렇게 한탄했다고 전한다. "남편이자 친구요, 내 유일한 사랑을 잃었도다!" 여제는 죽는 날까지 상복을 벗지 못했다는 말도 있다.

사후에도 여제는 오스트리아의 영원한 국모로 기억되었다. 그 아들 요제프 2세도 모후의 유훈을 받들어 개혁정치를 계속하였다.

대를 이은 성공적인 개혁으로, 비엔나는 당대 최고의 근대적 도시로 변모하였다.

# 카페 문화의 산실

비엔나 시민들은 커피를 즐겨 마신다. 하루 평균 0.5리터를 소비한다는 통계를 본 적이 있다. "비엔나는 카페의 도시다!" 현대 독일 최고의 극작가 베르톨드 브레히트가 그렇게 말했다. 17세기 말부터 시작된 이 도시의 카페 문화는 단연 세계 최고라 할 수 있다.

비엔나의 카페는 문화의 산실이기도 하다. 커피 한 잔을 시켜 놓고 카페에서 몇 시간이고 머무는 사람들이 많다. 나도 이 글을 고풍 있는 비엔나의 어느 카페에서 끼적였다. 비엔나 시민에게 카페는 '제2의 거실'이라고 불릴 정도이다. 시내에는 약 1,200개 카페가 성업 중이다. 2011년, 유네스코는 이 도시의 카페를 세계무형문화유산으로 등록하였다.

무엇이든 다 시작은 있기 마련이다. 17세기 후반, 폴란드 출신 게오르크 프란츠 콜시츠키란 이가 있었다. 그는 오스만튀르크의 침략을 막기 위해 출정한 상인이었다고 한다. 그의 정체에 대해서는 여러 가지 엇갈린 주장이 있다. 여하튼 그는 적진을 드나드는 첩보 활동으로 상당한 공훈이 있었다고 한다. 적군이 물러간 뒤 폴란드 왕이자 연합군 사령관이던 존 3세는 그들이 남기고 간 커피 원두를 발견했다. 왕은 콜시츠키에게 상당량의 원두를 상금으로 주

카페 센트럴　　　비엔나에 가면 비엔나커피를 맛보자.
　　　　　　　　**300**년 넘는 전통을 가진 맛이다.

었다. 사업 수완이 있었던 콜시츠키는 '푸른 병을 향한 집'이라는 카페를 열었다. 시작은 미약했으나 날이 갈수록 카페가 인기를 끌었다고 한다.

비엔나에 가면 '비엔나커피'를 마시는 사람들이 많다. 먼저 잔에 커피를 반쯤 붓고 우유를 넉넉히 따른다. 그 위에 생크림을 얹고는 카카오 가루를 뿌린 것이다. 300년 넘게 이어진 전통의 비엔나커피이다. 본래는 '아인슈페너'라고 불렀다. 글자 그대로 해석하면 한 마리의 말이 끄는 마차라는 뜻이다. 가난한 마부가 한 손으로 고삐를 거머쥔 채 설탕과 생크림을 얹은 커피를 마셨다는 유래담을 예전에 어디선가 읽은 적이 있다. 이 전설이 역사적 사실과 일치하는지는 모르겠다. 오늘날 비엔나에서 비엔나커피를 주문하려면 '멜랑쥐(Melange)!' 즉 '혼합물'이라고 말해야 쉽게 통한다.

카페의 유행은 참으로 대단했다. 1788년 카페 '프라우엔후버'가 개점할 때는 창업 기념으로 모차르트가 초대되어 특별 연주를 했다. 이후 이 카페에서는 한동안 아침마다 모차르트 연주회가 열려 상류사회 인사들의 방문이 줄을 이었다. 18세기에는 비엔나에 총 150개의 카페가 문을 열었고, 1910년에는 그 수가 1,200개로 늘었다고 한다. 시민들의 카페 사랑이 유별났다.

19세기 말에는 카페가 예술가들의 아지트가 되었다. 그때는 아직 귀족이 지배하는 세상이라서 가난한 지식인들이 기를 펼 수 있는 곳은 카페 정도였다. 카페는 비엔나 모더니즘의 산실이기도 했다. 다수의 문인들이 하벨카, 그린슈타이틀, 센트럴 등의 카페에 모여들어 문학을 토론했다. 그런 점에서 카페 센트럴에 있는 인형 하나가 눈길을 끈다. 19세기 시인 알텐베르크의 모습이다. 그는 친구들과 주고받은 편지 겉봉에 자신의 주소를 센트럴이라고 적었다. 그처럼 카페에 주저앉아 원고를 쓰는 작가들이 많아, '카페 문학'이란 말이 저절로 생겼다.

훗날 러시아 혁명가로 이름을 남긴 레프 트로츠키도 망명객 시절, 그린슈타이틀의 단골손님이었다. 스탈린과 히틀러도 그 카페에 자주 들렀다. 기성체제에 반대하는 인사들이 숨어 지내는 공간이기도 했던 것이다. 당연히 비밀경찰의 끄나풀도 카페에 들끓었다. 19세기 말, 20세기 초 비엔나의 지식공동체는 카페를 중심으로 돌아갔다. 설사 정치적 취향은 다르더라도 서로 알고 지내던 시절이었다. 물론 그렇다 해서 스탈린과 히틀러가 악수하는 장면이 연출된 적은 없었다. 하지만 카페는 다수의 지식인이 토론과 대화를 이어가는 소통의 공간이었다.


## 전설의 초콜릿케이크와 소시지

카페 문화를 말하다 보니 케이크도 빠뜨릴 수 없겠다는 생각이 든다. 특히 유명한 것이 '자허 토르테'이다. 일종의 초콜릿케이크이다. 원래는 호텔 자허에서만 만들었다고 한다. 살구잼을 넣은 케이크인데 표면을 달콤하고 향긋한 초콜릿으로 감쌌다. 오스트리아 황제를 비롯해 귀족들의 애호가 각별했다.

이 케이크가 처음 등장한 것은 1815년이었다. 메테르니히 총리에게 멋진 디저트를 선사하기 위해 자허 호텔 측이 특별히 고안했다고 한다. 따뜻한 커피 한 잔을 탁자에 두고 친구와 함께 자허 토르테를 곁들이며 이야기를 나누면 멋진 오후가 보장된다.

카페에서 맛본 '아펠슈투르델'이라는 맛있는 사과파이도 잠깐 언급해야겠다. 종잇장보다 얇은 여러 겹의 파이 반죽 안에 사과와 건포도를 가득 채워 바싹 구운 것이다. 비엔나의 유명한 어느 카페에서 2~3미터나 되는 긴 사과파이를 만드는 광경을 본 적이 있다.

이 도시에는 맛있는 요리도 적지 않다. 가장 이름난 요리를 들라면 '비엔나 슈니첼'부터 손꼽아야겠다. 송아지고기 또는 돼지고기에 밀가루로 옷을 입혀 기름에 튀긴 것이다. 비엔나의 레스토랑이면 어디서든 쉽게 주문할 수 있다.


## 클림트와 프로이트의 혁명

19세기 후반 오스트리아의 운명은 또 한 차례 바뀌었다. 우여곡절 끝에 오스트리아-헝가리 이중 제국이 들어섰다(1867~1918). 외교, 군사 및 재정은 양국이 공동으로 결정하되, 의회와 정부는 제각기 운영하기로 합의했다. 비엔나는 합스부르크 왕가의 본거지로서 그때도 제국의 구심점이었다. 하지만 1914년 6월, 황태자 프란츠 페르디난트 부처가 사라예보에서 피격되는 불운을 겪었다. 이 사건을 계기로 각국이 전쟁에 끼어들어 제1차 세계대전이 일어났다. 이 전쟁에서 오스트리아는 패전의 쓰라림을 맛보았다. 합스부르크 왕

클림트가 제체시온에 그린 벽화
〈베토벤 프리즈〉.

가 역시 해체되고 말았다(1918년 11월).

그 무렵 비엔나에는 문화혁명의 기운이 일어났다. 조직적인 정치적 혁명이 아니라, 문화 예술계가 일변했다는 뜻이다. 화가 클림트와 프로이트라는 학자가 이 시대를 대표하는 가장 인상적인 인물이다.

클림트로 말하면 슈베르트의 음악을 화폭에 담은 거장이었다. 몽환적인 분위기가 물씬한 그의 작품은 화려한 금박으로 장식되었다. 〈키스〉는 그의 대표작이다. 클림트는 위대한 작곡가 베토벤에게 〈베토벤 프리즈〉를 헌정하기도 했다(1902년).

제체시온에서 나는 요셉과 함께 이 벽화를 오랫동안 감상하였다. 〈합창 교향곡〉에서 영감을 얻은 벽화라고 한다. 벌거벗은 연인이 고통을 당하는 모습부터 묘사하기 시작해, 악마의 시련을 이기고 키스하는 장면으로 끝난다. 구원의 여정을 담은 작품이다. 그러나 그 시대 시민들은 클림트의 작품을 제대로 이해하지 못했다. 성적 묘사가 지나치다는 이유였다. 클림트가 그린 비엔나 대학교의 천정화 또한 같은 이유로 논란에 휩싸였다.

외설이라며 냉대를 받던 클림트의 작품이 오늘날에는 극찬의 대상이다. 시대를 앞선 클림트는 화단의 혁명가였다고 할까.

비엔나는 유대인의 도시이기도 하였다. 의사, 변호사 절반이 유대인이었다. 그들의 성공을 질투하는 사람들이 많았다. 때문에 이 도시에는 반(反) 유대주의 정서가 팽배했다. 히틀러도 그 영향을 받았다. 나치 정권은 유대인 학살로 악명이 높은데, 비엔나 출신의 유대인으로 강제수용소로 끌려간 이가 6만 5천 명이요, 망명을 떠난

이도 13만 명 이상이었다. 이 도시는 살풍경한 인종청소의 현장이기도 했다.

유대인 망명객 가운데 유명한 지그문트 프로이트가 포함되어 있었다. 그는 정신분석 창시자로서 현대사회의 문을 열었다. '무의식'의 발견은 그의 탁월한 업적이었다. 모든 것을 성(性)으로 해석한 것은 약점이라고 할 수 있다.

프로이트야말로 진정한 혁명가였다. 그는 인간의 내면에는 아무도 알 수 없는 '무의식'의 심연이 있다는 점을 강조하면서 인간 이해의 새 역사를 썼다. 프로이트 박물관에서 나는 비엔나야말로 구체제의 유산인 억압과 새 시대의 자유가 충돌한 도시였다고 생각했다.

20세기 초의 비엔나는 정치적으로도 특이한 곳이었다. '붉은 비엔나'라는 칭호가 붙기도 했다. 사회주의에 경도된 지식인과 시민이 이곳에 유독 많았다는 이야기이다.


오늘날의 비엔나는 어떠한가. 지금은 보수우파가 집권하고 있다. 극우파 정치가들의 입김도 다른 어느 나라보다 거세다. 오스트리아는 중동 난민이 유럽으로 들어오는 것을 막기 위해 국경을 가장 철저히 통제해 많은 유럽 시민들을 놀라게 했다. 메테르니히가 강조한 보수적 전통이 아직도 비엔나의 분위기를 지배한다고 느끼는 사람들도 적지 않을 법하다.

이야기를 여기서 서둘러 끝내면 아마도 비엔나라는 도시에 관하여 불필요한 오해가 생길지 모르겠다. 서두에서 말했듯이 비엔나는 삶의 질이 유난히 높다는 사실을 거듭 강조하고 싶다. 구체적으로

도시로 보는 유럽사

말해, 이 도시에서는 주거 비용이 무척 저렴하다. 독일의 함부르크나 뮌헨에 비하면 3분의 1 혹은 4분의 1 정도에 불과하다. 교통비역시 주요한 유럽 도시들에 비해 7분의 1 이하이다. 공기와 물의 질도 여느 도시와 비할 수 없이 훌륭하다. 또한 이 도시는 미학적으로도 최고의 세련미를 자랑한다. 한 마디로, 비엔나 시민의 생활은 질적으로 우월하다. 이런 그들에게 정치적 보수성이란 무엇을 뜻하는가. 어쩌면 그것은 불청객이나 다름없는 외부인의 '침입'으로부터 시민의 이익을 지키기 위한 방어 수단일는지도 모르겠다.

파리,
시민이 주인인 도시

사람들은 이 도시를 예술의 도시라고 부른다. 패션의 도시, 요리의 도시 그리고 와인의 도시라고도 부른다. 문화 전통이 빛나는 유럽 최고의 도시에 어울리는 칭호라고 생각한다.

그런 칭호를 모두 인정하면서도 나는 파리에 다른 별명을 붙여 주고 싶다. 파리 역사에 가장 어울리는 별명은 '빛의 도시'라고 생각한다. 이 도시는 여러 가지 점에서 세상의 '빛'일 때가 많았기 때문이다.

파리의 위대함은 무엇일까. 이 도시는 귀족과 특권층의 전유물이 아니라는 점이 아닐까. 파리가 상류층의 취향을 배제했다는 뜻이 아니다. 나의 강조점은, 평범한 시민들도 이곳에서는 주인 행세를 하며 산다는 사실에 있다. 파리 시민들은 골목길에서 이웃을 만나 정답게 수다를 떤다. 또 아름다운 뤽상부르 공원으로 가서 귀족처럼 우아하게 피크닉을 즐긴다. 프랑스혁명의 도시답게 파리는 일반 시민의 것이다.

# 프랑스혁명은 아직도 현재진행형

내 가슴속에 각인된 파리의 모습은 우선 프랑스혁명 시절의 풍경이다. 당시의 모습을 생생히 묘사한 기록화들이 떠오른다. 그뿐만이 아니다. 얼마나 많은 예술혁명이 이 도시에서 일어났던가. 몽마르트에서 예술혼을 불사르던 유명 무명의 예술가들 이름은 이루다 헤아릴 수 없을 정도로 많다. 1886년 내가 좋아하는 네덜란드의 화가 반 고흐도 여기로 왔다. 그는 1년 남짓 여기 머물며 새로운 화풍의 세례를 받고, 드디어 후기 인상파의 거장으로 거듭났다.

화가만이 아니라 시인, 작가, 음악가 등 수많은 예술가가 파리와 깊은 인연을 맺었다. 프랑스만이 아니라 영국과 독일, 미국, 러시아, 스페인 등 서구 세계를 총망라하였다. 그들 가운데는 파리의 공동묘지인 페르 라셰즈에 영원히 잠든 이들도 많다. 안개가 자욱한 12월 어느 날 오후, 나는 아일랜드 출신의 작가 오스카 와일드의 무덤에 한 송이 붉은 장미를 바쳤다. 그로 말하면, 누구나 인정하는 촌철살인의 독설, 아이러니와 역설의 대가였다.

물론 파리의 특징을 설명할 때, 우리는 여기서 일어났던 정치혁명을 함부로 지나쳐서는 안 된다. 프랑스혁명과 이 도시는 떼려야 뗄 수가 없다. 이제는 오랜 세월이 지나고 말았지만, 시민들은 아직도 그때의 열기를 가슴에 간직하고 있는 듯하다. 1789년 여름, 시민군은 바스티유 감옥을 함락시켰다. 그리고 교도소장의 목을 베었다. 역사적 사건이었다. 시민들은 이를 기념해 해마다 7월 14일에 큰 축제를 벌인다. 도심을 환히 밝히는 불꽃놀이를 본 사람이라

**2019년** 파리에서 벌어진 시위 현장.
'노란 조끼'의 물결은 국제사회의 주목을 받았다.

면 망설임 없이 수긍할 것이다. 파리 시민들에게 프랑스혁명은 현재진행형이다.

지금도 파리에서는 툭하면 파업이 일어난다. 각종 시위도 잦다. 가령 2019년 상반기에도 정부의 경제시책에 반대하는 '노란 조끼'의 물결이 프랑스 전국에 크게 일렁였다. 파리는 그때도 국제사회가 가장 주목한 시위의 현장이었다.


## 노트르담 대성당, 프랑스 역사의 산증인

지금까지 나는 몇 차례 파리를 방문할 기회가 있었다. 이 도시에 가면 내 발길은 언제나 노트르담 대성당을 향한다. 마치 순례자라도 된 것 같은 기분으로 말이다. 다들 그런 모양이다. 2017년 한 해에도 무려 1천 200만 명이 이곳을 찾았다고 한다. 파리 시의 관광통계를 잠시 들여다보았다. 두 번째로 인기가 높은 명소는 몽마르트 언덕에 우뚝 서 있는 사크레 쾨르 대성당이란다. 이어서 루브르 박물관, 에펠탑, 퐁피두 센터, 오르세 미술관 순으로 이어진다. 나폴레옹 1세의 무덤이 있는 생트 샤펠, 판테온, 튈르리 공원, 콩코드 광장, 개선문 등도 매우 인기가 높은 것으로 보인다.

많은 관광명소 가운데서도 왜, 하필 노트르담 대성당인가. 프랑스의 찬란한 문화를 대표하는 유물이어서 그렇다. 아니, 그보다 더 중요한 이유가 있다. 대성당은 프랑스인의 특별한 역사적 경험이 쌓인 역사의 현장이라서 그렇다고 생각한다.

파리에 사는 내 친구 알랭은 내게 노트르담에 얽힌 역사적 사건을 장시간 동안 설명했다. 그때 우리는 창문을 통해 대성당의 첨탑이 보이는 센 강가의 어느 주점에 있었다. 보르도 지방의 포도주, 정확히는 메독에서 생산한 카베르네 소비뇽이라는 붉은 포도주 한 병을 그날 우리는 사이좋게 나눠 마셨다.

이 대성당은 성모 마리아에게 봉헌되었다. 건축 양식으로 보면, 하늘을 찌를 듯한 고딕 건축의 묘한 매력을 보여주는 교회이다. 또, 세계에서 가장 큰 오르간이 있는 곳이기도 하다. 때때로 울려 퍼지는 웅장한 종소리도 무척 매력적이다. 게다가 바로크 시대와 19세기의 예술작품을 많이 소장하고 있기도 하다.

유서 깊은 대성당이라서 성스러운 유물도 적지 않다. 예수가 최후의 순간에 썼다는 가시관, 예수를 십자가에 박았다는 못들도 보관되어 있다. 13세기 프랑스 왕 루이 9세가 이런 진기한 유물을 콘스탄티노플에서 가져왔다. 왕은 빚의 수렁에 빠진 라틴왕조(콘스탄티노플)의 보두앵 2세에게 거금을 주고 이처럼 소중한 성물을 획득했다고 한다.

노트르담 대성당은 750년 전에 일단 완공되었다. 정확히는 1160년에 공사가 시작되어 1260년경에 준공되었다고 한다. 프랑스에 기독교가 들어오기 전에는 이곳이 목성을 모신 신전이었다. 프랑스가 기독교를 수용하자 처음에는 성 스테판 교회로 불렸다. 이후 네 번이나 대대적으로 개축되어 로마네스크 양식의 대성당으로 거듭났다. 그것을 다시 고딕식으로 고쳐 지은 것이 현재의 대성당이란다.

노트르담 대성당.
프랑스 역사가 살아 있는 중요한 장소이다.

# 소설 『노트르담 드 파리』로 되찾은 명성

이곳은 프랑스 역사가 살아 있는 중요한 현장이다. 1431년, 헨리 6
세는 백년전쟁 때 여기서 대관식을 올렸다. 당시 그는 10살에 불과
한 소년이었다. 이후 16세기에 신/구교 간에 종교전쟁이 일어나 프
랑스는 혼란에 빠졌다. 대성당도 그 소용돌이 속으로 빨려 들어갔
다. 1548년 프랑스의 신교도인 위그노가 대성당을 공격해 일시 점
령했다. 그들은 대성당의 석상들을 마구 훼손하였다. 우상숭배라는
이유에서였다.

　종교전쟁이 끝나자 노트르담 대성당을 대대적으로 보수한 이가
나타났다. 부르봉 왕가의 루이 14세였다. 태양왕으로 알려진 전제
군주였다. 1699년 그는 부왕 루이 13세의 유지를 계승해 노트르담
을 더욱 화려하게 단장했다. 루이 일가의 종교적 헌신을 기념하는
기념물도 조성되었다. 루이 13세와 14세가 피에타상 앞에 경건하
게 무릎 꿇은 모습이 아로새겨진 제단이 이 대성당 안에 있다.

　얼마 후 대성당에 또 한 차례 위기가 왔다. 프랑스혁명이었다.
혁명의 격랑 속에서 대성당은 큰 피해를 입었다. 시민들은 봉건적
가치체계의 수호자인 고위 성직자를 매도했고, 그들의 소굴로 여
겨진 대성당을 침략했다. 그리고는 대성당에 소장된 많은 예술품
을 파괴하였다. 대성당의 재산도 몰수해 공공재산으로 환원하였다.
한동안 대성당 안에서는 모든 종교 활동이 금지되었다. 혁명기에
대성당은 한낱 창고로 사용되었다.

　그러나 나폴레옹이 집권하자 사정이 바뀌었다. 그는 정치적 안

정을 위해서 교황청과 화해를 서둘렀다. 1801년 7월 16일, 나폴레옹은 교황 비오 7세와 조약을 맺었다. 그에 따라 가톨릭교회가 프랑스 시민 대다수의 영혼을 돌보는 종교기관임을 공인하였다. 그 뒤 노트르담 대성당은 본래의 위상을 회복했다. 나폴레옹은 대성당 건물을 보수하라고 명령했다. 그는 황제 대관식도 이곳에서 거행했다. 1804년 12월 2일, 나폴레옹은 황제의 왕관을 자신의 손으로 직접 머리에 얹었다. 관례대로라면 교황이 대관식을 주관해야 하였으나, 나폴레옹은 이를 거부했다. 그의 대관식 장면은 한 편의 웅장한 기록화로 남아 후세에 전한다.

나폴레옹이 권좌에서 물러나자 노트르담은 후견인을 잃고 다시 황폐해졌다. 그렇게 상당한 세월이 흘러갔다. 이곳이 국민적 관심 거리로 부활한 계기는 실로 우연이었다. 1831년 빅토르 위고가 쓴 한 편의 소설 『노트르담 드 파리』가 기폭제를 제공하였다. 소설을 읽은 시민들의 마음은 크게 달라졌다. 그들은 다시 대성당에 대한 사랑을 표현하였다. 프랑스 국왕 루이 필립은 정치적으로 계산이 빠른 사람이었다. 그는 대성당을 수리하라고 명령했다. 1844년에서 1864년까지 대성당 재건사업이 적극적으로 추진되었다.

위고의 소설 내용은 대부분 알고 있을 것이다. 이 작품은 이뤄질 수 없는 애절한 순애보였다. 대성당 종지기였던 꼽추 콰지모도와 아름다운 집시 여인 에스메랄다가 작품의 주인공이다. 시대적 배경은 15세기 후반. 두 주인공 외에 주임신부 프롤로와 근위대장 페뷔스가 조연급 인물로 등장한다. 작가는 에스메랄다를 둘러싸고 세 남성이 연출하는 다양한 갈등을 입체적으로 묘사하였다. 위고의 소설은 인기가 매우 높았다.

훗날 소설을 각색한 뮤지컬이 등장했다. 영화와 애니메이션도 차례로 제작돼 대중의 사랑을 받았다. 나도 안소니 퀸이 콰지모도 역을 맡은 영화(1957년 작)를 본 적이 있다. 애달픈 사랑의 마음을 담은 몇몇 장면이 아직도 뇌리에 남아있다.

노트르담 대성당은 20세기에 이르러 현대사의 목격자로 한몫을 하였다. 1944년 8월 26일, 파리는 나치 정권으로부터 해방되었다. 비시 괴뢰정권이 붕괴하고 프랑스는 다시 자유를 되찾았다. 그때 해방을 축하하는 특별미사가 대성당에서 집전되었다. 프랑스의 영웅 드골 장군도 미사에 참석하였다. 나중에 드골은 대통령으로서 전후 프랑스의 발전을 이끌었다. 그가 사망하자 장례미사도 이곳에서 거행되었다(1970년). 이것은 또 하나의 전통이 되었다. 1996년 프랑수아 미테랑 대통령 장례미사 역시 이곳에서 성대한 예식으로 집행되었다.

내 친구 알랭이 몇 차례나 강조했듯, 프랑스인 입장에서 보면 노트르담 대성당은 특정한 종교기관에 그치는 것이 아니다. 지난 1천 년 동안 프랑스가 겪은 역사적 경험의 총체가 응축된 역사의 현장이라 해도 과언이 아니다.

그런데 노트르담의 시련은 아직도 끝나지 않은 모양이다. 2019년 4월 15일, 뜻밖의 사건이 일어났다. 이번에는 원인을 알 수 없는 대화재 사건이었다. 보수공사 중인 대성당에 불이 붙어 15시간 동안 활활 타올랐다. 그나마 다행한 일도 있었다. 대성당의 중요한 유물은 이번 화재를 무사히 넘겼다.

신속한 화재 진압에 초현대적 장비인 드론의 역할이 컸다고 한다. 또, 화재 시 행동요령을 꼼꼼히 작성해둔 세부 계획이 있어 많은 도움을 받았다고 들었다. 아울러, 소방당국이 정기적으로 소방훈련을 시행한 효과도 적지 않았다고 한다. 유물유적 가운데 목조건물이 압도적으로 많은 한국에서도 참고할 점이 많다고 생각되어 그런 이야기도 여기에 기록해둔다.

불타버린 노트르담을 날마다 바라보아야 하는 파리 시민들의 심정은 얼마나 참담할까. 파리의 역사를 아는 나로서는 충분히 공감할 수 있다. 부디 조속하고 완전한 대성당의 복원을 기원한다.


## 베르사유 궁전, 이보다 더 화려할 순 없다

파리도 프랑스도 '태양왕' 루이 14세를 빼고는 어딘가 허전한 느낌이다. 그가 지은 베르사유 궁전은 프랑스의 자존심이라고 말해도 좋을 것이다. 호사스럽기가 이루 말로 다 할 수가 없다. 특히 '거울의 방'은 그 자체로 하나의 영원한 전설이 되었다.

이 궁전은 부왕 루이 13세 때만 해도 자그만 오두막에 불과했다. 베르사유는 왕실의 사냥터였다. 루이 14세는 초라한 오두막을 헐고, 거기에 세상에서 가장 화려하고 멋진 궁전을 짓게 했다. '짐의 말이 곧 법이다!' 그런 말이 무색하지 않았다. 베르사유 궁전을 찾아온 유럽 각국의 사절단은 벌어진 입을 다물지 못했다. 18세기 이후 유럽의 거의 모든 왕은 이 궁전을 모방한 궁전을 짓느라 여념이 없었다. 환상적인 분위기를 연출하는 독일 바바리아의 '노이슈반슈타인' 궁전도 예외가 아니었다.

하지만 루이 14세는 아무래도 너무 지나쳤다. 그의 시대부터 부르봉 왕가는 전쟁과 사치를 일삼아, 결국 초유의 재정 적자에 허덕였다. 상처는 곪으면 터지는 법이다. 18세기가 끝나갈 무렵, 프랑스는 분노한 부르주아 계층의 반발로 시민혁명의 열기에 휩싸이고야 말았다. 물론 후일담이다.

루이 14세 치세에는 프랑스가 유럽의 최강국이었다. 유럽의 모든 궁정에서는 프랑스어를 사용하는 것이 하나의 상식으로 통했다. 변방인 러시아까지도 그러했다. 프랑스에 대한 각국 상류층의 선망은 19세기까지도 변함없이 계속되었다. 톨스토이 시대 러시아 귀족들은 외국에서 가정교사를 모셔다, 프랑스어를 필두로 영어, 독일어 및 라틴어를 배웠다. 덕분에 수백 년 동안 프랑스의 가난한 귀족과 교양계층은 유럽 각국으로 진출했다. 그들은 상류층의 가정교사 노릇을 하며 허기진 배를 채웠다.

프랑스혁명으로 왕정이 무너진 뒤에도 베르사유 궁전은 역사의 주요 무대로 남았다. 너무도 아름다웠기 때문이다. 제1차 세계대전이 끝나고, 1919년 승전국과 패전국이 모여 전후 처리를 논의할 때도 각국 외교사절은 베르사유를 찾았다. 가까스로 승전국 대열에 낀 중국은 또 다른 승전국이었던 일본의 외교 공세에 곤욕을 치렀다. 일본은 유럽 각국을 매수하거나 설득해 이른바 21개 조항을 들고나왔다. 그 주요 내용은 산둥을 비롯해 남만주와 동부 몽골 지역에서 일본의 권익을 보장하고, 중국 정부의 주요 기관과 군부대에 일본인 고문을 고용한다는 것이었다. 이 소식이 알려지자 중국의 대학생들과 지식인들이 크게 반발했다. 중국인들의 저항운동이 길게 이어져 역사에서 말하는 '5.4운동'을 낳았다.

중국보다 두 달 앞서 한반도에서도 독립을 요구하는 3.1 독립운동이 일어났는데, 역시 베르사유의 전후 처리 협상과 관련이 있었다. 알다시피 그때 전승국인 미국 대통령 윌슨은 발칸반도의 전후 문제 처리에 민족자결주의 원칙을 적용하고자 주장하였다. 이에 고무된 한국의 선각자들은 만세운동을 일으켜 국제 여론을 환기하고자 하였다. 이것이 결국 대한민국임시정부 수립으로 연결되었다. 이처럼 베르사유 궁전은 20세기 동아시아 역사에도 일정한 역할을 담당했다.

치즈 플레이트

베르사유의 한 식당에서 알랭과 나는 치즈 플레이트 앞에 마주 앉았다. 치즈의 나라답게 프랑스에는 치즈 종류가 300종도 넘는다고 들었다. 프랑스인의 치즈 사랑은 유별나다. '치즈로 위장을 열고 치즈로 위장을 닫는다'는 말이 있다. 프랑스 사람이라면 식사 시작도 마무리도 치즈로 해야 한다는 뜻이다. 그날 우리가 주문한 치즈 플레이트에는 까망베르, 꽁떼, 미몰

레프, 블루 도베르뉴 그리고 에뿌아쓰가 소박한 모습으로 놓여 있었다. 나는 치즈라면 다 좋아한다. 그날 내 혀를 유독 강하게 유혹한 것은 푸른곰팡이의 자취가 선명한 블루 도베르뉴였다.

## 루이 14세, 프랑스의 세종대왕?

루이 14세는 무려 72년 110일간 왕위를 차지했다. 절대주의 시대를 대표하는 최장기 통치자였다고 한다. 흥미롭게도 그는 여전히 아직 남아 있던 봉건주의의 잔재를 깨끗이 쓸어냈다. 거기까지는 아주 멋진 일이었다.

문제는 그다음이었다. 왕은 호화찬란한 베르사유 궁전을 짓느라 재정을 낭비하였다. 그러고는 귀족들을 베르사유에 불러들였다. 그들에 대한 통제를 강화하기 위해서였다. 루이 14세는 귀족들의 거처를 위해 별도의 주거시설도 건립했다. 베르사유로 생활 터전을 옮긴 귀족들은 그들 나름대로 새로운 문제에 봉착했다. 그들은 저마다 자신의 지위에 어울리는 생활을 영위하기 위해 상당한 액수의 연금이 필수적이었다. 귀족들은 이래저래 많은 특권을 행사하고 싶었다. 그러자면 왕에게 더욱 충성해야 했다.

루이 14세는 궁정 의식을 역대 왕조보다 더욱 장엄하고 정교하게 다듬었다. 이것이 왕의 권위를 강화했다. 그는 기억력도 비상해, 언제 누가 궁정 모임에 출석했는지를 꿰었다. 출석 점수가 눈도장처럼 간주되는 상황이었다.

한 마디로, 그는 참 무서운 왕이었다. 자신의 말 한마디 한마디가 곧 법이라고 선포한 이 왕은 전쟁광이라고 해도 좋았다. 프랑스는 네덜란드를 상대로도 싸웠고, 자국이 라인 강 넘어 동쪽으로 진출하지 못하게 막으려고 결성된 독일의 아우크스부르크 동맹과도 혈투를 벌었다. 스페인과도 전쟁을 치렀다.

짧은 평화가 찾아올 때도 왕은 다음에 일으킬 또 다른 전쟁을 준비했다. 루이 14세에게 외교란 전쟁을 승리로 이끌기 위한 보조 수단에 불과했다.

그의 중앙집권화 정책은 가톨릭교회에 대한 탄압의 이면이었다. 루이 14세는 노트르담 대성당을 재건하기도 하였으나, 교회를 심하게 압박한 왕이었다. 그의 치세 때는 고위 성직자인 주교들까지도 왕의 허가를 받아야만 국외로 여행할 수 있었다. 왕이 동의하지 않는 한, 교황이 선포한 규정도 프랑스에서는 효력을 잃었다. 프랑스에서는 교회의 세력이 크게 꺾였다.

그는 검열도 강화했다. 누구도 당국의 허가 없이 책을 출판하지 못하였다. 개인의 편지까지도 검열 대상이었다.

왕은 사치스런 생활과 화려한 대중 행사로 대중의 이목을 사로잡았다. 특히 대중이 참석하는 종교 행사를 자주 열었다. 루이 14세는 목요일마다 극빈층 아이들 13명을 모아놓고, 많은 사람이 보는 앞에서 직접 아이들 발을 씻기는 '세족식'도 거행하였다. 또, 성탄절 등 교회의 중요한 축일 행사에 참석해 피부병으로 고생하는 환자들을 손으로 어루만지며 치유하는 의식을 집행했다. 이런 이벤트는 유리한 정치적 분위기를 연출하는 효과적인 방법이기도 했

루이 14세          베르사유 궁전

다. 또, 유능한 평민을 발탁해 고관으로 임명하기도 했고, 자신의 총애로 벼락출세한 신흥귀족을 적극 후원하였다. 그들은 당연히 왕당파가 되어 루이 14세의 절대왕권에 기여하였다.

왕은 학문과 예술의 후원자로서도 대단한 명성을 얻었다. 아카데미 프랑세즈(한림원)를 재정적으로 지원했고, 몰리에르와 장 드 라퐁텐 같은 작가를 앞세워 문학과 연극도 후원했다. 음악과 미술 분야도 외면하지 않았다. 1661년 파리에는 루이 14세의 관심 속에서 발레학교가 설립되었다. 얼마 뒤에는 오페라학교도 문을 열었다. 게다가, 왕은 루브르 궁전 일부를 내놓아 박물관으로 사용하게 했다. 이것이 후일 세계 굴지의 박물관으로 성장했다는 것은 누구나 아는 일이다.

문화를 집중적으로 육성한 점에서 루이 14세는 프랑스의 세종대왕이라고 해도 손색이 없겠다. 물론 두 사람 사이에는 차이점도 많았다. 세종은 무엇을 하든 철저히 백성 중심이었다. 루이 14세가 왕권을 절대화하는 데 온 힘을 쏟은 것과는 많이 달랐다.


# 우리 모두 프랑스혁명에 빚지고 있다

파리는 과연 음식의 도시라고 해야 옳다. 개선문 근처 레스토랑에서 알랭과 나는 뵈프 부르기뇽을 먹었다. 쇠고기에 양파와 버섯을 얹은 요리인데, 소스는 붉은 포도주이다. 프랑스의 대표적인 요리 가운데 하나이다. 한국의 소갈비와 분위기가 비슷하다.

유리창 너머로 개선문을 바라보며 우리는 프랑스혁명의 의미가 무엇인지를 헤아려보았다. 그 혁명이 어찌 프랑스 시민만의 것이겠는가. 인류 모두가 그 혜택을 입었다. 프랑스혁명이 있었기에 후세는 공화국의 가치를 알았다. 자유와 평등이란 지표도 세울 수 있게 되었다.

프랑스혁명 당시 장 자크 루소의 사회계약설이 큰 영향을 미쳤다고들 알고 있다. 그렇다면 그때 과연 대다수 시민이 루소의 책을 읽었을까. 아니란다. 혁명의 열기를 부채질한 책은 따로 있었다. 포르노그래피였으니, 거기에는 국왕 내외를 비롯해 고위 성직자와 귀족들의 부정부패와 음란한 생활이 과장되게 묘사되었다. 말하자면 저급한 문학작품이자 일종의 '가짜 뉴스'였다. 그런 책자가 선동적 역할을 했다고 한다.

혁명의 과정도 우리가 지레짐작하는 것보다 훨씬 혼란스럽고 지리멸렬했다. 1799년 보나파르트 나폴레옹이 쿠데타를 일으켜 집권한 뒤에야 프랑스 사회는 안정을 회복하기 시작했다. 따지고 보면, 나폴레옹은 지독한 독재자였다. 하지만 그의 집권 기간에 프랑스에는 근대적 학교 제도가 정착되었다. 재정도 근대적으로 바뀌었다. 더욱 중요한 사실은, 혁명 정신을 그대로 반영한 민법전이 편찬된 것도 나폴레옹 시대였다.

엄밀히 말하면, 나폴레옹은 프랑스 사람이라고 보기도 어려웠다. 그는 코르시카 섬의 하급 귀족으로 모국의 독립을 꿈꾸던 젊은 장교였다. 그랬던 그가 프랑스의 장군으로서 쿠데타를 일으켜 권력을 잡았고, 마침내 주민투표를 거쳐 황제까지 되었다. 극적인 변

화요, 아이러니한 일이었다. 스스로 황제가 되었다는 점에서 그는
혁명의 본질을 부정한 반역자라고 볼 수도 있었다. 그런데도 여러
가지 개혁 조치를 통해 혁명 정신을 가장 철저히 실행에 옮겼다. 그
런 점에서 어엿한 혁명가이기도 했다.

알랭과 내가 바라본 개선문은 1806년 나폴레옹이 공사를 착공
한 거였다. 그는 조국의 영광을 기념하기 위해서라고 했다. 오스트
리아 땅 아우스터리츠에서 대승을 거두자, 나폴레옹은 그때까지
프랑스가 거둔 일련의 승리를 영원히 기념하고 싶어 했다. 로마의
개선문을 모방한 이 개선문이 완성된 때는 1836년, 나폴레옹이 실
각한 지 한참 뒤였다. 이후 세계 여러 나라는 앞을 다투어 파리의
개선문을 모방한 자국의 개선문을 세웠다. 심지어 평양에도 이와
유사한 개선문이 있다.

프랑스혁명에 관해서는 지금까지 수많은 연구업적이 축적되었
다. 20세기만 해도 이 혁명을 계급투쟁이란 관점에서 보는 학자들
이 대부분이었다. 그들은 혁명에서 농민과 도시 노동자들이 담당
한 역할을 매우 강조했다. 21세기가 되자 연구 경향이 조금씩 달라
지고 있다. 기존의 패러다임이 설득력을 잃었다는 뜻이다. 아직 새
로운 관점이 정립되지 못해, 상당한 혼란을 겪고 있다는 것이 중론
인 것 같다.


끝으로 한 마디 덧붙인다. 이 글의 서두에 적었듯 나는 파리를
'빛의 도시'라고 부르고 싶다. 자세히 살펴보았더니, 이런 별명은
예부터 존재했다. 놀랍게도 루이 14세 때였다. 왕은 파리 시내의 범

죄를 조금이라도 줄이려고 한밤중에도 도심을 환히 밝히라고 명령했단다. 역사적인 일이었다. 18세기가 되자 파리는 계몽사상의 중심지로 떠올라, 그 사상이 유럽 각국으로 퍼져나갔다. 이때부터 '빛의 도시' 파리라는 이름은 적어도 두 가지 의미를 동시에 가졌다.

이런 별명은 과연 아직도 타당할까. 나는 조금 회의적인 입장이다. 알다시피 프랑스는 지금 정치적 혼란을 겪고 있다. 게다가 엄청난 국가 채무에 시달리고 있어 나라 살림도 곤란하다. 세상의 '빛'이 되기에는 많이 부족한 것이다.

그럼에도 아직 희망의 씨앗이 죽지 않았다. 일례로 파리만큼 이슬람 문명과의 소통에 적극 노력하는 도시는 세계 어디에도 없다. 또한, 기후위기를 극복하려 노력하는 파리의 모습도 인상적이다. 연전에 파리에서 기후협약이 체결된 것도 단순한 우연은 아니었다. 얼마 전 매체를 통해 보도된 것처럼, 앞으로 파리공항을 이륙하는 모든 비행기에 환경세가 부가될 예정이란다. 더 나은 세상을 건설하기 위한 파리 시민들의 노력은 지금도 계속되고 있다.

# 13

베를린,
수천 수백 개 얼굴을 가진
국제 도시

Berlin

베를린은 세계적인 대도시이지만 자연 풍광이 유난히 깨끗하고 아름답다. '베를리너 루프트'란 말이 생겼을 정도이다. '베를린의 공기'라는 뜻이다. 이 도시의 대기가 유난히 투명하고 신선하기 때문이다. 19세기 세계 최대의 도시였던 런던이나 뉴욕의 오염되고 답답한 공기와는 너무도 다르다는 것인데, 베를린을 감싸고 있는 넓은 숲과 여러 개의 호수 덕분이다.

이 도시의 인구는 376만 명이다(2019년). 우리의 수도 서울(약 1,000만, 2019년)이나 영국의 런던(898만, 2019년)에 비하면 절반도 채 되지 않는다. 십 년 전, 나는 6개월가량 베를린 시민이었다. 그때 내가 이곳에서 받은 인상이 특별하였다. 베를린은 하나의 거대한 도시라기보다는 마치 수백 개 마을이 연합한 평화로운 공동체와도 같았다. 도시는 여러 개의 구역으로 분할되어 있고, 상당수 시민은 자신들의 구역에서 일하고 생활하였다. 그들은 도심지를 자주 출입하는 경우가 드물었다. 모든 시민의 생활공간이 강남과 광화문 중심으로 편성된 서울 생활에 익숙했던 나로서는 신선한 충격이었다.

두 개의 강이 베를린을 통과하고 있다. 슈프레 강이 구불구불 북쪽에서 남쪽으로 흐르며 시가지를 관통하다가 도시 서쪽에서 하펠 강과 만난다. 하펠 강은 길게 북서쪽으로 이어져 함부르크를 지나 북해로 빠진다. 그 덕분에 베를린은 내륙에 위치한 도시이면서도 바다로 통하는 행운을 가지게 되었다.

20세기 초만 해도 1천 톤급 화물선이 베를린과 북해를 오가며 여객과 화물을 운반했다. 베를린은 육상교통뿐만 아니라 해상교통도 발달한 제국의 수도로서 번영을 누렸다.

그런데 베를린이란 도시의 이름은 무슨 뜻일까. '새끼 곰'이라고 짐작하는 이가 많다. 1280년에 제정된 이 도시의 문장에는 아기 곰이 들어가 있다. 해마다 2월에 열리는 베를린 영화제에서도 최우수작은 금곰상을 받는다. 베를린 시내 곳곳에도 곰 조각상이 서 있다. 그러므로 이곳은 영락없는 곰의 도시이다.

그러나 언어학자들의 연구 결과는 우리의 통념을 부정한다. 베를린의 본래 뜻은 '습기가 많은 땅'이었단다. 이 도시를 적시는 풍부한 강물과 근교의 크고 작은 호수로 인하여, 이곳은 오래전부터 습지였다. 의심의 여지가 없는 주장이다. 이런 사실이 밝혀졌다 해도, 시민들에게는 별 소용이 없다. 그들에게 베를린은 곰의 도시가 맞다.

베를린은 독일 역사에서 특별한 위치를 갖는다. 독일 근현대사의 영욕이 바로 이 도시에서 몇 차례 엎치락뒤치락했다. 아직도 독일 재통일(1990년) 이후 나타나기 시작한 변화의 열기가 식지 않았다. 베를린은 매우 오래된 도시이면서도 젊고 새로운 도시이다.

# 베를린은 팔색조인가

유럽 강대국의 수도가 대체로 그러하듯, 이 도시에도 다채로운 명소가 있다. 근대독일의 화려한 비상을 웅변하는 브란덴부르크 문이 있고, 도시 근교에는 포츠담 회담 장소로 우리에게도 잘 알려진 아름다운 숲과 호수의 도시 포츠담이 있다. 그곳의 상수시 궁전은 넓은 정원이 딸려 있어 풍경이 무척 아름답다. 그것 하나만으로도 프로이센의 번영을 넉넉히 짐작할 수 있다.

숨 가쁘게 전개되었던 20세기 역사적 드라마의 현장인 독일의 회도 꼭 가봐야 할 곳이다. 또, 히틀러 시대의 유적들도 눈길을 끈다. 악명 높았던 독일 비밀경찰 게슈타포 본부에 있는 '테러의 지형'도 많은 방문객이 찾는 곳이다. 거기서 우리는 나치의 만행을 낱낱이 추체험할 수 있다.

제2차 세계대전의 상흔이 이 도시의 여러 곳에 남아 있다. 연합군에게 포격 당한 모습으로 서 있는 카이저 빌헬름 기념교회가 대표적일 것이다. 아울러, 독일 분단의 고통을 생생하게 보여주는 '체크 포인트 찰리'도 건너뛸 수 없다. 아직 베를린이 동서로 분단되어 있던 시절, 서베를린 주민이 동베를린을 방문하려면 반드시 이곳에서 엄격한 심사를 받아야 했다. 반대 경우도 마찬가지였다. 독일 사람들은 이런 식으로나마 이산가족을 방문할 수 있었으니, 우리 한국에 비하면 그래도 백배 천배 좋았다고 할까. 이 밖에도 냉전시대 동독 주민들의 넉넉하지 못했던 생활상을 재현한 DDR(옛 동독의 약칭) 박물관도 우리의 관심을 끈다.

침울해진 기분을 전환하기 위해서라면 박물관 섬을 들르는 것이 좋겠다. 이 섬은 슈프레 섬 북쪽에 있는데, 다섯 개의 대형 박물관이 옹기종기 모여 있다. 그중에서도 가장 인기가 높은 곳은 페르가몬 박물관이 아닐까 한다. 거기에 있는 제우스 대제단은 감동적이다. 독일 고고학자들은 터키 페르가몬에 있던 그 제단을 송두리째 베를린으로 운반해 왔다.

알다시피 19세기 후반, 독일은 열강의 대열에 새로 진입했다. 그때 독일인들은 고대 그리스와 이슬람 세계의 유물유적을 수집하는 데 다른 어느 나라보다 열중하였다. 독일인들은 자신들이 서양 고대문화의 계승자라는 인식을 가졌다. 우리 식으로 말하면 '소중화(小中華, 조선이 중화 문명의 계승자라는 철학적 관념)' 믿음을 가졌던 셈이다. 그리하여 독일인들은 서양 고대문명의 연구와 발굴에 앞장섰다. 독일인 슐리만이 고대 그리스의 트로이 유적을 발굴한 것은 유명한 사실이다. 독일인들은 그렇게 함으로써 마치 서양 고전 문명의 합법적인 상속자가 되기라도 하는 것처럼 믿었던 것일까. 나의 독일 친구 게오르크는 그 시절의 독일 문화를 호평했다. 일리가 있는 설명이었다. 참고로, 박물관 섬은 1999년에 유네스코 세계문화유산이 되었다.

베를린이 음악의 도시라는 점도 기억하는 편이 좋겠다. 내가 젊은 시절에는 헤르베르트 폰 카라얀이라는 열정적인 지휘자가 베를린에서 활약했다. 그는 고전음악을 대중화하는 데 성공한 인물이었다. 내 독일 지인 중에는, '카라얀은 고전음악에 설탕을 너무 많이 뿌렸다'라며 비판하는 이들도 적지 않았다. 하지만 그로 인해

페르가몬 박물관의 제우스 제단.
독일 고고학자들은 이 제단을 터키에서 통째로 운반해 왔다.

전 세계가 19세기 독일 음악에 더욱 주목하게 된 것은 명백한 사실이었다.

카라얀이 지휘봉을 잡았던 베를린 필하모니와 국립오페라극장은 아직도 세계적인 명성을 누리고 있다. 베를린에는 전통을 자랑하는 여러 교향악단과 관현악단이 있다. 오페라도 한둘이 아니다.

게다가 베를린은 여러 대륙에서 몰려온 이민자들 덕분에 다양한 언어와 음식, 종교와 생활양식이 공존한다. 기독교 신자가 전체 인구의 절반도 되지 않는다는 통계조사 결과도 있다. 특히 터키인, 그리스인, 베트남인 등 다양한 이주민 집단이 형성되어 독일어가 제대로 통하지 않는 곳도 적지 않다. 이주자들이 많은 지역에서는 학생들의 국적이 80개도 넘어 교육이 정상적으로 이뤄지기 어렵다는 우려의 목소리가 쏟아져나온다. 국제도시인 만큼 베를린에서는 세계 각국의 음식을 쉽게 만날 수 있다. 이 도시는 이제 독일인만의 도시가 아니다. 수백 수천 개 얼굴을 가진 매력적인 곳이다.


## 동서독 통일의 상징, 브란덴부르크 문 앞에서

이 도시 한복판에는 파리 광장이 있다. 1814년 프로이센 군대는 연합군의 일부로서 파리를 함락시켰다. 그리하여 나폴레옹이 권좌에서 영원히 물러났다. 이를 기념하여 베를린 도심에 파리 광장이란 지명이 생겼다. 그 이전에는 지형이 사각형이었기 때문에 '피어에크'(사각형)라고 했다. 바로 그곳에 브란덴부르크 문이 나를 보란 듯 버티고 서 있다.

근대 독일의 자존감을 느끼게 하는 초대형 유물이다. 거기서 나는 베를린 시절의 친구 게오르크를 다시 만났다. 그가 설명하듯, 이 문은 대다수 독일인이 자랑스레 여기는 프리드리히 대왕의 명에 따라 세워졌다(1791년 완공).

브란덴부르크 문은 고대 아테네 문화를 모방한 것이다. 알다시피 아크로폴리스로 들어가는 입구에 위치한 프로필라에를 흉내 낸 것이었다. 문 위쪽에는 '승리의 콰드리가(사두마차)'가 있어 유독 눈길을 끌었다. 네 마리 말이 승리의 여신이 탄 마차를 끌고 있는 모양이다. 프리드리히 대왕 때는 국운이 한창 융성했고, 그래서 이런 기념물을 세우게 되었다.

그러나 프로이센의 영광은 곧 빛을 잃었다. 유럽 정복에 나선 나폴레옹이 프로이센을 완파했다. 프랑스 군대는 프로이센이 항복하자 전리품으로 사두마차 조각상을 파리로 가져갔다(1806년). 6년 뒤 다시 설욕의 기회가 왔다. 프로이센은 영국과 힘을 합쳐 나폴레옹을 꺾는 데 성공했다. 잃었던 사두마차도 되찾았다. 불과 한 세대도 안 되는 짧은 기간에 영광과 치욕이 무상하게 교차하였다.

다시 오랜 시간이 흘렀다. 제2차 세계대전을 일으킨 히틀러의 독일은 완전히 패망했다. 연합군 측은 독일을 두 쪽으로 갈라놓았다. 1961년 동독 정권은 동서독을 가로지르는 베를린 장벽까지 쌓아 독일 분단은 고착되었다. 당국의 허가를 받은 소수 시민만 가까스로 왕래하는 형편이었다. 그때 허가를 받은 시민들은 숨을 죽인 채 이 문을 통해 동서독을 드나들었다.

그러나 독일인들은 대륙의 정세 변화를 이용해 재통일의 꿈을 이루었다. 동유럽이 자유화와 개방의 물결에 휩쓸렸던 것인데, 당시 서독의 헬무트 콜 수상은 소련의 미하일 고르바초프와 미국의 조지 부시 대통령 등을 설득하는 데 성공했다. 우선 동독을 개방하여 통일로 가는 길을 닦았다. 마침내 또 한 차례 극적인 상황이 연출되었다. 1989년 11월, 10만여 명의 동서독 시민들이 브란덴부르크 문 앞에 함께 모여 동서독을 가로지른 장벽을 허물었다. 나는 그때 독일에 있었다. 분단국가인 한국의 시민으로서 나는 그때의 역사적 장면을 하나도 놓치지 않고 목격하고자 했다. 독일인들은 오랜 노력으로 역사의 험한 격랑을 헤치고 브란덴부르크 문을 활짝 열어젖혔다. 처음에 동독 시민들은 여행 자유화를 요구했다. 이어서 동서독을 가로막은 물리적 장벽을 스스로 제거하였다. 그러고 나서 동서독 양국이 재통합의 정치적 일정을 마련해 모두 실행에 옮겼다. 1990년 독일이 통일되자 브란덴부르크 문은 독일 재통일의 상징물이 되었다.

게오르크와 나는 브란덴부르크 문 근처에 있는 한 맥주집으로 들어갔다. 우리는 베를린 킨들 필스너를 주문했다. 약초가 섞인 것 같은 맛이 나는 데다 홉의 쓴맛이 매력적이었다. 맥주잔을 마주치며 우리는, 독일의 역사를 평가했다. 18세기가 되어서야 독일 사람들은 깊은 잠에서 깨어나 굉음을 내며 빠른 속도로 진보하기 시작하였다. 훗날 독일제국의 모태가 된 프로이센 왕국이 강대국으로 자리를 굳힌 것이 바로 그때였다. 프리드리히 대왕(정확히는 프리드

브란덴부르크 문

리히 2세) 치세에 일어난 비약적 발전이었다.


# 계몽의 시대,
# 프리드리히의 세기


프리드리히 대왕은 당대 프랑스를 대표하는 계몽사상가 볼테르를 비롯해 여러 지식인을 만나고 싶어 했다. 대왕은 볼테르뿐만 아니라 유물론자 라 메트리도 궁정에 초대했다. 이 독일 왕은 특이한 인물이었다. 그는 '왕은 국가의 첫 번째 하인'이라고 말할 정도로 계몽적이었다. 독일의 철학자 칸트는 『계몽이란 무엇인가』라는 저서에서, 그 시대를 "계몽의 시대, 또는 프리드리히의 세기"라고 불렀다(1784년).

볼테르는 프로이센을 어떻게 평가했을까. "보통은 어느 나라나 군대를 보유한다. 그러나 프로이센은 그렇지 않다. 군대가 국가를 소유한다." 베를린을 찾아왔던 그는, 프리드리히 대왕의 가슴속에서, 그리고 대왕의 수도에서 가공할 만한 군사적 문화를 발견했던 모양이다. 장차 독일이 군국주의 나라가 되리라는 사실을 예감했기에 볼테르는 이렇게 표현했을 것이다.

흥미롭게도 프로이센 왕국의 발전에 크게 기여한 외국인이 많았다. 대부분은 볼테르와 같은 프랑스 사람들이었다. 게오르크와 나는 1685년으로 시간을 거슬러 올라갔다. 프리드리히 대왕이 즉위하기 약 60년 전이었다.

프랑스의 절대군주 루이 14세는 종교전쟁의 와중에서 신교도를 박해했다. 프랑스에서는 신교도를 위그노라고 했다. 그들은 부르봉 왕가의 강력한 탄압 때문에 재산마저 몰수당할 위기에 빠졌다. 프랑스의 사정을 지켜보던 프리드리히 대왕의 부왕(프리드리히 1세)은 묘수를 떠올렸다. 신교국가였던 프로이센으로서는 프랑스의 위그노에게 선처를 베푸는 것이 도의적으로나 정치 경제적으로 실익이 있다고 판단했다. 프리드리히 1세는 궁지에 빠진 위그노에게 자유를 보장한다고 선포했다. 그러자 프랑스의 위그노는 조국을 등지고 베를린으로 밀려들었다. 그들은 낙후된 베를린을 개조하는 데 공헌했다. 특히 상업과 공업 분야에서 위그노의 활약이 컸다. 이 바람에 프로이센의 모직물과 면직물, 견직물 생산량이 부쩍 늘었다. 또, 은행업도 융성했다. 위그노의 활동으로 베를린의 역사가 새로 쓰였다.

부왕은 여세를 몰아 프로이센 왕국을 선포하고(1701년), 수도 베를린의 면모도 일신하였다. 프리드리히 1세는 왕비를 위해 샤를 로텐부르크 궁전을 지었다. 왕국의 수도에 거주하는 귀족들을 위한 으리으리한 저택들도 속속 모습을 드러냈다. 프리드리히 대왕은 부왕의 유산을 물려받아 몇 갑절 더 크게 키워냈다.

물론 우여곡절도 있었다. 대왕은 오스트리아와 프랑스, 러시아, 스페인 및 스웨덴 등을 상대로 전쟁을 벌였다. 이른바 '7년 전쟁'이었다(1756~1763년). 슐레지엔 영유권을 둘러싼 치열한 다툼이었는데, 유럽의 거의 모든 나라가 개입한 국제 전쟁이었다. 승부를 예측하기 어려운 상황이 계속되었다. 프리드리히 대왕이 만약의 경우를 대비해 수년간 독약을 가슴에 품고 살았을 정도로 사태가 심각했다. 전쟁은 결국 뚜렷한 승자도 패자도 없이 끝났다. 그러나 이 전쟁을 거친 뒤 프로이센은 유럽의 새로운 강대국으로 명성을 얻었다.

대왕은 여러 경험을 통해 프랑스의 문화적 위력을 실감했다. 그래서 새로 출범한 프로이센의 학사원을 프랑스식으로 운영했다. 당시 프랑스는 유럽에서 가장 모범적인 근대국가였다. 그 때문에 프로이센도 자국의 학문을 재건하기 위해 프랑스처럼 국가가 앞장서 법률 및 재정적 지원을 통해 학사원에 우수한 과학자들을 초빙해 집중적으로 후원하기로 한 것이다. 또, 프리드리히 대왕은 프랑스의 학문과 계몽사상도 수용하였다. 당시 독일의 남부와 서부는 중세와 마찬가지로 모든 것이 가톨릭교회 중심으로 돌아갔다. 그들은 낡은 전통에 얽매여 있었다. 하지만 베를린은 완전히 달랐다. 이 도시는 국제 교역의 중심지이자 근대 과학과 예술의 새로운 터전으로 주목할 만한 성장을 이룩하였다. 베를린은 계몽 군주가 다스리는 신흥 국제도시로 변모했다.

그런 전통이 오래 이어졌다. 누구나 아는 독일의 다국적 기업 지멘스도 베를린에서 사업을 시작했다(1847년). 보험업계의 큰손 알리안츠도 베를린에서 출발하였다(1890년 창립). 19세기가 끝날 무렵, 베를린은 유럽에서 가장 혁신적이고 활기 넘치는 산업도시였다. 나폴레옹이 침공했을 당시 베를린 인구는 20만이었으나, 1871년 프로이센을 중심으로 독일제국이 출범하자 인구가 약 83만 명으로 늘어났다. 이후 급속한 산업화에 힘입어 1910년에는 200만 명 이상으로 급팽창하였다. 참고로, 그 당시 서울 인구는 대략 25만 명이었다.


## 포츠담에서 되새긴 비스마르크의 예언

어느 날, 게오르크와 나는 베를린 근교 포츠담으로 소풍을 갔다. 이곳에는 프리드리히 대왕의 여름 궁전이 있다. 짐작하다시피 프랑스 루이 14세가 지은 베르사유 궁전을 모방한 것이었다. 대왕은 여름 한철 휴식을 취하기 위해 이곳에 상수시 궁전을 건축했다. 프랑스어 '상수시(sans souci)'는 걱정도 근심도 없는 상태를 가리킨다.

바로 이 궁전에 프랑스 계몽사상가 '볼테르의 방'이 있다. 프랑스 말에 유창했던 프리드리히 대왕은 볼테르를 3년 동안이나 이 방에 머물게 하였다고 한다(1750~1753). 대왕과 볼테르의 인연은 깊었다. 왕자 시절부터 그는 볼테르와 편지를 주고받았다. 우여곡절 끝에 즉위한 다음에는 여러 프랑스 지식인들을 궁정으로 불러들여 관직을 주었다. 볼테르는 연봉 2만 리라(7천 달러)를 받고 고관 대우를 받았다. 처음에는 대왕이 볼테르에게 엄청난 기대를 가졌다. 볼테르에게 훈장을 수여할 정도였다. 그러나 나중에는 대왕의 마음이 변해 주었던 훈장을 취소하는 사건이 일어났다. 대왕은 개성이 강한 볼테르마저 종속적인 어용학자로 만들려 했다. 이런 일이 대왕의 뜻대로 될 턱이 없었다. 두 사람의 관계는 급속히 냉냉해져, 볼테르는 뒤도 돌아보지 않고 파리로 돌아갔다. 그러나 두 사람은 나중에도 편지를 주고받을 정도로 서로의 가치를 인정했다고 한다.

상수시 궁전은 프로이센 왕실이 가장 사랑한 공간이었다. 독일제국이 제1차 세계대전에서 패배한 결과 왕실 자체가 해체될 때까지 그러했다. 1990년, 유네스코는 이 궁전에 속한 넓고 아름다운 정원을 세계문화유산으로 지정했다.

포츠담이란 도시는 한국 현대사와도 깊은 관련이 있다. 여기서 포츠담 선언이 발표되었다. 1945년 7월 26일, 제2차 세계대전이 끝나기 직전이었다. 미국·영국·중국 3개국 정상들은 포츠담에서 13개 항목의 선언서를 발표했다. 우선 그들은 일본에게 무조건 항복을 요구했다. 선언문 제8항에서는 한국의 독립을 확약하였다. 그 당시 일본은 이 선언을 거부하였고, 그 때문에 핵폭탄을 맞고서야 비로소 항복했다.

상수시 궁전에서 게오르크와 나는 비스마르크 수상을 떠올렸다. 그는 빌헬름 1세 때의 명재상이었다. 오스트리아, 프랑스를 연달아 격파했고, 급기야는 독일제국을 건설한 으뜸가는 공신이었다. 그는 재상으로 취임할 당시, '오직 철(무기)과 피(전쟁)로 문제를 해결할 수 있다'고 말해 '철혈재상'이란 별명을 얻었다. 현대인의 눈으로 보면 전형적인 군국주의자였다.

비스마르크는 베를린과 인연이 깊었다. 우선 그의 외가가 베를린의 이름난 부르주아 집안이었다. 외조부는 외교관이 되어 대사까지 역임하였고, 어머니 빌헬미나 루이스 멩켄은 프리드리히 빌헬름 4세와 빌헬름 1세의 소꿉친구였다. 그녀는 비스마르크의 큰 아버지와 결혼할 예정이었으나, 우여곡절 끝에 비스마르크의 부친과 결혼했다.

청년 시절의 비스마르크는 말썽꾼이었다. 그는 도박과 사치로 사사건건 문제를 일으켰다. 결국은 베를린대학교(현재의 훔볼트대학교)를 간신히 졸업했다. 그러나 나이가 들면서 달라졌다. 그는 관리로 임용되어 프로이센을 반석 위에 올려놓았다. 젊은 사람의 장래는 함부로 점칠 수 없는 모양이다.

비스마르크는 일단 독일제국이 수립되자 조심스러운 외교적 행보를 이어갔다. 그에게 가장 골치 아픈 문제는 프랑스였다. 그는 독일의 숙적인 프랑스를 국제사회에서 고립시키려고 모든 수단을 동원했다. 특히 러시아와 유대관계를 강화함으로써 프랑스를 견제하려고 노력했다. 이미 독일은 제국의 통일을 이루었기 때문에, 외국과의 전쟁은 국익에 보탬 될 것이 별로 없다고 철혈수상 비스마르크는 판단했다.

이러한 정치적 신념 때문에 그는 말년에 빌헬름 2세와 노골적으로 대립했다. 황제는 열렬한 팽창주의자였다. 그때 비스마르크는 예언하였다. '만약 이런 식으로 나간다면 내가 퇴임한 지 15년쯤 뒤에 독일제국이 파멸할 것이다.' 그가 해임된 것은 1890년이었고, 독일제국이 파산한 것은 1918년이었다. 제1차 세계대전은 1천만 명의 전사자와 2천만 명의 부상자를 낸 채 끝났으나, 패전국 독일과 오스트리아–헝가리 제국의 몰락은 형언할 수 없이 처참하였다.

# 히틀러 벙커를 찾아서

아마 그다음 날이었을 것이다. 맑게 갠 겨울날이었다. 게오르크와
나는 시내 중심가에서 만나 함께 점심을 먹었다. 전형적인 프로이
센 요리 아이스바인을 주문했다. 돼지족발을 소금에 절여두었다가
삶은 요리이다. 큰 접시에 함께 오른 자우어 크라우트와 잘 어울렸
다. 자우어 크라우트는 문자 그대로 신맛이 나는 양배추이다. 잘게
썰어 발효시킨 것인데, 독일 사람들에게 무척 사랑 받는 음식이다.

　그날 오후, 우리는 히틀러 벙커를 찾아갔다. 벙커는 빌헬름 황제
의 집무실 근처에 있었다. 8미터나 되는 땅속 깊은 곳에 방이 30개
가 있다고 한다. 1차 공사는 1936년에 완료되었으나 2차 공사는
1943년까지 계속되었다. 그중에서도 히틀러가 사용한 총통 전용공
간은 1945년 2월에야 공사를 마쳤단다.

　1945년 1월, 패색이 뚜렷해지자 히틀러는 심복들과 함께 지하 벙
커로 숨었다. 얼마 뒤 피할 수 없는 패배의 순간이 눈앞에 다가왔다.
4월 29일, 히틀러는 연인 에바 브라운과 간단한 결혼식을 올렸다. 그
이튿날 그들 부부는 동반 자살했다. 전쟁광의 최후는 비극적이었다.

　히틀러 벙커는 대단히 완강했다. 전쟁이 끝난 직후 소련군과 동
독 정부가 각기 한 차례씩 폭파를 시도했으나 모두 실패했다. 지하
에 무려 4미터 두께의 콘크리트 옹벽을 둘렀기 때문이다. 독일이
재통일된 다음 벙커의 상당 부분은 제거되었다. 2006년, 독일 정
부는 지상에 작은 표지판 하나를 세워 이곳이 지하 벙커임을 알렸
다. 그런데 히틀러를 추종하는 극우파, 네오나치가 성스러운 장소

로 삼을 것이 분명했기 때문에 지하 벙커를 일반에 공개하지는 않았다.


# 홀로코스트의 비극

히틀러의 유대인 학살은 독일의 비극을 넘어서 인류의 비극이었다. 나는 소수자에 대한 연민을 가슴 가득히 안고 유대인 학살 추모 공원을 찾아갔다.

공원은 베를린 중심부에 있었다. 부지가 1만9천 평방미터(5,747평)라고 하는데, 그곳을 2,711개의 크고 작은 콘크리트 비가 빼곡히 채웠다. 지하에도 약 300평 규모의 박물관이 있었다.

박물관에는 나치 정권이 학살한 유대인의 이름이 일일이 적혀 있었다. 그들이 남긴 개인적인 기록도 볼 수 있었다. 2004년 12월, 이 공원이 완공되었다. 그 뒤 베를린에 온 사람은 누구라도 한 번은 들르는 곳이다.

1933년 히틀러가 총통으로 집권했을 때 독일 전역에는 50만 명 가량의 유대인이 거주했다. 베를린은 개방적이고 부유한 국제도시였던 만큼 무려 16만 명이 살고 있었다. 히틀러 정권은 날이 갈수록 유대인에 대한 탄압을 강화했다. 1938년에는 베를린에서 이른바 '수정의 밤' 사건을 일으켰다. 그날 밤, 수천 명의 유대인이 아무런 이유도 없이 강제 연행되어 수용소에 감금되었다.

1942년 1월 20일에는 베를린 근교 반제 호숫가에서 비밀회의가

수정의 밤.
나치 돌격대와 독일인 시민들이
유대인 상점을 공격한 사건을 일컫는다.
그날 밤 수많은 유리창이 깨졌다고 해서
붙여진 이름이다.

유대인 학살
추모공원

열렸다. 나치 친위대의 별장에서 열린 그 회의에서 유대인 홀로코스트, 즉 유대인 대학살이 구체적으로 계획되었다. 이후 유럽에서는 오직 유대인이라는 이유만으로 600만 명의 무고한 인명이 목숨을 잃었다. 히틀러의 인종청소는 상상을 초월한 것이었다. 과거 유럽 역사에서 반유대주의 광풍이 간헐적으로 되풀이되었으나, 마침내 최악의 사태가 일어났다!

## 벨뷔 궁전, 평화와 통합의 상징

히틀러의 주검을 뒤로 한 채 독일은 새날을 맞았다. 그들은 험난한 역사의 시련을 벗어나 재통일의 위업을 달성했다. 지금의 독일은 동서독의 통합을 넘어, 유럽통합이라는 역사적 실험에 박차를 가하고 있다.

오늘날 독일에서 평화와 통합을 상징하는 건물이 있다면 그것은 벨뷔 궁전일 것이다. 전망 좋은 궁전이라는 뜻의 이름을 가진 이 궁전은, 본래 프리드리히 대왕의 아우 페르디난트 왕자의 저택이었다. 나중에는 서독 대통령의 관저가 되었고, 1994년부터는 독일 대통령의 정식 관저이다.

독재자 히틀러의 전횡 끝에 파산한 나라라서 독일의 정치구조는 특이하다. 벨뷔 궁전의 주인인 대통령은 초정파적 존재이다. 그는 정무에 전혀 관여하지 않는 대신에 사회적 약자를 보호하는 데 앞장서고, 국민적 통합과 평화를 위해 헌신한다. 역대 대통령에 대한 시민들의 평가도 매우 긍정적이었다.

현재 독일은 순항 중인 것 같다. 역사상 오랜 숙적이던 프랑스와도 관계 개선에 성공했다. 두 나라는 힘을 합쳐 유럽통합의 기치를 높이 들었다. 그 길은 험하고 아득히 멀다고 생각한다. 그렇더라도 초유의 역사적 실험이라는 점에서 높이 평가할 만하다. 평화와 공존을 향한 노력이 부디 성공하기를 바란다.

코펜하겐,
명랑하고 유연하게
대안을 만드는 사람들

Copenhagen

○ ○
○ ○ ○
○ ○

세상에서 성 평등 지수(GDI)가 가장 높은 곳은 어디일까. 덴마크이다(2019년 현재). 그럼 행복지수가 가장 높은 나라는 어디일까. 역시 덴마크이다. 2012년부터 발간된 세계행복보고서를 찾아보면 이 나라는 늘 최상위권에 속했다. 이런 특별한 나라의 수도가 코펜하겐이다.

덴마크라면 낙농업을 떠올리는 경우가 많다. 예전에는 확실히 그랬다. 19세기의 덴마크는 여느 나라처럼 공업화를 서두르지 않았다. 그들은 특화된 농업 국가의 길을 걸었다. 낙농업 국가 덴마크는 양질의 버터와 치즈 그리고 신선한 육류를 생산했다. 영국을 비롯해 부유한 이웃 나라들은 덴마크의 낙농 제품을 앞다퉈 수입했다. 덴마크는 농업으로 선진국 대열에 들어섰다. 일제 강점기 이후 한국에서는 덴마크식 부흥을 꿈꾸는 이들이 적지 않았다.

오늘날 덴마크는 세계 굴지의 산업국가이다. 그것도 미국이나 독일식 공업 국가가 아니다. 덴마크가 이룬 성공의 길은 훨씬 멋졌다. 그들은 세상의 아이들이 더없이 좋아하는 레고(LEGO)를 만들었다. 이것이 바로 덴마크를 대표하는 대기업이다. 아이들이 좋아하는 장난감을 잘 만들어도 부자 나라가 될 수 있다!

레고랜드.
아이들 장난감을 잘 만들어도
부자 나라가 될 수 있다.

덴마크는 반도이다. 삼면이 바다라 바닷바람이 늘 거세다. 그들은 그 점을 놓치지 않고 풍력발전에 힘을 쏟았다. 이제는 세계 어디서나 풍력발전이라면 베스타스의 터빈을 찾는다. 물론 덴마크 산이다.

의약업에서도 덴마크는 세계적이다. 당뇨병 치료제 인슐린도 주산지가 덴마크이다. 매사가 다 이런 식이다. 이 나라 사람들은 무엇을 해도 특별하다. 이미 수백 년 전부터 그들은 끊임없이 대안을 추구해왔다. 그 결과 나라는 작고, 특별한 천연자원이 없어도 남부럽지 않게 잘사는 나라를 만들었다. 강소국이라는 말이 있다면 이 나라에 가장 걸맞은 표현일 것이다. 지난 수백 년 동안 코펜하겐은 소국에 어울리는 가장 현명한 대안을 만들어내는 산실이었다.


## 여흥과 재미를 추구하는 실용주의자들

깨끗하고 정겹고 아름다운 도시, 코펜하겐은 셸란섬 북동쪽에 있다. '상인의 항구'라는 뜻을 가진 이름이다. 11세기부터 이 도시의 이름이 역사적 문헌에 등장한다. 당연히 그들은 바이킹의 후손이었다. 초기에는 주로 유럽 각국에 쳐들어가서 약탈을 일삼았다. 이 섬 동쪽에 로스킬레라는 곳이 있다. 거기에 바이킹 선박 박물관이 있다. 바이킹이 노략질을 일삼던 배를 직접 눈으로 확인할 수 있는 곳이다(바이킹에 관한 자세한 이야기는 스톡홀름 편 참고). 어느 정도 시간이 흐르자 바이킹은 노략질을 중단했다. 그보다 나은 생존전략을 발견했기 때문이다. 그것은 여러 나라와 교역하는 길이었다. 무역 국가의 전통이 코펜하겐에도 축적되었다. '상인의 항구'라는 이름이 붙은 것이 역사적 변화를 증명한다.

이 도시는 녹지가 울창하다. 지난 수십 년 동안 새로 들어선 건물도 적지 않다. 현대적 미학이 반영된 신도시도 아름답지만, 내 눈에 더욱더 매력적으로 다가온 것은 구식 건물들이었다. 거기에는 역사 속에 저절로 형성된 덴마크의 긍지가 숨어 있는 것 같다.

나는 이 도시의 분위기가 예사롭지 않다고 생각한다. 기성의 틀에서 탈출하려는 저항의 기운이랄까, 자유를 향한 의지가 살아 숨 쉬는 것 같다. 그런데 덴마크 사람들은 결코 지나치게 성급하지도 않았고 과격한 개혁주의자들도 아니었다고 여겨진다. 내 눈에 비친 코펜하겐 사람들은 무엇보다도 여흥을 알고, 재미를 추구하는 실용주의자들이다.

도심에 자리 잡은 티볼리 공원은 코펜하겐 사람들, 나아가서 덴마크인의 기질을 상징한다. 지금부터 약 170여 년 전(1843년)에 개장했는데, 지구상에서 가장 오래된 놀이공원이다. 이 공원을 개장한 게오르그 카스텐슨은, "사람들이 즐겁게 놀 때 정치에 대해서 아무 생각도 하지 않는다"라고 주장함으로써 왕의 허락을 얻었다. 정치가들은 그때나 지금이나 시민들이 정치에서 눈을 돌리게 할 궁리에 여념이 없다.

처음부터 티볼리는 상상 속에서나 볼 듯한 동양풍의 이국적인 건물과 극장, 꽃이 만발한 아름다운 정원, 회전목마 및 다양한 놀이기구를 갖추었다. 작가 안데르센도 이 공원에서 작가적 상상력을 자극하는 영감을 얻었다고 고백했다.

덴마크 사람들은 무엇을 해도 독특한 방식으로 한다. 심지어 투쟁을 벌일 때조차 기발하고 명랑한 점이 있었다. 코펜하겐 시내에 있는 왕립도서관 뜰에서 내 친구 한스와 나는 그런 이야기를 잠시 나누었다. 이 도서관은 코펜하겐대학교 도서관도 겸하고 있는데, 그 정원에 덴마크 레지스탕스 박물관이 있다. 부슬부슬 내리는 겨울비를 맞으며, 한스는 재밌는 이야기 한 토막을 내게 들려주었다.

때는 히틀러 정권이 유럽을 몽땅 뒤져서라도 유대인의 씨를 말리려 들었던 암흑의 시대였다. 덴마크에도 약 8천 명의 유대인이 살고 있었다. 나치는 그들을 모두 체포하여 강제수용소로 보내려 했다. 그러나 덴마크 사람들은 나치에 협력하지 않았다. 그들은 유대인들을 몰래 숨겨 주거나 이웃의 중립국 스웨덴으로 탈출하도록 도와주었다.

그때 덴마크 국왕 크리스티안 10세가 다음과 같은 말로 덴마크 사람들을 고무 격려했단다. "나치 정권이 유대인들에게 노란 별을 가슴에 붙이라고 명령한다면, 좋다. 우리나라 사람들은 모두 가슴에 노란 별을 달 것이다!" 이 얼마나 유쾌하고 기발한 반격인가.

덴마크 사람들은 단호하면서도 유머 감각이 뛰어나다. 아무리 심각한 일이 벌어져도 여기서는 굳이 자신을 사생결단의 절벽 끝으로 내몰 필요가 없어 보인다. 재치 있는 말 한마디로 사람들의 상상력을 일깨우는 힘이 이들의 문화적 유전자에 들어있다.

내 친구 한스는 코펜하겐의 여러 명소로 나를 안내했다. 우선 우리는 오래된 시가지로 걸어갔다. 샤를로텐보르 궁전이 눈앞에 나타났다. 이 궁전은 본래 왕실이 사용했다. 그러나 1754년부터는 덴마크 왕립미술아카데미가 사용한다. 우리나라로 치면 영조 때부터 왕실이 대궐을 예술가들에게 양보한 셈이었다.

다음으로 우리가 들른 곳은 크리스티안스보르 궁전이었다. 12세기부터 왕궁으로 사용했던 곳이지만 현재는 국회의사당이다. 우리식으로 말하면 경복궁을 국회에 내준 셈이었다. 역사적 흐름에 발맞춰, 덴마크 왕가는 시민들에게 궁궐을 하나둘 양도하였다. 영국에도 이와 비슷한 전통이 있었다.

또, 아말리엔보르 궁전도 둘러보았다. 18세기 말부터 오늘에 이르기까지 왕실 전용 공간이다. 해안 가까이 있어 특별한 운치가 있다. 정오에 열리는 위병 교대식이 제법 볼 만하다. 영국 버킹검 궁전의 교대식과 비교하면 복장도 다르고 위용에도 차이가 있다. 그래도 아기자기한 맛이 있어서 좋다.

아말리엔보르 궁전을 중심으로 동서남북에 또 다른 고적들이 많다. 가령 북쪽에는 '대리석 교회'라 불리는 프레데릭 교회가 있고, 남쪽에는 왕립극장이 자리 잡고 있다.

한스와 나는 코펜하겐 거리를 걷고 또 걸었다. 볼수록 문화와 예술의 향기가 있는 아름다운 도시였다. 관광객들도 내가 지레짐작한 것보다는 훨씬 많았다.

많은 사람의 발길이 뉘 칼스버그 조각관(글립토테크 미술관)으로 쏠리고 있었다. 창립자는 칼스버그 맥주회사의 제2대 사장 칼 야콥슨이었다(1882년). 그는 자신의 소장품을 일반에 공개하기 위해서 이 조각관의 문을 열었다고 한다. 이집트 예술작품을 비롯해 메소

포타미아와 로마의 걸작이 많다. 그에 더하여 근대 덴마크 예술작품과 프랑스 인상파 작가들 작품도 적지 않다. 유명한 로댕의 명작 '생각하는 사람'도 이곳에 있다. 근대 덴마크는 열강의 반열에 오른 적이 없었다. 그러나 예술을 사랑하는 부유한 기업가가 있어서 이처럼 멋진 미술관도 존재한다.

미술관 가까이에 칼스버그 양조공장이 있다. 우리는 거기서 목을 축인 다음 한동안 휴식을 취했다. 마침 티볼리 공원 근처여서 기분이 더욱 유쾌해졌다.


## 인어공주 앞에서 안데르센을 만나다

아말리엔보르 왕궁 북쪽 해안으로 걸어갔다. 세계적으로 이름난 인어공주 상이 거기에 있었다. 길이가 80센티미터쯤 되는 작은 조각상이다. 앞에서 말한 칼스버그 맥주회사 사장 칼 야콥슨이 의뢰한 것이었다.

인어공주는 지금까지 여러 번 수난을 겪었다. 두상이 파손된 것만 해도 무려 세 번이었다! 2003년에는 조각상이 산산이 조각나기도 했다. 왜 그렇게 많은 사람이 위해를 가하는지를 설명하기는 쉽지 않다. 어떤 이는 유명해지고 싶어서, 또 다른 이는 재미 삼아 이 유명한 조각상을 공격한다. 때로는 정치적 목적이 개입되기도 한다. 2004년 터키가 유럽연합에 가입 신청서를 제출하자 어떤 사람이 그에 항의하는 뜻에서 이 동상에 이슬람 여성의 전통 복식인 '부르카'

인어공주 조각상.
유명세를 치르느라 수난을 많이 겪었다.

를 입혔다. 한 가지 분명한 사실은, 거듭되는 위해 시도에도 불구하고 인어공주는 건재하다는 점이다. 많은 사람이 인어공주를 만나고 싶어 하니까. 유명세를 치른다는 것은 이렇게 고단한 것일까.

인어공주는 알다시피 안데르센의 작중인물이다. 작가는 청년 시절 몹시 가난했다. 그는 한동안 뉘하운 운하 근처에 살았다고 한다. 그곳은 부두 노동자들이 북적이는 선술집 거리였다. 지금은 완전히 다르다. 멋진 식당과 카페가 즐비한 곳이다. 한스와 나는 거기서 덴마크식 미트볼, 프리카델러를 주문했다. 기름지고 소박한 요리였다. 우리는 칼스버그 맥주도 곁들였다.

우리의 화제는 자연히 한스 크리스티안 안데르센에 집중되었다. 그는 구두 수선공의 아들로 태어나 고아나 다름없었다. 참으로 불우한 청소년 시절을 보냈다. 그래서였는지 안데르센은 열등감에 시달렸다. 자기 현시 욕구도 무척 강했다. 그는 십 년이 멀다 하고 자서전을 고쳐 썼다고 한다. 누구든 어린 시절의 깊은 상처에서 회복되기란 어려운 일이다.

안데르센은 적어도 2백 편의 동화를 썼다. 『미운 오리 새끼』와 『인어공주』, 『벌거벗은 임금님』, 『눈의 여왕』은 최고의 대표작으로 손꼽힌다. 이런 작품은 그의 생전에도 인기가 높았다. 1846년 덴마크 왕실은 그에게 시민의 영예인 단네브로 훈장을 수여했다. 유럽 각국에도 그를 존경하는 사람들이 많았다. 19세기 영국 문단의 총아였던 찰스 디킨스 역시 안데르센 애독자였다는 사실은 널리 알려져 있다.

안데르센이 동화를 창작하는 방법은 특이했다. 그는 전래동화를 윤색하지 않았다. 그보다는 기발한 상상력을 동원해 창작의 신세계를 개척했다. "나의 인생이야말로 내 작품에 대한 최고의 주석이다." 이 말처럼 안데르센의 작품은 자신이 직접 겪은 여러 가지 사건을 문학작품으로 승화한 것이었다. 따지고 보면, 어린 시절 그는 '미운 오리 새끼' 자체였다. 평생 그는 사랑을 추구했으나 끝내 이루지 못하였는데, 그런 점에서는 인어공주이기도 했다.

안데르센이 동화만 창작한 것은 아니었다. 그는 다양한 장르에 걸쳐 많은 작품을 정력적으로 생산했다. 특히 극작가로 성공하기를 원했다. 그러나 유감스럽게도 뜻을 이루지 못했다.

또, 우리의 짐작과는 달리 어린이만을 위해서 동화를 창작한 것도 아니었다. "어린이는 내 이야기를 피상적으로 읽는다. 성숙한 어른이라야 온전히 이해할 수 있다." 안데르센은 자신만의 유토피아를 꿈꾸며 작품을 만들었다. 그는 복잡한 현실 문제를 우회적으로 고발하기 위해서 동화라고 하는 수단을 선택하였다.

빛나는 훈장을 가슴에 달았으나, 그로 말하면 영원한 이방인이었다. 그는 어린 시절의 슬픔과 악몽에서 쉬 벗어나지 못했다. 그에게는 또 한 가지 고통스러운 굴레가 있었다. 그의 성적 정체성은 혼란스러웠다. 안데르센은 여러 남성에게 사랑을 고백하였고 육체관계도 맺었다. 그러나 그는 이성애자이기도 하였다. 평생 그는 자신의 성적 정체성을 찾아 헤매며 고단하고 외롭게 살았다. 그는 세상사에 영리하기는커녕 무능했다. 평생 많은 고초를 겪은 끝에, 아시스텐스 교회 묘지에 영원히 잠들어 있다. 한스와 나는 날씨가 유난히 청명했던 겨울날, 안데르센 무덤 앞에 장미꽃 한 묶음을 바쳤다.

# 토르발센 미술관,
## 유럽을 매혹시킨 조각가의 정열

코펜하겐에도 미술관과 박물관이 적지 않은 것 같다. 서울이나 부산에는 아직도 이런 문화시설이 턱없이 부족하다. 정말 인상적인 곳은 토르발센 미술관이었다. 본래 이곳은 크리스티안보르그 궁전의 일부였다. 정확히 말해, 왕실의 마차를 보관하는 차고였다. 국왕 프레데릭 6세의 윤허가 있었기에, 거기에 미술관이 들어섰다.

이 미술관에 가면 덴마크를 대표하는 조각가 베르텔 토르발센의 여러 조각 작품과 스케치, 석고상 등이 방문객의 눈길을 기다린다. 아울러, 그가 로마에 체류할 때 현지에서 수집한 예술작품도 적잖이 있다. 고대 이집트를 비롯하여 그리스 로마 시대의 훌륭한 조각 작품들이다. 조선 후기에도 중국의 명품을 수백 점씩 수집한 선비들이 있었다. 추사 김정희 일가도 그러했다. 그런데 그 많던 미술 작품들은 어디로 흩어지고 말았을까.

토르발센 미술관에도 한 가지 안타까운 일화가 전해진다. 노년의 토르발센(1768?~1844)은 이 미술관이 하루빨리 개관되기를 소망하였다. 하지만 개관 직전에 숨을 거두고 말았다. 후세가 그를 위로하려는 뜻에서였을까. 미술관 뜰에는 토르발센 묘가 있다.

그는 아이슬란드 태생이었다. 목공예가의 아들이었던 그는, 어릴 적부터 조각에 천부적인 소질이 있었다. 11살에 덴마크 왕립미술아카데미에 입학할 정도였다. 얼마 후 꿈에도 그리던 로마로 미술 유학을 떠났다.

도시로 보는 유럽사

토르발센 미술관

토르발센은 고대 그리스 로마 신화에 깊이 매료되었다. 그는 신화를 형상화한 고대 예술작품을 깊이 파고들었다. 그러니 로마에 40년간이나 체류한 것이 어쩌면 당연한 일이었다. 물론 그의 작품 세계는 고대 신화를 소재로 전개되었다.

그의 대표작으로는 '이아손과 황금 양털'(1803년)이 유명하다. 알다시피 이아손은 그리스 신화에 나오는 영웅이다. 황금 양털을 구하려고 아르고호를 타고 원정을 떠난 인물이었다.

덴마크 미술계에 끼친 토르발센의 영향은 컸다. 많은 예술가가 그의 작품에서 소재도 얻었고, 기법도 배웠다. 19세기에는 토르발센의 작품 경향을 비판한 사람들도 적지 않았다. 그러나 오늘날에는 평단의 분위기가 바뀌었다. 이 작가야말로 덴마크 최고 조각가였다는 평가에 이의를 다는 사람은 하나도 없다고 한다.

한스는 내게 말했다. 토르발센이 하필 신화의 세계에 몰입했던 이유는 무엇일까. 혹시 근대 서구 문명에 대한 원천적인 반발심을 가졌기에 신화에 매혹된 것이 아닐까, 한스는 그렇게 추측했다. 나는 그럴싸하다고 느꼈다. 따지고 보면, 안데르센이 상상의 세계에 침잠한 것도 비슷한 일이었다. 이래저래 덴마크에는 근대 유럽의 주된 흐름에 저항하는 독특한 분위기가 있었다.


## 키르케고르, 신 앞에 선 단독자

19세기 코펜하겐에는 서구 근대문명에 대해 철학적으로 비판한 학자들도 있었다. 키르케고르(1813~1855)가 대표적이었다. 한스와 나는 그의 모습을 프레데릭 교회에서 발견했다. 정확히 말해, 그의 동상은 이 교회를 빙 둘러 호위하고 있는 신학자들 동상 틈에 끼어 있었다.

프레데릭 교회는 스칸디나비아에서 가장 큰 돔(원형 지붕)을 가진 것으로 유명하다. 돔을 떠받친 열두 개의 기둥이 왠지 익숙하게 다가왔다. 생각을 더듬어 보니, 로마의 성 베드로 대성당을 모방한 것 같았다.

18세기 중반 프레데릭 5세 때였다. 이 교회의 건축 사업은 그 시절에 시작되었다. 본래는 대리석으로 교회를 지을 계획이었다. 그래서겠지만 이 교회의 별명은 '대리석 교회'이다. 그러나 덴마크의 형편이 좋지 않았다. 재정 문제로 인해 교회 공사가 오랫동안 중단되었다. 교회 건물이 어렵사리 완공된 것은 19세기 말이었다. 계획대로 대리석을 쓰지 못하고 덴마크산 석회암으로 마무리했다.

이 교회에서 키르케고르가 한 자리를 차지한 것은 무슨 이유일까. 그가 서구 근대문명에 맞서 기독교 신앙의 본질을 지키려 힘쓴 공로를 인정받아서였다. 19세기 유럽은 혼란 속으로 빠져들었다. 다른 유럽 국가들과 마찬가지로 덴마크 역시 정치 사회적으로 격변기를 맞았다. 예컨대 정치체제만 해도 기성의 절대군주제를 벗어나 입헌군주제가 정착되었다. 사회 전반에 걸쳐 자유주의와 민주주의 바람이 불었다. 키르케고르는 그러한 변화를 반대했다. 그가 보기에, 정치적 자유는 시민의 평균화를 초래하고야 말 것이었다. 평균화란 곧 개성의 말살을 뜻하므로, 개인의 주관을 강조하는

키르케고르 동상.
프레데릭 교회를 빙 둘러 호위하고 있는 신학자들
동상 틈에 한 자리를 차지하고 있다.

그로서는 받아들이기 어려운 일이었다. 자유주의와 민주주의의 허울 아래 '개인'의 정체성이 무너질 것을 염려한 것이다.

그는 19세기 덴마크 교회의 주된 흐름도 거부했다. 당시에는 교회가 정치에 깊이 개입하는 경우가 많았다. 키르케고르는 이런 변화를 통해 교회가 본연의 생명을 잃을까 봐 조바심을 냈다. 그는 개인의 독자적 신앙을 강조하였다. 따라서 교회가 특정한 정당과 연대하는 사회현상에 불만이 컸다.

키르케고르는 처음부터 끝까지 '단독자'로 살기를 원했다. 인간이 스스로를 타인과 균질적인 존재로 이해하는 시대적 풍조를, 그는 받아들이기 어려웠다. 모든 개인이 스스로 결단에 따라 진정한 종교생활을 추구하는 자유, 그는 이것이 가장 소중하다고 믿었다.

한 마디로, 인간은 종교적 자유로 말미암아 생기는 모든 불안을 참고 견디며, 신과 단절될 위기를 극복해야 한다는 신념이었다. 이른바 '질적 변증법'이었다. 키르케고르는 이를 통하여 종교적 진리에 이르고자 노력했다.

제2차 세계대전 이후 서구에서는 실존주의가 화두로 떠올랐다. 키르케고르는 그 선구자로서 호평을 받았다. 그가 제도권 교회를 비판하고 단독자로서 개인의 신앙을 강조한 점은, 20세기 전반 일본에서 일어난 무교회 운동에도 큰 영향을 끼쳤다. 그 운동의 선구자였던 우치무라 간조의 영향으로 한국의 김교신과 함석헌 등도 무교회 운동을 전개했다.

# 구세주교회와 그룬트비히

한 마디로 키르케고르는 코펜하겐의 루터파 교회를 강력히 비판한 셈이었다. 그 시절의 대표적인 교회는 어디 있을까. 크리스티안스하븐 섬에 가면 루터파 교회의 본산인 구세주교회가 있다. 17세기 후반에 완공된 네덜란드풍이다(바로크 양식). 훌륭한 건물인데 외관도 특이하다. 좌우와 상하의 길이가 똑같은 십자가 모양이다.

이 교회에는 자랑거리가 여럿이다. 그 가운데서도 나선형 첨탑이 가장 눈길을 끈다. 첨탑은 높이가 90미터나 된다. 400개의 계단을 걸어서 꼭대기에 올라서자, 코펜하겐 전경이 발아래 펼쳐졌다.

한스는 교회 첨탑에서 시내를 내려다보며 한 가지 전설을 말해 주었다. 이 탑을 설계한 이는 라우리츠 데 투라였다. 그는 공사가 끝난 뒤에야 계단이 시계 반대 방향으로 되었음을 깨달았다. 부끄럽게 여겨 탑에서 뛰어내려 자살했다고 전한다. 그런데 정확히 알고 보면 근거 없는 뜬소문이라고 한다.

오래전부터 나는 이 교회를 한번 찾아보고 싶었다. 19세기 덴마크의 정신적 지도자 니콜라스 그룬트비히가 한때나마 봉직한 곳이었기 때문이다. 그는 키르케고르와 동시대를 살았으나 추구한 노선은 정반대였다. 그룬트비히는 시민운동을 통해 덴마크 사회를 개조하려고 노력했다.

1822년 그는 이 교회의 목사로 임명되었다. 그러나 3년 뒤 뜻밖의 일이 일어났다. 클라우젠 교수의 합리주의 노선을 심하게 비판한 죄로, 당국은 그에게 7년간 설교 금지령을 내렸다. 그룬트비히

구세주교회 첨탑

는 잠시 목사직을 내려놓고 영국으로 갔다. 그는 케임브리지 대학교에 머물며 새로운 지적 자극을 받았다.

그룬트비히는 다산성의 저술가이기도 했다. 그는 거의 모든 영역에 걸쳐 쉴 새 없이 글을 쏟아냈다. 사회개혁에 대한 열망이 강하였기에 정치에도 투신했다. 그는 국회의원에 선출되어 시민의 자유를 강조했다. 특히 신앙, 언론, 출판, 집회의 자유를 확대하는 데 앞장섰다. 무엇보다 내게 인상적인 것은, 그가 소농의 권리를 대변하여 소농이 토지를 소유할 권리가 있다고 주장한 점이었다.

그의 사회활동에서 가장 중요한 것은 따로 있었다. 폴케호이스콜레(시민학교, 또는 자유학교) 운동이었다. 그룬트비히는 시민의 생활 개선을 목적으로 이 운동에 착수했다. 하나님과 이웃과 국토에 대한 사랑을 키우려는 것이었다. 이 운동은 시민들의 호응을 얻어 크게 성공했다.

19세기 중반, 덴마크는 독일과의 전쟁에 참패했다. 비옥한 땅 슐레스비히와 홀슈타인을 독일이 가져갔다. 온 나라가 깊은 실의에 빠졌다. 그때 그룬트비히가 창립한 폴케호이스콜레가 큰 역할을 했다. 이 학교는 구전으로만 전승되던 덴마크의 신화와 전설, 그리고 민요를 통해 시민들에게 용기를 불어넣었다. 덴마크 사람들은 강력한 재생 의지를 되살렸다.

이 운동에 적극적으로 협조한 사람들도 많았다. 크리스텐 콜드가 대표적이었다. 그는 그룬트비히의 사상적 계승자로 평가된다. 훗날 폴케호이스콜레는 다방면으로 확대되었다. 이 학교는 자유로운 분위기를 유지하면서도 자연과학을 비롯해 어업과 무역업, 농업 분야로도 확대되었다. 노동자를 위한 학교까지 만들어졌다. 나중에는 이 운동이 이웃 나라로도 널리 퍼졌다. 이미 1889년에 핀란드에 2개의 폴케호이스콜레가 설립되었고, 북유럽 여러 나라와 독일, 아프리카의 나이지리아 등지로 뻗어나갔다. 현재는 우리나라를 포함한 세계 여러 나라에 이 운동이 보급되고 있다.

코펜하겐을 여행하는 동안 나도 모르는 사이에 한 가지 생각이 계속 떠올랐다. 폴케호이스콜레 운동과 레고 장난감이 웅변으로 증명하듯, 덴마크 사람들은 언제나 침착하게 그러나 창의적인 대안을 만들어냈다. 그 방면에 그들은 대단한 재주를 가졌다고 생각한다.

그들은 유연하고 명랑한 태도로 늘 대안을 만들어냈다. 나는 코펜하겐에서 그런 덴마크 사람들의 참모습을 발견한 듯했다. 오늘날 그들은 이 세상 어느 나라보다 평화롭고 따뜻한 사회를 건설했다는 평가를 받는다.

인천으로 돌아오는 비행기 차창에 기대어, 나는 안데르센과 키르케고르와 그룬트비히의 이름을 나직이 불러보았다. '당신들의 꿈은 거의 이뤄졌습니다!'

# 15

취리히,
최고의 명품 도시

Zurich

나는 스위스의 완벽함을 사랑한다. 30여 년 전 취리히행 기차를 처음 탔을 때부터 이 나라를 좋아하게 되었다. 내가 탄 기차는 스위스에서 제작한 거였는데 차량은 고갯길에서도 덜컹거리지 않고 부드럽게 움직였다. 객차 출입문과 차창을 열 때나 닫을 때 손끝에 전해지는 촉감도 여느 기차와는 달랐다. 부드럽고 우아한 느낌이었다. 화장실 수도꼭지 하나도 얼마나 정밀하든지 시계로 유명한 스위스라서 과연 다르다며 감탄했다.

알고 보니 스위스 시민은 언어의 달인이기도 했다. 영어, 독일어, 불어는 기본이고 이탈리아어까지 능숙하게 구사하는 이들이 많았다. 또, 스위스 역사를 읽은 다음에는 그들이야말로 참으로 용감하고 자립적이란 사실, 그래서 강대국 틈바구니에 끼어 있으면서도 당당하게 '중립'을 유지한 것을 알게 되었다. 스위스의 영세중립은 자신의 힘으로 얻어낸 외교적 성과라는 점에서 더욱 값진 것이다.

스위스는 잘사는 나라다. 국가경쟁력도 세계 4위(2019년 스위스 국제경영개발원 IMD 조사결과)요, 1인당 국민소득도 세계 1위이다 (2017년 기준 8만 1,209달러). 이 나라의 사회적 여건을 고려할 때 믿기 어려운 일이다. 전체 인구는 860만(2019년 현재)에 불과한 데다 26개의 칸톤으로 잘게 분할되어 있다. 출신 지역에 따라 공용어도 달라 독일어, 프랑스어, 이탈리아어, 로망슈어를 제각기 사용한다. 연방의 수도는 베른이지만 여러모로 취리히와 제네바의 영향력이 더욱 크다. 지역주의에 휘말리기 쉬운 구조이다. 누가 보아도 국가 정체성을 세우기 곤란한 조건인데 시민들은 스위스를 결속력이 강한 연방국가로 만들어냈다.

스위스 시민들은 칸톤 중심으로 생활한다. 만약 10만 명 이상의 시민이 공동으로 청원하면 주민투표를 통해 가부를 결정하는 식이다. 1874년의 헌법에 명시된 사항이다. 칸톤 생모리츠와 다보스에서는 주민투표를 통해 동계올림픽 유치를 거부한 적도 있었다. 최근에는 주민투표로 중동 난민 유입을 통제하기 위한 이민법을 만들었고, 기본소득 제도의 도입을 부결했다. 스위스의 칸톤은 해마다 20번 이상 주민투표를 시행한다. 스위스처럼 직접민주주의를 과감하게 도입한 나라는 어디에도 없다. 그들은 대의정치와 직접민주주의를 적절히 혼합하여 많은 성과를 내고 있어 부러움을 산다.

## 교통의 요지에 자리한 문화예술 도시

취리히는 스위스에서 가장 큰 도시다(2017년 기준 인구 40만 명). 이곳이 내 관심을 끈 지는 오래되었다. 독일에 유학하던 80년대 후반, 한국 사정이 궁금할 때면 대학도서관에서 서구 나라의 신문을 뒤

적였다. 한국 사정을 가장 정확히 보도한 것은 취리히에서 온 신문들이었다. 그들은 사안을 정확하고 날카롭게 분석해 독자를 놀라게 했다. 미국 같은 강대국의 신문들은 자국의 정치적 이익에 따라 왜곡할 때가 많았으나, 스위스 언론은 객관적이고 중립적이었다.

내가 좋아하는 도시라서 그랬는지 시간이 갈수록 취리히와의 인연이 깊어졌다. 친한 친구 슈테판도 취리히대학교 출신이었다. 어느 해였든가. 크리스마스를 며칠 앞두고 그와 함께 꿀을 섞어 만든 얇고 단단한 스위스 비스킷을 나눠 먹은 적이 있다. 달콤한 맛이 일품이었는데 모양도 빛깔도 다양해서 더 좋았다.

취리히의 경관은 수려하다. 시내에 큰 호수가 있고 그 곁으로 리마트 강이 흐른다. 여름철에는 호수에서 수영도 할 수 있고, 배를 타고 출근하는 사람들도 볼 수 있다. 호수가 드넓어 유람선을 타고 일주하는 것도 멋진 일이다.

까마득한 옛날 로마 시대로 거슬러 올라가면 이곳에 세관이 있었다. 교통의 요지였기 때문이다. 이곳은 북이탈리아와 프랑스 및 독일을 하나로 연결하는 길목이었다. 취리히라는 도시의 이름이 세관을 뜻하는 라틴어(Turicum)에서 유래했다니 신기하다.

취리히 사람들은 정치보다는 문화예술을 중시한다. 스위스 전체가 그러하다. 스위스 화폐인 프랑을 보더라도 정치가의 초상을 하나도 발견할 수 없다. 건축가, 화가, 조각가, 음악가, 작가와 역사가의 초상만이 등장한다. 최고가 화폐인 1,000프랑(약 125만 원)에는 야코프 부르크하르트라는 역사가가 등장한다. 그는 19세기의 학자로서 이탈리아 르네상스 미술에 관해 독보적인 저술을 남겼다.

취리히는 물가가 비싼 도시이지만 임금 수준도 높아 생활에 불편이 없다. 고용률도 높아서 80퍼센트란다. 경제협력개발기구(OECD) 회원국 중에서 제일이다. 정규직이든 비정규직이든 이 도시의 시민이라면 누구도 생계에 어려움을 겪지 않는다니 실로 대단한 일이다.

부자 도시 취리히를 찾는 이들도 많다. 연간 900만 명이나 된다. 그중 2백만 명이 여기서 숙박한다고 하는데, 방문객의 상당수가 사업상 목적으로 들른다. 이곳이 유럽 굴지의 사업장임을 한눈에 알 수 있다.

부자 도시답게 취리히 도심에는 유서 깊은 명소가 즐비하다. 우선 취리히 호수와 리마트 강변을 따라 늘어선 고풍스러운 건물들이 시선을 잡아끈다. 볼 만한 곳을 조금 구체적으로 알아보자. 린덴호프가 있는가 하면 그로스뮌스터 대성당, 프라우엔 뮌스터, 성 페터 교회의 시계탑도 빠뜨릴 수 없다. 또, 400년이나 된 시청과 길드 관(館), 명문 취리히대학교와 연방공과대학도 둘러볼 가치가 충분하다.

그중에서도 린덴호프는 꼭 가보아야 한다. 리마트 강 왼쪽 기슭의 언덕 위에 있는데 로마 시대 세관이 있던 곳이다. 그때 쌓은 성터가 아직 남아 있다. 언덕배기라서 시가지를 한눈에 내려다볼 수 있어 좋다.

가장 많은 사람이 찾는 곳은 반호프 슈트라세(역전거리)이다. 취리히 중앙역에서 호수로 이어지는 1킬로미터도 넘는 거리이다. 백화점과 명품상점, 그리고 화려한 은행 건물이 많아서 도보로 걸어

도시로 보는 유럽사

시계박물관　　　　　　FIFA박물관

도 지루한 느낌이 없다. 유럽 최고의 귀금속 상점과 고급 시계점도 연달아 있다. 이곳은 취리히는 물론이고 유럽 부자들을 단골로 거느린 호화로운 쇼핑센터이다.

리마트 강 서편 신시가지도 인파가 넘친다. 도보로 20분가량이면 둘러볼 수 있는 아담한 구역이다. 절반쯤은 차 없는 거리지만, 트램(전차)은 자유롭게 통행한다. 한국에도 잘 알려진 프라이탁 매장도 있다. 본래 트럭의 화물 덮개와 안전벨트 같은 폐품을 이용해 가방을 만들었다고 한다. 신시가지는 컨테이너 박스를 이용한 가게도 많고, 다양한 식당이며 흥을 마음껏 발산할 수 있는 공간이 적지 않다. 젊은이들이 신시가지를 좋아하는 것은 당연하다.

취리히는 문화예술의 도시답다. 인구 40만의 도시인데도 박물관이 50여 개이다. 그 가운데 취리히 국립박물관의 인기가 높다. 선사시대부터 현대까지 스위스의 풍부한 문화유산을 한눈에 보여주기 때문이다. 또, 축구의 모든 것을 전시한 '피파(FIFA) 박물관', 시계의 역사를 소개하는 시계박물관도 시민들의 사랑을 받는다.

놀랍게도 취리히에는 200개도 넘는 미술관과 화랑이 있다. 내 생각에는 취리히 미술관이 그중 압권이다. 1910년에 개관한 곳인데 스위스 최고 미술관이라고 해도 좋겠다. 미술관 입구에는 청동으로 만든 '지옥의 문'이 있다. 로댕의 작품이다. 이곳에는 중세부터 현대까지 스위스를 대표하는 회화와 조각, 드로잉, 사진 등이 가득하다. 아울러, 세계적인 거장들의 작품도 많다. 들라크루아, 렘브란트, 르누아르, 세잔, 모네, 마네, 고흐, 뭉크, 마티스, 르네 마그리트, 달리, 피카소, 칸딘스키 등의 작품을 하나씩 감상하노라면

서양 미술사의 흐름이 손에 잡힐 듯하다.

인구로만 보면 취리히는 우리나라의 중소도시 수준이다. 그러나 이 도시를 깊게 들여다보면 볼수록 완벽한 명품 도시라는 확신이 생긴다.

## 츠빙글리의 종교개혁

취리히 또는 스위스의 성공은 어디서 비롯되었을까. 교육의 힘이 었을 것이다. 이 조그만 나라에서 노벨상 수상자가 25명이나 나왔다. 문학상이 둘, 평화상이 셋이고, 나머지 20명은 모두 자연과학 분야에서 나왔다. 흥미롭게도, 취리히가 키운 노벨상 수상자 수는 더 많았다. 취리히연방 공대 출신만 해도 28명이 노벨상을 받았다. 그중에는 국적이 스위스가 아니라서 스위스 통계에는 포함되지 않은 경우가 여럿이었다.

알고 보면, 취리히는 근대 교육의 요람이었다. 18세기 유럽의 교육을 근본적으로 혁신한 하인리히 페스탈로치가 바로 이 도시의 아들이었다. 그로 말하면 모든 스승의 모범이요, 사회개혁을 추구한 선구자였다.

개혁 지향성은 취리히의 오랜 전통이었다. 그 출발점에 울리히 츠빙글리가 있었다. 1519년 그는 취리히에서 종교개혁을 일으켰다. 인문주의자였던 그는 그리스어로 기록된 신약성서를 연구해 가톨릭교회와 불화를 겪었다.

울리히 츠빙글리 동상.
취리히의 개혁 지향성은 츠빙글리에게서 시작되었다.

슈테판과 나는 치즈 플레이트를 사이에 두고 마주 보고 앉았다. 취리히 시절 아인슈타인이 자주 들렀다는 카페 오데온에서였다. 우리는 에멘탈 치즈와 그뤼에르, 아펜젤러, 몽도르를 맛보았다. 나는 아펜젤러를 가장 좋아한다. 중세부터 스위스 북동부 아펜젤 지방에서 소젖으로 이 치즈를 만들었다. 치즈가 숙성되는 동안 와인 등으로 표면을 자주 씻어야 제맛이 난다고 하는데, 냄새도 강하고 맛도 비교적 강렬한 편이다. 포도주에 잘 어울리는 치즈인데, 우리는 취리히의 이름난 맥주회사 초팝(CHOPFAB)의 필스너를 곁들여서 맛보았다.

슈테판은 츠빙글리에 관해 설명하기 시작했다. 그의 취리히 생활은 그로스뮌스터 대성당을 무대로 했다. 이 성당은 12~13세기에 건립된 로마네스크 양식이다. 본래는 칼 대제가 창건한 교회당이 그 자리에 있었다. 대성당 지하에는 아직도 칼 대제의 조각상이 모셔져 있다. 참고로, 대성당의 고딕식 쌍탑은 이 도시의 랜드마크에 해당한다. 츠빙글리 덕분에, 이 성당이 스위스의 종교개혁에서 큰 역할을 담당했다.

슈테판은 기왕 말이 나온 김에 취리히의 큰 교회를 간단히 소개하겠다고 했다. 프라우엔 뮌스터는 원래 수녀원이었다. 853년 독일의 루드비히 왕이 남부 독일의 귀족 여성들을 위해 창립했다. 하지만 종교개혁 이후 이 도시가 신교지역으로 바뀌자 수녀원의 관할권도 시청으로 넘어갔다. 또 성 페터 교회는 취리히의 가장 오래된 교회로, 유럽에서 가장 큰 시계가 있다. 13세기에 완공된 로마네스크 양식의 첨탑도 유명하다.

프라우엔 뮌스터 성당

츠빙글리가 성경을 깊이 연구한 것은 루터의 영향이었다. 츠빙글리도 사제의 특권을 부정하는 만인 사제주의를 주장하였다. 특히 츠빙글리는 공개토론회를 중시했는데, 이 도시의 전통에 어울리는 거였다. 그는 성화(聖畵)와 성상(聖像) 폐지를 주장했고, 십자가, 제단, 오르간도 폐지하는 것이 옳다고 말했다. 스위스와 독일 서남부의 종교개혁운동에도 큰 영향을 주어, 사람들은 그를 '스위스의 루터'라고 부른다.

하지만 츠빙글리는 루터와는 달랐다. 1529년 그들은 성찬론(聖餐論)으로 대립하였다. 루터는 성경에 나오는 빵과 포도주를 그리스도의 피와 몸이라고 이해하였다. 츠빙글리는 반대였다. 그는 이것이 하나의 상징이라고 보았다. 두 사람에게는 이러한 견해 차이가 있어, 독일과 스위스의 종교개혁 세력은 결국 분열되었다.

츠빙글리는 사제의 책임을 폭넓게 해석했다. 시민의 사회적 안전과 평화를 보장하고, 정치적으로도 무거운 책임을 감당해야 한다는 주장이었다. 그는 자신의 의무를 다하기 위해 가톨릭 군대와 싸우다가 취리히 근교 카펠에서 세상을 떠났다.

츠빙글리는 교회를 교육공동체로 만들고자 하였다. 그러려면 남녀노소가 함께 예배를 드리고, 모두가 함께 교리와 성경을 배워야 했다. 시민들은 누구라도 성경을 직접 읽고 해석할 줄 알아야 했다. 츠빙글리의 개혁교회는 시민의 문해력도 향상하였고 인권 의식도 높였다.

바로 이러한 전통을 바탕으로 훗날 페스탈로치가 등장했다. 그는 교육과 사회가 불가분의 관계라는 점을 강조했다. 교육을 통해서 사회를 개조할 수 있다고 확신하였다.


## 취리히를 빛낸 인물들

그 후에도 많은 시민이 취리히를 빛냈다. 19세기 후반 알프스를 배경으로 펼쳐지는 이야기 『알프스 소녀 하이디』의 작가 요하나 슈피리가 먼저 생각난다. 알프스 소녀 하이디의 삶을 통해 작가는 진정한 치유란 과연 무엇인지를 물었다.

슈테판과 나는 취리히대학교 구내 카페에서 초프라고 하는 스위스 빵을 나눠 먹으며 하이디를 떠올렸다. 초프는 머리카락을 꽈배기처럼 땋은 모양이기 때문이다.

취리히는 『녹색의 하인리히』를 쓴 고트프리트 켈러의 고향도 된다. 켈러는 소설에서 시민을 위해 헌신하는 정치 활동이라면 예술 활동과도 같은 숭고한 가치가 있다고 말했다.

만약에 이 도시를 대표하는 한 명의 작가를 손꼽으라면 게오르크 뷔흐너라고 대답하겠다. 그는 『보이체크』로 유명한 극작가였다. 사후에 더욱 호평을 받게 된 천재 작가이다. 오늘날 독일어권에서 가장 권위 있는 문학상은 그의 이름을 딴 것이다. 독재를 물리치기 위해 그는 반체제운동에 참여했고, 가난한 농민의 권익을 위해서도 싸웠다.

취리히로 망명한 예술가와 지식인도 많았다. 독일 음악가 리하르트 바그너와 러시아 혁명가 미하일 바쿠닌, 폴란드 출신 혁명가 로자 룩셈부르크도 한때 이 도시의 시민이었다. 1917년 러시아 10월 혁명의 주역 레닌은 제1차 세계대전 당시 슈피겔가세 14번지에 살았다. 제2차 세계대전 때는 더욱더 많은 인사가 취리히로 몰려왔다. 작가 제임스 조이스는 죽어서까지도 취리히를 떠나지 못했다. 전후에는 독일 작가 토마스 만과 베르톨드 브레히트도 취리히로 건너왔다. 학자들도 취리히행을 결심한 이가 많았다. 나치의 탄압을 피해 여기로 온 앨버트 아인슈타인은 취리히 연방공대와 취리히대학교에서 교수를 역임했다.

# 강과 호수는 산업 발전의 원동력

취리히를 부자 도시로 만든 것은 직물업이었다. 처음에는 멀리 중국에서 들어온 비단을 독일과 프랑스로 수출하는 정도였다. 비단 장사로 돈을 번 상인들이 이 도시의 주역이었다. 그들은 왕과 봉건 제후로부터 정치적 간섭을 받지 않을 권리를 사서 '자유 도시'를 만들었다. 1262년 상인의 권리가 명기된 문서가 작성되었다. 이때부터 이 도시는 직물업과 끈질긴 인연을 더욱 강화했다.

1336년 취리히 시장 루돌프 브룬은 수공업자를 대표해 '길드혁명'을 일으켰다. 이로써 도시 귀족과 길드가 이 도시를 공유하였다. 그러자 주변의 농촌을 무대로 활동하는 귀족들이 공격해왔다. 1351년 취리히는 농촌 귀족들로부터 독립을 유지하려고 스위스 연방에 가입했다.

취리히의 진정한 주인은 수공업과 상업으로 성공한 부르주아였다. 그들은 견직물 산업 곧 비단 생산에 몰두했다. 16세기 이 도시는 유럽에서 가장 유명한 견직물 산지가 되었다. 그런데 17세기가 되자 견직물 산업이 기울기 시작했다.

인도에서 저가의 품질 좋은 면직물이 쏟아져 들어왔다. 의류 시장이 면직물 중심으로 재편되었다. 취리히는 시대적 흐름을 읽고 발 빠르게 적응했다. 그들은 면직물공업과 염색공업을 주축으로 새 출발을 서둘렀다. 취리히는 호수와 강이라는 천혜의 수자원을 적극적으로 활용해 근대적인 공업 도시가 되었다.

나는 슈테판과 함께 특별한 트램을 타고 시내를 여행했다. 향토
요리를 제공하는 트램이었다. 하루 한두 번 운영하는데 매번 40명의
승객이 요리를 즐긴다. 식탁에는 스위스 전통요리 퐁뒤가 나왔다.

치즈에 약간의 포도주를 부은 다음 열을 가해 수프처럼 만들고,
거기에 빵 조각을 찍어 먹는 것이 퐁뒤다. "녹아서 섞이다"라는 프
랑스어에서 짐작하듯, 퐁뒤는 서민적인 음식이다. 이것은 험한 알
프스산맥을 넘어가던 행인들이 딱딱하게 굳은 치즈를 불에 녹여
먹던 풍습에서 시작되었다. 19세기에는 프랑스어를 쓰는 지역에서
퐁뒤가 인기였다. 이를 목격한 포도주 업자들과 치즈 제조업자들
이 이 요리를 스위스 전역에 퍼뜨렸다고 한다. 20세기 후반에는 미
국에서도 인기를 끌었다.

취리히가 면직물산업의 중심지로 발돋움한 데는 이유가 있었다.
그들은 정밀기계를 만드는 데 재주가 뛰어났기 때문이다. 처음에
는 기계를 영국에서 몽땅 수입했다. 그러나 부품 조달이 어려워지

　　　　　　　　　　　　　　　　　　도시로 보는 유럽사

자 특유의 장인 기질을 발휘해 가장 정밀하고 완벽한 직물 기계를 제작했다.

19세기 후반부터는 풍부한 수자원을 이용해 수력발전이 나날이 발전했다. 그리하여 취리히는 중화학공업 거점 도시로 떠올랐다. 역시 유럽 최고라는 평가를 받았다. 취리히가 유럽에서 가장 부유한 도시 가운데 하나가 된 것은 당연한 일이었다.

정치 사회적인 변화도 일어났다. 1830년 7월, 프랑스에서 이른바 7월 혁명이 일어났다. 파리를 시작으로 노르망디, 알자스, 로렌 등 선진 공업지역에서는 부르주아들이 서로 앞을 다투어 귀족제도를 비판했다. 이를 계기로 귀족들은 공적 영역을 지배하지 못하게 되었다. 19세기 중반 취리히에서도 시민의 자유를 신장하려는 '재생운동'(Regeneration)이 일어났다. 오랜 투쟁을 통해 이곳의 부르주아는 명실상부한 지배층이 되었다.

20세기 전반기에 취리히는 중화학공업으로 명성을 얻었으나 그로 인해 강과 호수가 심하게 오염되었다. 1850년경의 통계를 보면, 취리히에는 총연장 160㎞의 크고 작은 하천이 있었다. 그런데 1세기 뒤에는 겨우 절반이 남았다. 콘크리트 복개 공사로 인해 하천 절반이 본래의 모습을 잃고 망가졌다. 맑은 강물과 개울은 어디에서도 볼 수 없었다.

20세기 후반이 되자 또 다른 변화의 바람이 불었다. 한국을 포함한 아시아 신흥 공업국가의 급성장으로 취리히 직물공업은 사양길에 접어들었다. 명품을 생산하던 공장들이 문을 닫았다. 취리히 시민들은 이러한 변화를 역으로 이용해 생태복원사업에 착수했다.

1985년부터 도심에서 개울이 되살아났다. 드디어는 호수까지도 완벽하게 복원되었다.

## 시계 왕국의 시계박물관

취리히 연방공과대학은 세계 최고 수준의 공과대학이다. 1855년에 설립되어 1911년부터 현재의 이름을 사용하고 있다. 이 대학의 성공이 의미하는 바와 같이 스위스에서는 과학과 공업이 고도로 발달했다. 특히 정밀공업은 타의 추종을 불허한다.

스위스 정밀공업을 대표하는 것이 시계이다. 특히 제네바 부근에서 발달한 산업인데, 본래는 농부들이 겨울철에 농한기 부업으로 시작했다고 한다. 수익성이 증명되자 점차 전문화되어, 200년 전부터는 세계 최고의 시계산지가 되었다.

취리히에도 여러 시계회사가 있고, 명품 공방도 허다하다. 시내에는 '바이에르 시계박물관'도 있다. 사립 박물관인데 전문 박물관으로 세계적인 명성을 자랑한다. 이름난 쇼핑거리 반호프 슈트라세에 있다.

나는 슈테판과 함께 박물관 근처에 있는 어느 식당에서 취리히 전통요리를 시켰다. 고기 스튜였다. '게슈넷첼테스'라고 하는데, 크림과 버섯을 소스로 만들어 거기에 잘게 저민 송아지 고기를 넣고 끓인 것이다. 이 스튜를 뢰스티(스위스식 감자전)와 함께 먹었다.

식후에 우리는 시계박물관을 찾아갔다. 그곳에는 기원전 14세기

도시로 보는 유럽사

부터 현대에 이르기까지 실로 다양한 시계가 있었다. 테오도르 바이에르가 평생 수집한 것이었다. 해시계를 포함해, 모래시계, 물시계 등 기계 장치가 사용되기 전부터 사용하던 시계를 망라한 전시였다.

스위스 명품 시계도 많이 보였다. 아브라함 브레게가 만든 시계도 있고, 바코프너, 리히티, 오크스너 등 취리히의 유명 회사가 제작한 시계도 볼 만했다. 시계박물관이라면 이곳 말고도 제네바 시계박물관을 알아야 한다. 거기에는 '시계 왕국' 스위스의 명성에 걸맞은 명품이 많다. 1969년 아폴로 11호를 타고 달나라에 갔던 미국 우주인들이 스위스 시계를 차고 갔다는 사실도 흥미롭지 않은가.

## 세계 금융의 큰손

취리히는 변신의 귀재였다. 면직물공업과 중화학공업이 시들기도 전에 그들은 새로운 대체 산업을 발견했다. 오늘날 이곳은 금융 산업의 중심지로 주목받는다. 최고의 외환시장으로서도 명성이 높다.

2017년 현재 취리히는 세계 11위의 금융센터로서 유럽에서는 런던에 버금간다. 이 도시에는 많은 다국적 기업이 진출해 있다. 서비스산업이 경제활동의 중추라고 해도 좋겠다. 시민의 80%가 서비스업에 종사하니 말이다.

스위스에 증권거래소가 등장한 것은 1877년, 런던과 파리에 비하면 늦었다. 하지만 현재는 세계 4번째 규모를 자랑한다. 또, 금

거래로 말하면 세계 최고의 시장이다.

취리히에서 금융업이 본격적으로 시작된 것은 19세기 중엽이었다. 바젤 출신의 은행가 알프레드 에서가 변화를 주도했다. 1846년 경부터 이곳에는 여러 은행이 등장했다. 보험회사와 같은 서비스 산업도 발전했다. 20세기 후반 취리히의 전통산업이 위축되자 금융 분야는 더더욱 큰 폭으로 성장하였다.

취리히는 스위스 경제의 중심이기도 한데 세율이 낮기로 정평이 있다. 세계 굴지의 기업들이 정착한 배경이다. 결과적으로, 시민들은 질적으로 높은 생활을 누리게 되었다. 2018년 현재 취리히 시민의 5.4%가 백만장자(달러 기준)이다. 모나코와 제네바에 이어 세상에서 3번째 부자 도시이다.

취리히에서 가장 큰 은행은 두 곳, 스위스 연방은행(UBS)과 크레딧 스위스(Credit Suisse)이다. 이 밖에도 취리히 칸톤 은행도 있고, 세계 최고의 자산관리 전문은행 율리우스 베어도 이 도시에 본점을 두었다. 그 밖에도 100개가 넘는 외국 은행들이 진을 치고 있다. 취리히에는 은행에서 근무하는 시민이 4만5천 명도 넘는다. 스위스 전체를 통틀어 은행 종사자의 절반 이상이 취리히에서 일한다.

부자를 상대로 한 개인 고객 서비스도 활발하다. 그들이 세계 금융시장에서 차지하는 비중은 엄청나다. 전 세계 개인투자자의 총 투자 금액 가운데 25%가 취리히의 은행에서 관리된다. 그에 걸맞게 스위스 증시 또한 세계적이다. 아울러, 스위스 보험시장 규모도 상상을 초월한다. 스위스 조세수입에서 금융 분야가 차지하는 비중이 50% 정도가 된다니, 실로 엄청난 규모이다.

# 츠빙글리와 페스탈로치의
# 교육 혁명이 없었다면

스위스의 통화 프랑은 달러보다 강하고 안정적이다. 국제 시장에서 신뢰도가 높은 것은 물론이다. 스위스 은행들 가운데서도 '프라이빗 뱅크'(개인은행)는 이 나라 금융업의 특색을 가장 잘 대변한다. 그들은 고객의 정보를 결코 타인에게 양도하지 않는다. 범죄 조직이나 독재자들이 스위스 은행을 선호하는 이유이다. 과거에 독재자 박정희를 비롯해 노태우 전 대통령도 스위스에 비밀계좌가 있다는 소문이 있었다. 그런데 계좌 정보 누설은 국가의 기밀 누설과 똑같이 처벌되기 때문에 여간해서는 소문의 실체를 확인할 수 없다.

슈테판과 나는 호텔에서 아침식사를 함께 들며 스위스 은행에 관해 몇 가지 이야기를 주고받았다. 그때 우리는 스위스식 아침을 먹었다. 뮈슬리였다. 귀리와 밀 같은 알곡을 우유나 요구르트에 섞어서 먹는 것이다. 땅콩이나 호두 등의 견과류와 말린 바나나, 무화과도 함께 섞는다. 오늘날 유럽에서 건강한 아침식사로 크게 사랑받는 음식이다.

스위스 은행은 독특하다. 그들은 은행 내부에서도 고객 이름 대신에 번호를 사용한다. 검은돈을 숨기기에 여기보다 좋은 곳은 없을 것이다. 고객은 스위스 은행으로부터 이자를 받기는커녕 외려 보관비를 낸다. 독일의 나치 간부들도 막대한 비자금을 스위스 은행에 맡겼다. 홀로코스트로 죽어간 숱한 유대인들도 스위스 은행에 숨겨둔 재산을 예치했다. 그들은 모두 예금을 찾지 못한 채 죽었다.

천문학적인 이 돈이 몽땅 스위스에 귀속되었다는 후문이다.

스위스는 전 세계 부자들로부터 막대한 재산을 위탁받아 장기간 보관한다. 그 상당 부분은 다른 나라에 차관으로 제공되어 두둑한 이자를 스위스에 선물한다. 이대로라면 스위스가 저절로 부자가 될 수밖에 없겠다.

만약 은행에 예치된 거금이 범죄 집단의 소유라면 어떻게 될까. 미국 마약판매업자가 숨겨둔 돈이 발각되자, 미국과 스위스 정부가 반반씩 나눠 가진 사례가 있었다. 스위스로서는 절대로 손해 볼 일이 없는 셈이다.

스위스 은행에 관해서는 항간에 말이 워낙 많았다. 유럽연합은 스위스를 압박해 기왕의 관습을 상당히 바꿔놓았다. 가령 금융실명제도 도입되었고, 스위스 은행의 비밀주의도 철폐하기로 하였다. 그래서일까. 은행에 자금을 숨기려는 사람들이 최근에는 리히텐슈타인을 비롯해 네덜란드와 아이슬란드 등으로 빠져나가고 있단다. 설사 그렇다 해도, 스위스 특히 취리히는 여전히 세계 금융의 큰손이다.

이 도시는 스포츠계의 시선이 집중되는 곳이기도 하다. 그럴 것이 세계 축구의 사령탑 '국제축구연맹(FIFA)' 본부도 취리히에 있다. 근년에는 뇌물 소동으로 한동안 시끄러웠지만, 축구연맹의 영향력은 세계 경제를 흔들 정도로 거액이다. 2016년 2월에는 국제축구연맹이 축구박물관도 세웠다. 가볼 만한 곳이다.

인구 40만의 도시 취리히에서 이 모든 일이 일어났다는 점이 놀

랍다. 최고의 명품 도시 취리히는 더할 수 없이 효율적이고 완벽하
다. 오래전 츠빙글리와 페스탈로치가 일으킨 교육 혁명이 아니었
더라면 과연 오늘의 영광이 가능한 일이었을까.

모스크바,
여전한 황제와 귀족의 도시

모스크바는 날씨도 빈부 차이도 극단적이다. 이곳에는 1천 200만 (2019년 현재) 명의 시민이 거주한다. 일부는 서구적 가치를 내면화했다고 하지만 큰 틀에서 보면 이야기가 달라진다. 서유럽과는 완전히 다른 가치가 '모스코비치'(모스크바 사람)의 가슴을 지배한다.

도시 분위기는 가부장적이고 권위적이었다. 모스크바에 머무는 동안 나는 그들의 독특한 생활 감정을 피부로 느꼈다. 차르(황제)와 보야르(고위 귀족)는 아직도 살아 있었다.

혹자는 러시아의 기원을 스웨덴의 바이킹에게서 발견한다. 류리크의 후손 루스 부족이 키예프(현 우크라이나 수도)에 세운 나라라 러시아라고 부른단다. 그러나 반론도 만만치 않아 단정하기 어렵다.

러시아의 역사적 발전은 이웃 나라에 비해 더뎠다. 혹독한 기후 탓이었을 것이다.

# 크렘린 궁전에서

모스크바는 러시아의 중심이다. 동서남북의 물산이 이 도시로 모여들었고, 정치적으로도 가장 중요하였다. 지난 수백 년 동안 광대한 영토를 지배한 이는 로마노프 왕가였고, 그들의 사상은 러시아 정교로 통일되었다. 차르의 권력은 구 중심처인 크렘린 궁전에서 나왔다.

1917년 10월, 공산주의 혁명으로 로마노프 왕조가 무너졌다. 그래도 크렘린은 건재했다. 공산정권도 이곳을 최고 권력자의 관저와 정부청사로 사용했다. 그 전통은 지금도 이어진다.

크렘린이 역사의 주된 무대가 된 것은 13세기였다. 모스크바 공국의 창건자 유리 돌 고루키가 이곳에 목책을 둘러 요새를 구축했었다. '성채(城砦)' 또는 '성벽(城壁)'을 뜻하는 러시아어가 크렘린이다.

그런데 1237~1238년에 세계 최강의 군대가 쳐들어왔다. 몽골군이었다. 그들은 이 요새를 간단히 무너뜨리고 240년 동안 지배했다. 아직 몽골이 다스리던 14세기, 크렘린 재건이 시작되었다. 몽골이 물러가자 재건사업은 더욱 활기를 띠었다. 17세기에는 오랜 공사 끝에 왕궁이 완공되었다.

궁궐 안에는 화려한 건물이 즐비하였다. 가장 눈길을 끈 것은 러시아정교회의 성당들이었다. 우스펜스키 성당(성모 승천 성당)과 성모수태고지 성당과 대천사 성당이 가장 이름났다. 19세기 초, 나폴레옹 군대가 침입해 무엄하게도(?) 우스펜스키 성당을 마구간으로 사용했다. 프랑스 군대가 물러가자 성당은 본래 기능을 회복했다.

러시아제국의 마지막 차르 니콜라이 2세는 이 성당에서 성대한 대관식을 거행했다.

그곳에서 나는 충정공 민영환을 떠올렸다. 1896년 민 공은 고종의 특사로 대관식에 참석했다. 나중에 그는 세계 일주 소감을 글로 정리해 『해천추범(海天秋帆)』이란 책자로 묶었다. 여러 해 전, 나는 민 공의 글을 읽으며 조국의 장래를 염려하던 그의 절절한 마음을 보았다. 여행기에서 민영환은 러시아 황제가 백성들을 진심으로 아끼며, 백성들도 황제를 진정으로 따르는 것이 참으로 아름다운 일이라고 하였다. 돌이켜보면 러시아의 실상과는 거리가 먼 이야기였다. 황제와 백성이 어울려 부강한 나라를 만드는 꿈을 꾸었던 그로서는 타국의 현실을 그대로 기록하는 것보다는 자신의 소망을 적는 것이 더욱 쉬운 일이었던가.

우울한 마음을 떨치자 화창한 봄볕이 느껴졌다. 친구 이고르와 함께 나는 크렘린 궁전의 뜨락을 애써 명랑한 마음으로 걸었다. 눈앞에 궁전의 명소들이 차례로 나타났다.

무기고 박물관의 기억이 아직도 뚜렷하다. 이곳은 12세기 이후 러시아의 무기를 수장한 곳이었다. 또, '차르 푸슈카'(대포)도 내 관심을 끌었다. 무게가 40톤, 포신 길이가 5.34미터, 구경이 89센티미터에 외경이 120센티미터인 대포였다. 1586년 안드레이 초코브가 제작했다는데, 세상에서 가장 큰 재래식 곡사포이다. 러시아의 부와 능력을 과시하려고 만든 것이었다. 하지만 실전에 배치된 적은 없었다고 해서 조용히 웃었다.

이반 대제(3세)의 종탑도 훌륭했다. 크렘린의 여러 건축물 가운데

크렘린 궁전

가장 오래된 것이란다. 종탑 뒤편에는 '차르 종'이 있다. 높이가 6.14 미터요, 지름은 6.6미터, 무게가 202톤이라 해서 놀랐다. 세상에서 가장 큰 종이라는데, 깨진 조각 하나가 11.5톤이란다. 종의 표면에는 차르 알렉세이 부부가 실물 크기로 조각되어 있어 흥미로웠다.

18세기에 제작했는데 그 후 궁궐에 화재가 났다. 종각이 불타자 경비병들이 달려와 시뻘겋게 달궈진 종에 물을 부었다. 그러자 표면에 11개나 되는 금이 생겼고 한쪽은 깨졌다. 나중에 나폴레옹이 전리품으로 취급해 파리로 가져가려 했지만 무거워서 포기했다고 한다.


# 차르의 시대:
### 이반 대제와 이반 4세

이고르와 나는 크렘린을 벗어나 잠시 휴식을 취했다. 붉은 광장 건너편에 있는 아담한 레스토랑이었다. 그는 독일 유학 시절에 사귄 친구이다. 우리는 샤슬릭을 주문했다. 전통 꼬치 요리이다. 양고기, 돼지고기, 쇠고기에 양념을 해두었다가 야채와 함께 꼬치에 꿴 것이다. 구워서 먹는데 맛이 일품이었다. 주로 축제 때 이 요리를 즐긴다고 들었다. 한 잔의 보드카를 곁들였더니 최상이었다.

창밖으로 부산히 오가는 인파를 이따금 바라보면서 우리는 러시아의 역사를 훑었다. 이반 대제(3세, 1440~1505)부터 시작했다. 그는 몽골의 압박에서 러시아를 구했다. 정확히 말해, 킵차크한국의 지배에서 독립했다. 대제는 비잔티움제국의 사위였다. 콘스탄티누스 11세의 조카딸 소피아가 그의 황후였다. 그때 러시아는 비잔티움 문화를 수용해, 문화가 크게 발전했다. 이반 3세는 영토 개척에도 힘써 동북 러시아를 통일했다(1485년).

1453년 비잔틴제국이 멸망했다. 그러자 대제는 자신이 콘스탄티노플의 후계자라고 주장했다. 그는 러시아가 곧 '제3의 로마'라며 동방정교의 수장을 자임했다. 본래 비잔틴 황실의 문장이었던 '쌍두의 독수리'도 러시아 것으로 삼았다. 또한, 로마 황제 카이사르를 러시아식으로 읽어, 그 자신을 '차르'라고 칭하였다.

그런데 차르다운 러시아 황제는 이반 대제의 손자, 이반 4세였다. 혹자는 이반 뇌제(4세)라고도 부른다. 그야말로 절대군주였다. 알다시피 러시아의 차르 체제는 길게 이어져, 후대의 로마노프 황제들도 차르로 통했다.

이반 4세는 초반에 불운했다. 조실부모한 그를 고위 귀족층인 보야르가 강하게 견제했다. 영리한 그는, 하급 귀족과 상인들의 지지를 바탕으로 대권을 쥐었다. 이후 보야르와 숨 막히는 권력 투쟁을 벌였다. 결국에는 황제가 이겼다.

그의 통치는 잔혹했고, 그래서 사람들은 그를 '이반 그로즈니'(공포), 즉 이반 뇌제(雷帝)라 불렀다. 16세기 독일 등 유럽 각국에서 유행한 삐라에서는 그를 '공포의 왕'이라고 했다. 왜, 그렇게 되었을까. 중병을 앓고 난 뒤 찾아온 후유증일 거라는 견해가 있다. 혹자는 그것이 우울증 또는 수은 중독과 겹친 것 같다고 한다.

황제의 난폭을 증명하는 몇 가지 사건이 있었다. 1560년, 황후

아나스타샤가 사망하자 차르는 큰 충격을 받고 광란 상태에 빠졌다. 그는 재판 절차도 없이 신하를 마음대로 처벌했고, 재산을 몰수하기도 했다. 이때 차르는 러시아 북동부의 장원을 몰수하여 황실 직할지로 만들어버렸다. 또, '흑위병'을 창설해 백성을 약탈하고 학살해 공포의 대상이 되었다. 1570년에는 모스크바와 경쟁하던 노브고로트란 도시를 침략해 학살극을 벌였다. 무려 1,500명의 고위 귀족이 학살되었으니, 그때 희생된 평민은 부지기수였다.

차르는 일체의 비판을 허용하지 않는 전제군주라는 말이 있다. 이반 4세에게 합당한 표현이었다. 그는 일순간의 화를 참지 못하고 황태자도 죽였다. 시비의 발단은 며느리의 옷차림이었다. 아들을 죽이고 난 다음 후회했으나 때는 이미 늦었다. 뇌제는 외동아들의 명복을 빌기 위해 성당을 봉헌하였다.

부자간의 갈등은 어느 나라에서나 목격된다. 영조와 사도세자도 그랬고, 프로이센의 프리드리히 대왕과 그의 부왕 프리드리히 빌헬름 1세도 꽤 심각했다. 권력을 둘러싼 암투에는 끝이 없다.

이고르와 나는 모피가 러시아 역사에서 얼마나 중요했는지도 검토했다. 간단히 말해, 러시아는 값비싼 모피를 찾느라 혈안이 되었다. 그 결과 시베리아까지 영토가 확장되었다. 16~17세기는 모피 무역의 전성기였고, 그 중심에 검은 여우가 있었다. 검은 여유의 털을 구하려고 러시아의 상인과 모험가들은 발해의 옛 영토까지 진출했다. 그들의 움직임은 청나라를 자극하였다.

청은 조선과 함께 '나선(러시아)정벌'을 벌였다. 조선 효종 때였다. 흑룡까지 내려온 러시아를 토벌하기 위해 2차례(1654, 1658년)

군사작전이 수행되었다. 그로부터 30년이 지난 다음, 러시아와 청나라는 네르친스크 조약을 체결해 영토 문제를 일단락 지었다(1689년). 청나라의 전성기였던 강희제 시절이었다.

이런 이야기를 하다가 문득 세몬 데즈뇨프라는 탐험가가 떠올랐다. 그가 이끈 탐험대가 역사상 최초로 베링해협을 항해하였다. 1648년 러시아 탐험대는 아시아와 아메리카 대륙이 서로 분리되어 있다는 사실을 눈으로 확인하였다.

이후 러시아는 알래스카를 차지했다. 그러나 형편없는 헐값에 미국에 매도하여 큰 후회를 남겼다. 1867년의 일이었다. 160만 평방킬로미터나 되는 알래스카를 미화 720만 달러(현재 16억 7,000만 달러, 한화 약 1조 9,413억)에 처분했다. 러시아는 그 당시 크림전쟁을 치르느라 재정이 궁핍했다. 게다가 영국 해군이 알래스카를 침략할 경우 도저히 지켜낼 자신이 없었다.

알래스카를 잃었음에도, 러시아는 세계에서 가장 넓은 영토를 소유한다. 그들에게 시베리아는 유형지였다. 톨스토이의 소설 『부활』과 도스토옙스키의 『죄와 벌』에서도 그러했다. 레닌도 스탈린도 시베리아 유형을 직접 체험하였다. 지금은 그곳이 천연자원의 보고로서 사랑받고 있으나, 한때는 저주받은 자들의 땅이었다.


## 서구화의 기수 피터 대제

모스크바에서는 누구나 러시아의 정치와 경제를 토론한다. 이고르와 나도 그랬다. 우리는 러시아의 역사 발전에 획기적으로 공헌한 또 다른 차르를 화제로 삼았다. 피터(표트르 1세) 대제였다.

암스테르담에 갔을 때 나는 그가 머물던 운하 거리에 갔었다. 그런 인연으로 차르가 더욱 친근한 느낌으로 다가왔다. 차르가 태어났을 당시 러시아는 유럽의 변방이었다. 이에 불만을 가졌던 차르는 스스로 러시아의 계몽 군주가 되었다. 로마노프 왕조의 제4대 황제(재위 1682~1725)인 그를 모두가 칭찬하는 이유이다.

1697년 그는 사절단을 이끌고 네덜란드로 갔다. 이어서 영국과 독일도 순회했다. 조선술과 대포 제작기술 등을 배우기 위해서였다. 1년 3개월간의 유럽 여행 중에 그는 노동자처럼 허름한 옷을 입고 공장에서 직접 일을 배웠다고 한다. 대단한 일이었다.

유럽 체류는 그에게 일종의 수학여행이었다. 그는 유럽의 풍속과 제도까지도 철저히 연구해 국가 개혁의 바탕으로 삼았다. 차르가 된 다음에는 율리우스 달력도 수용했다.

대제는 여러 차례 전쟁을 일으켜 농민들에게 큰 부담을 주기도 했다. 농민들은 반란을 일으켜 압제에 저항했다. 그런 문제가 있었으나 대제의 통치에는 긍정적인 점이 많았다. 그는 국내외에서 발생한 여러 가지 문제를 극복하고 러시아를 강대국으로 키웠다. 교육과 문화도 혁신해, 러시아는 제법 근대적인 면모를 갖추었다.

차르는 겨울에도 얼지 않는 부동항을 얻기 위해 노력했다. 그리하여 상트페테르부르크를 건설해 유럽으로 가는 관문을 활짝 열어젖혔다. 이 도시는 운하가 많아 암스테르담을 연상시킨다. 과연 신도시 건설에 동원된 건축가는 네덜란드 출신이었다. 그들이 러시아에 '제2의 암스테르담'을 건설했다.

그러나 과장은 불필요하다. 러시아가 본격적으로 산업화에 성공한 것은 19세기였다. 산업화가 본궤도에 오르자 정치 사회적 문제가 한층 심각해졌다. 톨스토이, 도스토옙스키 등 러시아 작가와 지식인들은 이 문제를 깊이 파헤쳤다. 이후에도 사회적 갈등은 봉합되지 않았다. 좌우로 갈라진 두 진영이 운명의 대회전을 준비하는 듯한 모습을 연출했다.

## 아름다운 '붉은 광장'

이고르와 나는 크렘린 주변을 떠나지 못했다. '붉은 광장'의 매력 때문이었다. 궁전 북동쪽에 자리한 이 광장은 아름답다. 길이가 700미터, 폭은 100미터쯤 되는데, 본래 이름 또한 '크나스나야'(아름답다)라는 광장이다. 17세기부터 그렇게 부른다.

그에 앞서 16세기에는 대화재를 입어서 '화재 광장'이라 불렸다. 이 광장이 처음 생긴 것은 15세기 말, 시장으로서 역할이 컸다. 그런데 궁전 앞이란 위치 때문에 차르의 선언문이나 중요한 판결문이 공포되는 장소이기도 하였다. 공산 혁명 이후로는 메이데이(노동절)처럼 국가적인 대규모 행사가 열렸고, 지금도 가끔 성대한 사열식이 벌어진다.

이 광장에서 가장 인기 있는 고적은 상트 바실리 대성당(Saint Basil's Basilica)이다. 러시아정교회를 대표하는 곳인데, 누구나 한 번

쯤은 그 사진을 보았을 것이다. 여덟 개의 탑이 매우 인상적이다. 양파 모양의 지붕이다. 색상과 모양이 저마다 달라서 더욱 매력적이다. 이 대성당은 이반 4세가 카잔한국을 병합한 기념으로 지었다 (1552년).

대성당 건설 책임자는 야코블레프였다. 그가 이보다 아름다운 건물을 짓지 못하게 하려고 황제는 그의 멀쩡한 두 눈을 찔렀다는 전설이 남아 있다. 사실과는 거리가 있는 이야기이다. 훗날 독재자 스탈린은 이 건물을 없애려고 했다. 그러나 워낙 아름다운 건물이라 살아남았다.

구세주 예수그리스도 대성당도 있다. 나폴레옹을 물리친 기념으로 건립했다고 들었다. 1931년 스탈린 정권은 이 성당을 파괴하였다. 하지만 소비에트 정권이 붕괴하자 시민들이 성금을 모아 복구했다. 지금은 러시아정교회 총본부로 사용된다.

러시아정교는 이반 3세 때 출범했다. 동로마제국(비잔티움)의 전통을 이어받은 국교회였다. 공산정권 시절에는 심한 탄압을 받았으나, 공산정권이 몰락하자 화려하게 부활했다. 오늘날 러시아정교회는 인기가 높다. 모스크바 교외에 사는 평범한 시민들은 전통적인 종교 생활을 철저히 고수한다. 공산정권 아래서 종교를 완전히 잊고 지내던 사람들이 언제 그랬냐는 듯 성당을 찾고 있다. 종교의 복원력이 놀라울 뿐이다.

이고르의 소개로 나는 모스크바에서 60킬로 떨어진 시골에 사는 한 평범한 가족을 알게 되었다. 그들은 농장에서 30마리의 말을 키우며 독립적인 경제생활을 영위한다. 농장 운영은 완전히 전근대적 방식이다. 그들은 식사 시간이 되면 정장을 갖춰 입고 식탁에 빙 둘러앉는다. 아버지가 기도로 식사가 시작됨을 알리고 수프도 아버지가 국자로 떠서 한 사람씩 나눠준다. 식탁에서 발언권을 가진 사람은 아버지뿐으로 다들 조용히 앉아서 아버지 말에 귀를 기울인다. 일상이 너무도 가부장적이어서 벌어진 내 입이 다물어지지 않았다.

모스크바로 되돌아와서 볼쇼이 극장을 찾았다. 정식 이름은 러시아 국립아카데미 대극장이다. 1776년에 창립되었으나 2차례나 화재를 입었다. 1차 화재사건 이후 규모가 대폭 확장되어 '볼쇼이'(크다)라는 별명을 얻었다. 제2차 세계대전 이후 다시 증축해 세계적인 규모를 가지게 되었다. 그 당시 소련당국은 자신들의 공연문화가 서방 세계를 압도한다는 사실을 입증하려고 했다.

한 가지 일화가 흥미롭다. 인기 음악가 드미트리 쇼스타코비치와 얽힌 사연이다. 1936년, 그의 오페라 〈맥베스 부인〉이 상연되었을 때의 일이다. 그날 스탈린도 볼쇼이 극장에 왔다. 그러나 독재자는 혹평을 남기고 중간에 극장을 떠났다. 다음날이 되자 공산당 기관지 〈프라우다〉지는 쇼스타코비치를 거세게 비난했다. 스탈린의 한 마디 때문에 영웅적 작곡가로 추앙받던 음악가가 인민의 정서도 모르는 형편없는 3류로 추락했다. 무섭고 웃기는 사건이었다.

어쨌거나 볼쇼이는 수준 높은 오페라와 발레로 명성이 높다. 서커스도 최고 수준이다. 아이들은 누구나 볼쇼이 서커스를 좋아한다. 구소련 시절에는 볼쇼이 공연을 평범한 모스크바 시민들도 즐겼다고 하지만 그것은 이미 옛날 일이다. 관람료가 적지 않은 금액이다.

볼쇼이 극장 외부　　　볼쇼이 극장 내부

붉은 광장에는 러시아 국립역사박물관도 있고, 거기서 멀지 않은 곳에 러시아 인형 박물관도 있다. 전통 인형이라면 물론 마트로시카이다. 19세기에 처음 만들어졌는데, 마치 양파 껍질을 까듯 계속해서 모양은 같아도 크기가 다른 인형이 쏟아져 나온다. 지역에 따라 인형의 모습도 다르고 색감도 다르다. 수집광의 호기심을 자극하는 인형이다.

마트로시카를 들여다볼 때면 러시아의 육아 풍습이 오버랩된다. 날씨가 추운 탓에 그들은 유아를 천으로 둘둘 감아 손발을 함부로 움직이지 못하게 고정한다. 아이로서는 여간 답답하지 않을 것 같다. 그러나 엄마 품에 안긴 것 같은 착각이 들는지도 모르겠다.

모스크바 시내에는 박물관 또는 미술관이 널려 있다. 매우 인상적이었던 것이 알렉산드르 푸시킨 생가 박물관이었다. 푸시킨은 러시아의 국민 시인으로 인기가 하늘을 찔렀다. 그런데 그 자신은 물론이고 미모의 아내 나탈리아도 바람둥이였다. 나탈리아의 미모는 대단했고, 염문이 끊이지 않았다.

푸시킨은 연적과 결투를 벌이다가 권총에 맞아 사망했다는 소문이 무성하였다. 결투 상대는 조르주 단테스였다. 러시아로 망명한 프랑스군 장교였다. 그는 네덜란드 공사 헤케른의 양자였다. 문제의 발단은 푸시킨이 공사를 모욕하는 편지를 보낸 점이었다. 단테스는 양부의 명예를 지키려고 푸시킨에게 결투장을 보냈다. 당시 결투는 법으로 금지되었으나, 두 젊은이는 권총을 꺼내 들었다. 1837년 2월 10일, 푸시킨은 허망하게 세상을 떠나고 말았다.

박물관 앞에는 푸시킨 부부 동상이 있다. 두 사람이 나란히 서

푸시킨 부부 동상.
두 사람의 손을 함께 잡으면
영원한 사랑이 이루어진다는
전설이 있다.

있으나 손을 마주 잡지는 않은 모습이다. 그 두 사람의 손을 함께 잡으면 영원한 사랑을 이룰 수 있다는 전설이 있다. 이 때문에 이곳을 찾아온 청춘 남녀들은 부부의 손끝을 쥔다. 시인 부부의 손끝이 매끈하게 닳아 있다. 재미있는 광경이었다.


## 혁명의 시대

모스크바에 처음 도착했을 때 내 마음을 사로잡은 것이 있었다. 지하철이었다. 유난히 땅속 깊은 곳에 미려한 역사(驛舍)가 있었다. 멋진 대리석으로 장식된 구간도 많고, 신기하게도 지하철 중간중간에 박물관도 있었다. 아마 세상에서 가장 아름다운 지하철이 아닐까 한다.

모스크바 지하철은 총연장이 300킬로미터이다. 서울과 비슷하다. 모스크바 시내는 서울만큼이나 교통난이 심각하다. 그러나 지하철은 출퇴근 시간을 제외하면 한적하기조차 하다. 신속하고 쾌적해 하루 평균 이용객이 7백만 명을 넘는다. 역시 서울과 비슷한 수준이다.

모스크바의 지하세계는 또 있다. 거미줄처럼 얽힌 하수도 말고도 이런저런 이유로 형성된 지하 공간이 많다. 가령 지하 20미터 지점에는 좁은 지하 통로가 어지럽게 널려 있다. 지난 수백 년간 모스크바를 가꾸기 위해 돌을 캐낸 채석장의 흔적이다. 파리나 런던에도 이런 지하 공간이 있다고 들었다.

숨겨진 지하 공간에는 러시아 하층민과 국외자들이 산다. 공공연한 비밀이라는데, 이 도시의 지하에는 적어도 1만 명이 힘겹게 살아간다. 공식 통계에서는 완전히 사라진 존재들이다. 놀랍게도 깊은 지하에는 비밀 공장도 있고, 식당이나 공연장도 있단다. 문득 서울의 지하에는 무엇이 숨겨져 있을까 궁금해진다.

다시 지상으로 시선을 옮긴다. 도심 한가운데 레닌 무덤이 있다. 화강암으로 지은 건물인데, 유리관을 지하에 설치해 두고 레닌 시신을 방부 처리하였다. 유리관 속 레닌은 잠자는 것 같은 모습으로 참배객을 기다린다. 후세에 마오쩌둥과 김일성의 묘가 이와 비슷한 양식으로 설계되었다.

레닌으로 말하면 볼셰비키 혁명의 지도자로 초기 소련 정권의 주역이었다. 혁명 직전 그는 스위스 취리히에 망명하고 있었다. 당

모스크바 지하철 정류장.
세상에서 가장 아름다운 지하철이라 해도 과언이 아니다.

시 독일 정부는 그를 정치적으로 이용하기로 했다. 러시아제국의 전투력을 약화하려면 모스크바에 정치적 혼란을 조장할 필요가 있었다. 그래서 그들은 레닌을 봉인된 특별 열차에 태워 모스크바로 귀환하게 도왔다. 독일의 예측대로 모스크바에 도착하기가 무섭게 레닌은 대중을 선동하는 데 성공해 공산 혁명을 일으켰다. 그는 세계사를 바꾼 인물이 되었다.

그러나 독일은 아무런 이득도 보지 못했다. 그들은 제1차 세계대전에 패배해 엄청난 손해를 입었다. 역사의 아이러니였다.

레닌의 후계자는 스탈린이었다. 그 역시 오스트리아 비엔나에 망명했던 적이 있었다. 그는 레닌의 뒤를 이어 차르 이상으로 막강한 권력을 휘둘렀다. 스탈린이란 말은 '강철 사나이'라는 뜻이다. 본래 이름은 '이오시프 주가시빌리'였다. 신앙심이 강했던 모친의 영향으로, 그는 신학을 공부하기로 예정되어 있었다. 그러나 운명의 신이 그를 혁명가로 만들었다. 20세기 초, 러시아 사회는 헤어나기 어려운 혼란에 빠져 있었고, 혁명의 기운이 움텄다.

스탈린은 권력을 손에 쥐자 산업화를 서둘렀다. 계획경제를 신봉했기 때문에, 그는 5개년 계획을 세웠다. 3차에 걸친 사업이 진행되는 동안 각 방면에서 초유의 속도전이 벌어졌다. 그러나 사업은 겉만 번지레하였다. 실제로는 수백만 명이 굶어 죽었다. 그는 최악의 독재자였다. 끝없이 자신을 우상화하고, 죽을 때까지 공포정치를 펼쳤다. 불행히도, 그를 모방한 독재자들이 거의 모든 공산권 국가에 등장했다. 루마니아의 차우체스크를 비롯해 중국의 마오쩌둥이나 북한의 김일성도 스탈린의 분신이었다.

도시로 보는 유럽사

도심 한가운데 있는
레닌 무덤

모스크바에 간 김에 나는 스탈린을 찾아 나섰다. 내가 만난 것은 그의 흉상이었다. 크렘린 궁전 외벽을 따라 한참 걸어가면 '네크로폴리스'(Necropolis)가 나온다. '죽은 자의 도시'란 뜻이다. 그 유래가 깊었다. 고대 이집트의 룩소르에 이와 동일한 이름을 가진 장소가 있었다. 귀족들의 무덤이었다. 소련도 유력자들의 공동묘지를 조성했고, 거기에 스탈린 묘소와 흉상을 설치했다. 그 사이 구소련 체제는 몰락했으나 러시아에 제국의 영광을 선사한 스탈린의 인기는 여전하다. 아직도 모스크바에는 과거 공산주의 지배를 향수 어린 눈으로 바라보는 시민이 대부분인 것 같다.

어느 날, 이고르는 나를 자신의 친구 집으로 불렀다. 식사 때가 되자 집주인은 보르시치를 내놓았다. 러시아의 전통 수프였다. 육수를 만들고 거기에 사탕무, 살코기, 토마토, 양파, 감자, 당근 등을 차례로 넣고 끓인 요리였다. 사탕무 때문에 수프는 저절로 붉은색이 되었다. 러시아에서는 어느 집이나 보르시치를 자주 끓여 먹는다.

맛있는 수프를 먹을 때도 스탈린이란 존재가 나의 뇌리를 떠나지 않았다. 그래서 식후에는 굴락 역사박물관을 찾았다. 내게는 스탈린 시대의 비극을 추체험하는 곳이었다. 수많은 사람이 집단수용소에서 죽어갔다. 박물관은 그 당시의 정치범 수용소(굴락)를 복원한 것이다.

관계자에게 들은 말인데, 간혹 희생자 가족이 찾아와 관련 문서를 청구한단다. 가슴 아픈 일이다. 그런데 현재의 푸틴 대통령은 스탈린 시대의 폭력을 인정하지 않는다. 그는 스탈린 시대를 미화하기에만 급급하다. 트럼프 미국 대통령이 "아메리카 퍼스트!"를 외치듯, 푸틴은 강한 소련을 과시하느라 여념이 없다. 러시아에서 인권 문제는 아직 뒷전이다.


## 전쟁과 평화

러시아는 아직도 전쟁 중이다. 평화는 그들로부터 너무 먼 곳에 있다. 일찍이 레프 톨스토이는 『전쟁과 평화』에서 평화에 대한 갈망을 노래했다. 그런데 러시아 역사를 뒤적여보면 전쟁의 폭력적인 얼굴이 여러 번 나타난다. 그중에서도 가장 큰 악몽은 제2차 세계대전이 아니었을까.

히틀러의 '말살 전쟁'은 이름만 들어도 흉측하다. 나치의 3백만 대군이 닥치는 대로 살인과 방화를 일삼았다. 그들은 스탈린의 공산정권을 '유대인 볼셰비즘'이라 비난하며, 슬라브인과 유대인, 신티와 로마를 박멸하려 했다. 나치는 장차 러시아의 상당 부분을 독일인 거주 지역으로 바꿀 셈이었다. 독일민족의 '생존 공간'을 확보하기 위해서 불가피한 전쟁이라는 합리화가 되풀이되었다.

실제 목적은 따로 있었다고도 한다. 나치가 장기간 전쟁을 수행하려면 유류 보급이 원활해야 했다. 러시아와의 평화협정을 일방적으로 깨고 독일이 전쟁을 벌인 이유가 바로 그 때문이었다고 한다. 그럴듯한 해석이다.

전쟁 초반 전세는 독일군에게 유리했다. 그러나 전쟁이 장기화하자 모든 것이 달라졌다. 미국은 소련 측에 군사 장비를 대폭 지원했다. 스탈린도 우랄산맥 동쪽으로 군수공장을 이전해 필요한 무기를 대량으로 생산하였다. 게다가 히틀러 군대의 잔학한 범죄행위에 분노한 러시아인들이 팔을 걷고 나섰다. 정복을 당한 러시아 주민들도 게릴라 활동으로 맞섰다. 그리하여, 1941/42년이 되면 히틀러의 동부 전선은 이미 무너지기 시작했다.

2015년 노벨문학상 수상자 스베틀라나 알렉시예비치(국적 벨라루스)는 처참하기만 했던 동부 전선의 실상을 기록하였다. 『전쟁은 여자의 얼굴을 하지 않았다』는 다큐멘터리 소설이다. 작가는 200여 명의 참전 여성들을 만나 회고담을 채록하였다. 그때 동부 전선에는 1백만 명 이상의 러시아 여성이 전쟁을 수행했다. 전쟁터에서 그들은 과연 무엇을 보고, 느꼈을까. 작가는 여성의 시각에서 전쟁 문제를 깊이 있게 다루었다.

알다시피 러시아는 문학이 발달한 나라이다. 공산당이 지배하던 시대에도 인기 작가가 많았다. 그 최고봉은 막심 고리키였을 것이다. 그의 『어머니』는 모르는 사람이 없을 것이다. 순종적이기만 한 러시아의 전통적인 하층민 출신 여성이 혁명 운동에 뛰어든 아들의 영향으로 점차 변화해 마침내는 자신을 역사 발전의 주인으로 인식하였다는 내용이다. 대중에게 공산 혁명의 당위성을 설명한 걸작이다.

작가 막심 고리키는 제정러시아 말기에 최하층 시민으로 태어났다. 글재주가 빼어나 서른 살도 되기 전 인기 작가로 부상했다. 그의 명성은 톨스토이와 자웅을 다툴 정도였다. 1917년 공산 혁명이 일어나자 그는 볼셰비키를 지지했다. 그는 레닌 지지자였다. 그러면서도 공산당에 가입하지 않는 초연함을 보였다.

1921년 고리키는 독일로 이주했고, 이어 이탈리아로 다시 옮겼다. 그러나 60회 생일을 맞은 1928년 소련으로 영구 귀국했다. 이후 죽을 때까지 스탈린을 지지하며 공산정권을 문학적으로 대변하였다. 얼핏 보면 공산당 밖에서 스탈린을 지지하는 것이 모순처럼 보이지만, 그렇지 않다. 그처럼 유명한 인사가 공산당원이 아니라는 점도 뜻밖인 데다, 그 역시 자발적으로 당을 지지하고 있다는 점을 부각해 소련 체제의 우월성을 널리 선전했다.

제1차 대전 후 모스크바에도 약간의 평화가 왔다. 그러자 다양한 대중시설이 문을 열었다. 고리키 공원이 대표적이었다(1928년 개장). 모스크바에서 가장 큰 시민공원이다. 강변을 따라 3킬로미터나 되는데 호수도 끼고 있다. 여러 개의 박물관도 갖추고 있어, 시민들에게 더없이 좋은 휴식 장소이다. 특히 겨울철에는 공원 중앙에 초대형 스케이트장이 설치되어 시민을 기쁘게 한다.

모스크바에는 예술가의 이름을 딴 공공시설이 참으로 많다. 푸시킨 미술관도 그중 하나다. 본래는 모스크바대학이 다양한 미술품을 수집해 체계적으로 관리하려고 만든 전시공간이었다(1912년). 1937년부터 현재의 이름으로 바뀌었다. 공산정권 시절, 고대 이집트와 그리스를 비롯해 비잔틴제국과 근대 유럽의 미술품을 많이 수집했다. 특히 프랑스 근현대 미술 작품이 많아 상트페테르부르크의 에르미타슈 미술관에 버금간다.

이고르는 나에게 또 다른 박물관 하나를 추천하였다. 우주박물관이었다. 그곳에는 유리 가가린의 유물이 눈길을 끌었다. 가가린은 지구 바깥을 체험한 최초의 인간이었다. 우주비행사로서 그는 180시간 동안 우주 공간에 머물렀다. 1961년, 그가 탄 소련의 인공위성이 발사대를 떠났다. 그 시절에는 인공위성이 성공적으로 발사될 확률이 50%도 채 안 되었다. 죽음을 불사한 우주 비행이었다. 살아 돌아오는 기적이 일어날 가능성은 몹시 희박했으나 가가린은 미소를 지었다.

가가린은 매력 만점이었다. 웃음 띤 그의 환한 표정은 마치 소련의 밝은 미래를 예고하는 명백한 상징인양 여겨졌다. 그는 가난한 농부의 아들로 태어났으나, 국가적 영웅으로 성장했다. 소련당국은 이 영웅이 혹시 불의의 사고를 당할까 염려해 아예 비행금지 명령을 내렸다. 그러나 가가린은 다시 비행기를 조종하고 싶어서 졸랐다. 1968년, 드디어 비행금지령이 풀렸다. 가가린은 기쁜 마음에 다시 조종간을 손에 쥐었는데, 바로 첫 번째 비행에서 싸늘한 주검으로 돌아왔다. 원인을 알 수 없는 사고였다.

소련은 1957년 무인위성 수프트니크를 우주로 발사했다. 세계가 깊은 충격에 빠졌다. 미국과 유럽은 소련을 따라잡기 위해 여러 가지 조치를 마련했다. 교육개혁이 일어나 여러 곳에 새로운 대학들이 경쟁적으로 문을 열었다. 미국은 항공우주 개발에 막대한 자금을 쏟아부었다. 미소 양국이 무한 경쟁을 시작한 거였다. 소련이 멸망하기까지 이 경쟁은 계속되었다. 러시아는 지금도 우주 비행 영역에서 타의 추종을 불허하는 능력을 과시한다. 벌써 여러 해 전부터 유럽과 미국은 러시아와의 우주항공 협력을 강화하고 있다.

스탈린 시대는 흥미로운 유물을 남겨놓았다. 독특한 건축 양식도 한 가지 예이다. 7개의 초대형 건물이 아직도 남아 있다. 외무성을 필두로 우크라이나 호텔과 모스크바 국립대학교 등이다. 건물 외관도 볼 만하고 규모도 거창하다. 국립대학교의 경우, 중앙의 높이가 무려 240미터이다. 그야말로 장관이다. 모든 면에서 미국과의 경쟁에서 지지 않으려 애쓴 흔적으로 읽힌다.

## 고르바초프 이후의 모스크바

그러나 1세기도 버티지 못한 채 소비에트 체제는 붕괴하였다. 고르바초프와 옐친은 바로 그 시기의 혼란을 수습할 책임을 맡았다. 동구 공산권 몰락의 직접적인 원인은 무엇일까. 질문은 명백하지만 대답하기는 여간 어려운 일이 아니다.

한 가지 분명한 사실은 있다. 그런 변화의 바람이 1980년대 폴란드에서 일어났다는 점이다. 동구가 동요하는 가운데 소련도 개혁 노선을 택했다. 1985년, 소련 공산당 서기장 고르바초프가 페레스트로이카(구소련의 개혁 정책)를 천명했다. 이후 동독이 중심을 잃고 휘청거렸고, 체코도 헝가리도 개혁개방의 물결에 휩쓸렸다.

1990년 10월 3일, 동구의 강대국 동독이 서독에 완전히 흡수 통합되었다. 동독에 체류하던 소련군도 전원 철수했다. 그때 모든 비용은 서독이 홀로 부담했다.

헬무트 콜 서독 총리는 소련에 막대한 경제 원조를 약속했다. 그때 동독에 파견되어 활약하던 소련의 국가보안위원회(KGB) 간부로

블라드미르 푸틴이라는 사람이 있었다. 매우 야심적인 인물이었다. 그는 소련으로 돌아가 보리스 옐친의 측근이 되었다. 나중에 옐친이 고르바초프를 대신해 최고 권력자로 부상하자 푸틴은 더욱 승승장구했다.

옐친은 큰 업적을 내지 못하고 정계를 떠났다. 푸틴은 옐친의 실책을 문제 삼지 않기로 굳게 맹세하고 대권을 차지했다. 이후 이 야심적인 책략가는 현대 러시아의 차르가 되었다.

크렘린을 차지한 푸틴, 그는 신흥 부자들의 강력한 지지와 후원을 받았다. 내가 만나본 모스크바 시민들은 압도적으로 푸틴을 지지하는 모양이었다. 그들은 푸틴의 강력한 리더십을 통해 러시아가 세계 최강의 나라로 거듭나기를 소망했다. 그런 기대를 저버리지 않으려고 그랬든가. 2014년, 우크라이나가 서방세계와의 관계를 강화하자 푸틴은 곧 침략 전쟁을 벌였다. 서방은 러시아에 대해 경제 제재로 맞섰으나, 푸틴은 요지부동이었다. 그 전쟁은 아직도 계속되고 있다.

사회경제적 혼란이 있긴 했지만, 러시아 사회는 자본주의 질서를 재빨리 수용했다. 모스크바에는 부와 사치의 상징이 하나둘씩 늘어갔다. 이 말을 꺼내고 보니 굼(GUM) 백화점의 화려한 진열장이 눈앞에 떠오른다.

이 건물의 정식 명칭은 '글라이니 우니베르살니 마가진'(러시아어: Главный универсальный магазин)이다. 종합백화점이란 뜻이다. 투명한 유리 지붕 아래 온갖 호화상품이 멋들어지게 진열되어 있다. 모스크바 최고의 부자들이 모여드는 장소이다.

굼 백화점.
구소련의 경제적 번영을 과시하는
선전 무대였다. 자본주의
물결과 함께 성장해
모스크바 부자들이 모여드는
호화 백화점이 되었다.

굼은 19세기 말에 창립되어 1953년에 현재 모습으로 개축되었다. 3층짜리 건물로, 소비에트 시절에도 서방세계를 향해 '우리에게도 물자가 전혀 부족하지 않은 상점이 있다'고 뽐냈던 곳이다. 굼은 소련의 경제적 번영을 과시하는 선전 무대였다. 현재 굼은 자본주의 물결을 타고 계속 번영하고 있다. 200여 개 점포가 각양각색의 상품을 거래한다.

러시아는 일종의 마피아 사회이다. 60명가량의 대부호가 사회를 지배한다고 들었다. 마치 차르와 보야르의 시대가 되돌아온 듯한 착각이 든다. 그들의 자제는 심한 낭비벽에 사로잡혀 있단다. 서구 최상층 뺨치는 호화로운 생활이 보란 듯 펼쳐진다. 그들은 뉴욕 맨해튼과 런던 시티(금융가)의 호화주택도 여러 채씩 소유하고 있다.

이고르와 나는 굼 백화점 근처 간이식당에 들러 피로시키를 먹었다. 우리는 부유층이 아니니까 그편이 편했다. 여러 가지 야채와 다진 고기로 속을 채워서 기름에 튀긴 빵이다. 러시아식 만두라고나 할까. 이 빵을 크게 만들면 피로기라고 부른다.

이고르와 나는 진정으로 모스크바의 양극화를 걱정했다. 러시아 특수층의 삶은 지나치게 호화판이다. 그들은 수백에서 수천 평방미터나 되는 초대형 주택이나 아파트에서 산다. 우연히 알게 된 어느 젊은 여성 사업가는 모피 장사로 큰돈을 벌었다. 그는 5층짜리 건물에 혼자 산다. 무려 2천 평방미터가 넘는 호화주택이다.

모스크바 고위층은 교통신호도 깡그리 무시한다. 그들은 사이렌을 꺼내 승용차 지붕 위에 얹고 어디로든 질주한다. 교통질서 같은 것은 서민들이나 지키는 법이다.

서민의 살림살이는 옹색하기 그지없다. 주거시설만 해도 1인당 평균 사용 면적이 10평방미터이다. 발 뻗고 잘 공간도 부족하다. 혼자 사는 여성들도 많아, 시간제 남편을 고용하기도 한다. 독신생활의 불편을 해결하기 위해 시간당 얼마의 돈을 지불하고 남성을 불러들여 원하는 서비스를 요구하는 식이다. 노숙자가 거리에 넘쳐난다. 그들은 하루 세끼를 구호에 의존하는 실정이다.

그래도 사람들이 모스크바로 꾸역꾸역 몰려든다. 그나마 교육이며 취업의 기회가 이 도시에만 있다고 믿어서 그런 것이다.

모스크바의 신도시 지구는 하루하루가 다르다. 공들여 쌓은 마천루가 즐비하다. 일반 시민과는 무관한 건물들이다. 그 가운데 평범한 시민들에게 제공되는 저렴한 숙박시설이 가뭄에 콩 나듯이 있다. 내가 이용한 유스호스텔이 그랬다. 시골에서 올라와 직장을 구하는 젊은이들이 주로 이용하는 시설이었다.

**

모스크바를 떠나기 전에 나는 강줄기를 훑어 오르내리는 크루즈에 몸을 실었다. 유람선으로 이 거대한 도시를 일주하는 맛이 유별났다. 크렘린을 지나 피터 대제의 동상과 노보데비치 수도원도 스쳐 지나갔다. 이고르의 경험담을 들어보면 겨울의 크루즈가 최고란다. 얼음을 깨며 달리는 쇄빙선 크루즈 말이다. 배에서 내려 한겨울 붉은 광장의 밤을 화려하게 물들인 오색 조명 아래 서고 보면 그야말로 별세계란다.

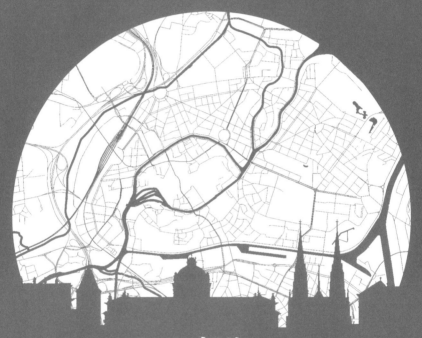

스트라스부르,
역사의 아픔 딛고 유럽통합의
상징으로

**Strasbourg**

국립행정학교(ENA)를 모르는 사람이 거의 없다. 지스카르 데스텡 프랑스 대통령을 비롯해 많은 정치가가 이 학교 출신이다. 자크 시라크와 프랑수아 올랑드 대통령은 물론 에마뉘엘 마크롱 현직 대통령도 예외가 아니다. 이런 명문 학교가 위치한 곳이 바로 스트라스부르이다. 이곳은 프랑스 최고의 작가와 지식인들의 활동무대이기도 하다. 작가 모리스 블랑쇼, 철학자 조르주 캉길렘과 폴 리쾨르도 이 도시에서 살았다.

일반인에게 더욱 잘 알려진 명소도 있다. 스트라스부르는 브뤼셀과 더불어 유럽연합의 중심지로, 유럽의회와 유럽인권재판소가 이 도시에 있다. 이곳은 유럽통합의 상징이라 해도 틀린 말이 아니다. 대도시를 선호하는 한국인의 눈으로 보면 한낱 소도시에 불과할지 모르겠으나, 역사적으로 살펴보면 이 도시의 위상은 실로 높기만 하다. 오랜 세월 동안 프랑스와 독일 양국의 이익이 여기서 첨예하게 충돌하였으나, 오늘날에는 정반대가 되었다. 평화와 공존의 가치를 지향하는 현대 유럽 시민들의 소망을 상징하는 도시가 바로 스트라스부르이다.

# 국경 도시의 비운

처음부터 이 도시는 국제적인 교통의 요지였다. 인구는 고작 30만 명(2019년)이지만 이곳을 독일어로는 슈트라스부르크(Strassburg)라고 한다. 로마 시대부터 그렇게 불렸다. '스트라스(stras)'는 큰길이란 뜻이요, '부르(bourg)'는 성곽으로 둘러싸인 도시를 가리킨다. 즉 한길에 자리한 성곽도시였다. 수백 년 동안 로마의 통치를 받다가 나중에는 훈족의 지배 아래 신음하였다. 5세기 중반의 일이었다. 그후로는 줄곧 독일 영토였다.

일찍부터 수상교통도 발달해 알자스 대운하가 뚫렸다. 대운하는 이 도시를 라인강뿐만 아니라 론강 및 마른강과도 이어주었다. 그리하여 중세에는 상업과 수공업이 크게 번영을 누렸다. 스트라스부르는 부유한 도시였다.

수년 전 대운하 근처 어느 식당에서 나는 옛 친구 피에르를 만났다. 우리는 향기로운 커피를 마시며 팡 데피스를 맛보았다. 이것은 일종의 케이크이다. 밀가루와 꿀은 기본이요, 거기에 각종 향신료를 풍부하게 첨가해서 만든 것이다. 특히 육계나무 껍질에서 얻은 시나몬 향과 육두구 향을 첨가한 것이 내게는 최상이었다.

피에르는 먼 옛날 내가 독일에 살 때 사귄 친구이다. 그와 나는 독일과 프랑스가 번갈아 알자스를 지배한 과거 속으로 빠져들었다. 그 역사가 이 도시의 음식문화에 영향을 주었다는 점도 우리는 잊지 않았다. 이 도시를 포함한 알자스 지방의 식탁에는 아직도 두 나라의 전통이 공존한다. 또, 대운하를 통해 각국으로부터 다양한 식재료가 유입된 덕분에 음식문화가 더욱 풍부해졌다고 볼 수 있다. 그래서일까. 알자스 사람들은 자신들의 식생활에 대한 자부심이 강하다.

수백 년 동안 독일에 속하였으나 차츰 상황에 변화가 왔다. 서쪽의 프랑스가 성장함에 따라 두 나라의 갈등이 구체화하였다. 국경도시의 비운이었다. 이곳은 파리에서 동쪽으로 447킬로미터 지점이요, 독일 라인강에서 서쪽으로 3킬로미터쯤 떨어져 있다. 시내 높은 건물에 올라가면 라인강 건너편 '흑림(슈바르츠발트)'을 맨눈으로 확인할 수 있을 정도로 독일이 가깝다. 쾌청한 어느 날 오후, 피에르와 나는 노트르담 대성당 북쪽 탑에서 라인강을 굽어보았다. 강은 동쪽의 보주산맥에서 서쪽 흑림을 향해 흘러가고 있었다.

스트라스부르에서 독일과 프랑스가 처음 충돌한 것은 842년이었다. 그때 '스트라스부르 서약'이란 문서가 작성되었다. 역사상 프랑스어로 쓴 최초의 공식 문서였다. 이 문서는 라틴어에서 프랑스어가 갈라진 사실을 증명하는 증거로서 언어학자들의 주목을 받았다. 문서의 주인공은 양국의 왕이었다. 루드비히 왕은 라인강 동쪽을 다스리던 독일의 왕이요, 프랑스의 군주는 샤를이었다. 문서를 통해 두 왕은 평화공존을 약속했다. 이후 스트라스부르는 독일, 즉 신성로마제국의 영토로 확인되었다(855년).

그러나 스트라스부르 사람들은 자유를 원했다. 1201년 그들은 자유 도시로 인정받아 왕과 영주들의 간섭에서 벗어났다. 그 후 이 도시에서 문화가 꽃피었다. 대표적인 것이 고딕 양식으로 지은 노트르담 대성당이다. 대성당은 13~16세기에 축조되었는데(1225년 시작), 오늘날 유네스코 세계문화유산 목록에 포함되어 있다.

좀 더 자세히 말해, 대성당의 성가대와 현관은 로마네스크 양식으로 지어졌다. 그러나 대성당의 서쪽 면은 웅장한 고딕 양식이다. 그럴 것이 대성당 공사를 맡은 건축가와 석공들이 프랑스 북서부에서 고딕 문화에 익숙한 이들이었으니 말이다.

특히 이 건물을 장식한 스테인드글라스는 아름답기로 정평이 있다. 첨탑도 무려 142미터의 높이를 자랑한다. 1625년부터 1847년까지 노트르담 대성당은 세계에서 가장 높은 건물이었다. 그런데 이곳에 또 하나의 걸작이 있다. 행성 운행과 별자리까지 한눈에 보여주는 천문시계이다. 현재의 시계는 19세기에 제작된 것이다. 그 이전에 사용하던 것은 스트라스부르 장식예술박물관에 소장되어 있다.

노트르담 대성당은 물론 가톨릭교회였다. 하지만 1521년 종교개혁이 일어나자 프로테스탄트 교회로 바뀌었다. 그 후 1681년에 다시 변화가 일어났다. 프랑스가 이 지역을 점령하자 프랑스 전통에 따라 가톨릭교회로 탈바꿈했다. 19세기 프랑스의 문호 빅토르 위고는 이 건물을 가리켜, "거대하면서도 섬세한 경이"라며 경탄했다.

중세 말부터는 이곳에서 미술도 발전했다. 이름난 화가가 여럿 배출되었는데 마르틴 숀가우어도 그중 하나였다. 그는 판화작가이자 화가로 명성을 날렸다. 금 세공사의 아들로 태어난 그는 다방면에 재능이 있었다. 르네상스 시기, 독일 최고의 화가였던 알브레히트 뒤러도 청년 시절에 이 유명한 예술가를 만나려고 일부러 스트라스부르를 방문했다(1492년). 하지만 그때 숀가우어는 이미 저세

노트르담 대성당          노트르담 대성당 내부.
                        모자이크 창으로
                        유명하다.

상 사람이 되어 있었다.

숀가우어는 고딕 전통에 충실하였다. 유려하면서도 뚜렷한 윤곽선을 구사하며 많은 종교화를 남긴 것이다. 대표작은 〈장미 정원의 성모〉였다(1473년). 성모 마리아를 간결한 필치로 묘사했는데 균형 잡힌 구도가 인상적이었다. 그는 원근법을 이용해 성모를 입체적으로 표현했다는 평가를 받는다.

스트라스부르는 중세부터 문학의 중심지로도 호평을 받았고, 출판업의 전통도 깊었다. 종교개혁 시대에는 금속활자로 이름난 요하네스 구텐베르크도 이곳으로 이주하였다. 오늘날 구시가지에는 구텐베르크 광장이 있고, 그의 동상이 있다. 구텐베르크는 여기서 마르틴 루터가 번역한 독일어 성경을 인쇄하였다. 16세기 스트라스부르는 유럽 출판업의 중심지였다.

거기에는 한 가지 중요한 역사적 배경이 있었다. 1201년 신성로마제국의 카를 4세가 이 도시에 '자유 제국 도시'라는 지위를 주었다. 그 때문에 봉건영주의 지배에서 벗어나 자유를 누리게 된 것이었다. 자유로운 분위기 덕분에 이 도시에서 학문, 예술 및 출판이 번영을 누렸다.

문화도시 스트라스부르, 그 활기는 오래도록 이어졌다. 근대 독일의 문호 요한 볼프강 폰 괴테도 젊은 시절을 이 도시에서 보냈다. 또하나, 기억할 점이 있다. 프랑스 국가 '라 마르세예즈(La Marseillaise)' 역시 이 도시에서 탄생하였다는 사실이다. 정확히 말해, 프랑스혁명 때 이런 일이 있었다. 1792년 4월 20일, 파리의 혁명정부는 구체제의 대표 격인 오스트리아를 상대로 선전포고를 하였다. 그 소식이

닷새 뒤 스트라스부르에 이르렀다. 그러자 고무된 클로드 조제프 루제 드 릴(공병 대위)이 싸움에 나갈 프랑스 군대를 위해 군가를 작사 작곡하였다. 〈라인 방면의 군대를 위한 군가〉라고 제목을 달았다.

이 군가는 많은 사람의 관심을 끌어, 1792년 8월 10일에 마르세유 의용병들이 파리에 입성할 때도 불렀다. 이런 인연으로 프랑스에 제1공화국이 성립되면서 국가로 정해졌다. 이후 약간의 우여곡절은 있었으나 결국에는 프랑스 국가로 확정되었다. 하필 독일과 프랑스 간의 영토 다툼에 등장하는 스트라스부르에서 국가가 탄생하였다니, 아이러니한 일이다.

그러나 너무 과장하지 말자. 인간이란 합리적이고 평화로운 존재로만 볼 수 없다. 때로 광기에 사로잡혀 큰 죄악을 연출한다. 스트라스부르 역사에도 그러한 굴절이 있었다. 끔찍한 유대인 박해 사건이 바로 이곳에서 일어났다. 14세기 유럽에 흑사병이 한창 유행할 때였다. 그때 이 도시에는 원거리 교역에 종사하는 부유한 유대인들이 많았다. 사람들은 유대인이 우물에 독극물을 풀어서 흑사병이 발생했다고 생각했다. 이런 뜬소문 때문에 여러 곳에서 유대인이 공공의 적으로 몰렸다. 스트라스부르도 예외가 아니었다. 시민들은 무고한 유대인을 마구잡이로 체포해 수천 명을 학살했다. 시민들은 유대인을 불구덩이에 던져 넣었다. 사태가 심각했다.

그 당시 교황 클레멘스 6세(재위 1342~1352년)는 유럽인들의 야만에 경악했다. 교황은 유대인을 폭력으로부터 보호하라는 취지의 공한을 각지로 발송했다(1348년 6월). 그럼에도, 유대인에 대한 집단적 폭력은 진정되지 않았다.

때로 인간은 광기를 내뿜는다. 그때마다 세상은 속수무책이 되기 마련이다. 소수자에 대한 보호는 결코 쉬운 일이 아님을 스트라스부르의 유대인 학살사건이 경고한다.

## 다시 프랑스 땅으로

프랑스는 기후도 온화하고 토질도 양호하다. 덕분에 유럽에서는 가장 빠른 속도로 중앙집권화를 이루었다. 마침내 강성한 대국으로 성장한 것이었다. 이웃 나라 독일이 수백 개의 봉건영주국가로 분할된 것과는 판이하였다. 17세기 후반 프랑스는 전성기를 맞았다. 마침 독일에서 30년 전쟁이 일어나자 프랑스가 개입하여 전승국이 되었다. 결국은 알자스와 로렌을 전리품으로 챙겼다. 그때 알자스의 중심도시 스트라스부르도 프랑스 영토가 되었다. 1681년, 태양왕 루이 14세의 통치 아래 있었던 일이다.

그런데 파리에서 수백 킬로미터나 떨어진 이 변방 도시를 프랑스 국왕이 시시콜콜 간섭하기는 어려웠다. 이곳에는 왕을 대리해 지배 권력을 행사하는 가문이 존재했다. 로앙 가문이었다. 정확히 말해 로앙 가문의 일개 지파인 수비즈였다. 스트라스부르에는 이 가문의 위세와 영광을 증명하는 '추기경의 저택(Palais de Rohan)'이 아직도 있다. 현재는 미술관과 박물관으로 사용되고 있다. 로앙 가문은 이 도시를 지배하는 주교이자 영주였다. 그들의 권력과 부는 저택 곳곳에서 느낄 수 있다.

로앙 추기경의 저택.
지금은 박물관으로 사용되고 있다.

18세기 스트라스부르의 주교 자리는 로앙 가문 차지였다. 그 집안이 배출한 최초의 주교는 아르망 가스통 막시밀리앙 드 로앙이었다. 그가 저택 건축에 착수하였다. 설계자는 로베르 드 코트라는 건축가였다.

그럼 이 집안 출신으로 가장 유명한 인물은 누구일까. 루이 르네 에두아르 드 로앙 추기경이었다. 1779년 그는 주교에 임명되었는데, 생애 대부분을 베르사유 왕궁에서 보냈다. 루이 16세의 측근 가운데 한 사람이었다. 그러나 그에게도 불운이 찾아왔다. 1786년 마리 앙투아네트 왕비와 관련된 사건에 휩쓸린 것이다. 추기경은 왕비의 총애를 받고 싶은 나머지 목걸이를 구매했는데, 그 과정에 악당들이 깊이 개입하면서 사기 사건으로 발전했다. 그 결과 왕비는 추기경을 혐오하고 범죄자처럼 다루었다. 나중에 재판을 통해 추기경이 무죄 판결을 받기는 하였으나 왕비의 노여움이 풀리지 않아 수도원으로 유배되는 신세가 되었다. 얼마 후 파리 생활에 낙을 잃은 그는 고향 스트라스부르로 쓸쓸히 돌아왔다.

피에르와 나는 이런 이야기를 주고받으며 추기경의 저택 부근에 있는 식당으로 갔다. 우리는 유럽식 김치인 슈크루트를 시켰다. 알자스 향토음식인데, 마을마다 독특한 슈크루트가 있다. 주재료는 양배추이다. 소금에 절여 항아리에 담가 발효시킨다. 몇 주 동안 항아리에 두면 비타민도 풍부해지고 올리고가 함유된 건강식품이 된다고 한다.

슈크루트가 제맛을 낼 때쯤이면 가을도 깊어진다. 그러면 알자스 사람들은 돼지를 잡아 축제를 열었다. 전통 시기 알자스 사람들은 겨울 동안 줄곧 이 음식을 먹었다. 신선한 채소를 구할 수 없었던 선원들도 슈크루트를 좋아하였다. 우리는 알자스 김치에 소시지와 햄, 베이컨, 감자를 곁들여 먹었다. 그야말로 전형적인 서민 음식이라고 생각한다. 우리는 시원한 맥주 한잔을 함께 청했다.

식사 후 우리는 추기경의 저택을 자세히 살펴보았다. 저택은 세 개의 박물관으로 바뀌었다. 하나는 추기경의 저택 모습을 그대로 되살린 장식예술박물관이다. 또 하나는 알자스 각지에서 발굴한 유물을 한데 모은 고고학박물관이다. 여기에 더하여, 미술관도 있었다. 누구나 이름을 잘 아는 보티첼리, 루벤스, 렘브란트, 반다이크, 엘 그레코, 고야, 와토, 르누아르, 모네의 작품 등이 소장되어 있다. 눈이 호사를 누렸다.

## 알퐁스 도데 『마지막 수업』의 진실

스트라스부르의 운명은 기구했다. 19세기 후반, 근대화에 성공한 프로이센(독일)이 팽창전략을 펼쳐 옛 땅을 회복하였다(1870년). 철혈재상 비스마르크가 이끄는 프로이센이 프로이센-프랑스 전쟁에서 승리한 것이다.

당시 프로이센은 독일 통일을 추진했다. 프랑스의 나폴레옹 3세는 자국의 이익을 위해 독일 통일을 방해하였다. 1870년 7월 19일, 프랑스는 선전포고를 통해 무력으로 프로이센과 충돌하였다. 그런데 프로이센에는 명장 몰트케가 있어 전세가 금세 기울었다. 북부 독일만이 아니라 남부 독일 병력까지 합세해 프랑스를 향해 물밀 듯 쳐들어갔다.

기가 죽은 나폴레옹 3세는 항복했다(9월 2일). 그러나 독일군은 파리가 함락될 때까지 포위망을 조금도 늦추지 않았다. 그해 9월 말, 스트라스부르는 독일군에게 항복했다. 그 이듬해 1월 28일, 파리도 무릎을 꿇었다. 그보다 열흘 전(1월 18일), 프로이센은 베르사유를 점령하고 거기서 독일제국의 출범을 내외에 선언하였다. 프랑스는 이 전쟁에서 완패해 전쟁배상금으로 50억 프랑을 배상했고, 알자스와 로렌 지역 거의 전부를 독일에 반환했다. 루이 14세에게 이곳을 빼앗긴 지 약 200년 만의 일이었다.

그 무렵 알자스의 민심은 어땠을까. 프랑스 애국 시민의 관점에서 쓴 문학작품 하나가 있다. 『마지막 수업』이란 단편소설로, 알퐁스 도데가 1871년에 발표한 인기 소설이다. 이 소설은 국토 상실이라는 첨예한 문제를 다루었기 때문에, 일제 강점기부터 많은 한국인의 심금을 울렸다. 나도 중학교 시절 국어 교과서에 실린 이 소설을 읽고 가슴이 아팠던 기억이 새롭다.

프란츠라는 평범한 시골 아이가 주인공이다. 어느 날 교실 분위기가 유달리 엄숙하였다. 아멜 선생님이 정장 차림으로 교단에 섰고, 마을 사람들까지도 교실 뒤편에 침통한 표정으로 앉아 있었다.

프랑스어로 하는 마지막 수업이었다. 전쟁에 졌기 때문에 앞으로는 이 학교에서도 모든 과목을 독일어로 가르치게 되어 있었다. 선생님은, '우리가 국어를 지킨다면 옥에 갇힌 죄수가 자신을 구원할 열쇠를 가진 셈'이라고 강조하였다. 마침내 시계가 12시를 알리고, 독일 병사가 수업 시간 종료를 알리는 나팔을 불었다. 선생님은 칠판에 "프랑스 만세!"라는 글씨를 썼다.

모국어를 상실한다는 것이 얼마나 비참한 일인가. 이 작품으로 인해 프랑스인들이 애국심을 키울 수 있었다. 그런데 정확히 말해, 그 시절 스트라스부르 시민들의 모국어는 아직도 독일어였다. 그들은 심한 사투리를 사용하였고, 지금도 큰 차이가 없다. 도데의 소설이 묘사한 애국심은 너무 과장된 것이었다.

그러나 오래지 않아 스트라스부르는 다시 프랑스 영토가 되었다. 그러고는 다시 독일 쪽으로 넘어갔다. 제2차 세계대전이 일어나자 또다시 독일군의 지배를 받았다. 그 후 프랑스로 국적이 또 바뀌었다. 1869년부터 1946년까지 스트라스부르 시민의 국적은 다섯 번이나 바뀌었다. 누구도 상상하지 못한 혼란의 연속이었다. 비록 그렇기는 해도, 1789년 프랑스대혁명이 일어난 다음부터는 프랑스 시민으로서의 정체성이 점차 강화되었다고 한다.

## 스트라스부르대학교의 지적 전통:
사회학자 게오르그 짐멜의 흔적을 찾아서

독일 남서쪽의 변방 도시 스트라스부르는 자유와 번영을 누린 도시였다. 1567년 이 도시의 귀족과 시민들은 스트라스부르대학을 창립했다. 대대로 여기서 훌륭한 학자들이 학문의 자유를 마음껏 누렸다. 그들 중에는 후세에 이름을 남긴 학자들도 많았다. 그중에서도 유독 내 마음을 사로잡은 이가 있다. 독일인 게오르그 짐멜 (1858~1918)이다.

그는 『돈의 철학』을 비롯해 많은 저술을 남겼다. 그가 스트라스부르대학교에 머문 기간은 짧았다. 1914년부터 겨우 4년간이었다. 그러나 재직 기간의 장단이 과연 중요한가. 짐멜의 학문적 화두는 개인적 자유와 소유의 관계였다. 도대체 소유란 무엇인가. 그는 소유를 통해서 개인적 자유가 확대된다고 인식했다. 소유란 곧 사물에 자아를 각인하는 것으로, 그로써 인격이 확장한다고 보았다. 소유를 통해 자유가 확대된다니 과연 무슨 말일까.

짐멜의 생각을 조금만 더 파고들어 보자. 돈이란 무엇인가. 돈의 기능 곧 그 가치를 따져보자. 세상에는 돈이 존재함으로써 거래가 편리해진다. 모든 사물의 가치도 안정성을 얻는다. 또, 돈이 있어 가치의 전환이 가능하다. 돈을 통해 소유물의 축적이 어느 정도인지를 보편적으로 표현할 수도 있다. 어느 사회든지 경제가 발전할수록 돈의 기능은 더욱 확대되기 마련이다. 과거에는 돈으로 살 수 없었던 많은 물건과 기회를 우리는 돈으로 교환할 수 있다.

21세기의 시민들에게 짐멜의 주장은 평이할 수도 있다. 우리는 돈의 효용성이 극대화된 세상에서 살고 있기 때문이다. 그러나 짐멜의 시대에는 달랐다. 그때는 돈의 기능에 대한 이해가 극히 제한된 범위에 머물렀다. 그런데 변화하는 인류사회의 미래를 예감하며, 짐멜은 새 시대의 총아인 돈에 관한 근본적인 질문을 던졌다. 근대사회에서 돈이란 상품과 교환가치를 가졌을 뿐이지만, 이제는 유형무형의 모든 사물과 맞바꿀 수 있게 되었다는 주장이었다. 말하자면, 개인의 여유로운 시간조차 금전으로 계산하게 되었다는, 극히 현대적인 발상이었다.

짐멜은 독일 베를린에서 태어났다(1858년). 이미 기독교로 개종한 유대인의 아들이었다. 양친이 부유했기 때문에 그는 조금도 고생하지 않고 학문에 종사할 수 있었다. 그러나 운이 따르지 않아 오랫동안 교수가 되지 못했다. 가까스로 56세의 고령에 스트라스부르대학에 자리를 잡았으나 겨우 4년 만에 세상을 떴다(1918년).

그는 칸트, 쇼펜하우어, 다윈, 니체 등에 관하여 누구보다 해박한 지식을 가졌다. 하지만 당대 학계로부터 냉대를 받았다. 그럼에도, 짐멜은 포기하지 않고 많은 저술을 남겼다. 전공인 철학뿐만 아니라 사회학과 윤리학에도 독창적인 업적을 쌓아 후세의 주목을 받는다.

나는 피에르와 함께 스트라스부르대학교 근처 카페테리아에서 짐멜에 관한 생각을 주고받았다. 우리 나름의 기념식이라고나 할까. 그러고는 이 고장의 풍미가 깃든 살라미를 먹었다. 이것은 소고기와 돼지고기를 섞어 만든 소시지이다. 저온에서 서서히 건조한 덕분에 보존 기간이 무려 2년쯤 된다. 프랑스 사람들이 이 소시지를 특히 좋아하는데, 우리는 브레첼과 함께 먹었다. 브레첼은 독일 남부가 원산지인 빵이다. 알자스는 프랑스 영토로 편입된 지가 오래지만 아직도 브레첼의 인기가 대단하다. 국경은 바꿀 수 있어도 사람들의 문화는 잘 바뀌지 않는다.

그날 우리는 스트라스부르대학교의 역사를 이야기했다. 중요한 화제로 떠오른 것은, 1968년 유럽 각국의 대학가를 강타한 '68운동'이었다. 그 운동이 일어나기 2년쯤 전 이 도시에서 한 가지 중요한 유인물이 등장하였다. 정확히 말해, 1966년 11월 하순부터 스트라스부르대학교 캠퍼스에는 『비참한 대학생활』이란 소책자가 살포되었다. '상황주의자 인터내셔널'과 스트라스부르대학교 총학생회 명의로 된 거였다. 전자는 사회주의 성향의 국제적인 단체였다. 이 유인물은 일종의 시국선언문과 같았다. 일상생활의 혁명을 촉구하는 글이었다. 이 유인물이 '68운동'을 견인했다.

거기에는 당시의 비참한 사회현실이 폭로되어 있었다. 공저자들은 모든 사회문제의 근원을 자본주의에서 찾았다. 그 가운데 한 구절을 인용해본다.

"오늘날 대학은 자본주의의 하급 간부를 육성하는 공장이 되고 말았다. 지식인들이 이를 묵인하는 슬픈 현실이다."

당시 유럽 대학의 현실을 이렇게 비판한 다음, 공저자들은 한 가지 해결책을 제시하였다.

"대학생들은 오직 사회 전체에 대한 처절한 저항을 통해서만 자신들이 당면한 소외의 문제를 해결할 수 있다."

문제의 유인물은 기성의 관념과 체제에 대하여 청년들이 전면적인 투쟁을 벌이라고 촉구하였다.(이 유인물을 번역한 책이 있어 일독을 권한다. 『비참한 대학생활』, 상황주의자 인터내셔널, 스트라스부르대학교 총학생회(공저), 민유기(역), 책세상, 2016)

어쩌면 현대 한국의 대학생들도 비참한 지경에 빠진 것은 아닐까 모르겠다. 수년 전에 등장한 '수저론'이 상징하는 것처럼 젊은이들이 심한 박탈감에 시달리는 것이 엄연한 현실이다. 우리 젊은이

들은 과연 어떤 방법으로 자신들의 처지를 개선할지 문득 궁금해
진다.


# 유럽통합을 향하여

다행인 것은, 스트라스부르의 역사가 비극으로 치닫지 않았다는
사실이다. 전후 프랑스와 독일은 공동의 이해를 증진하기로 하였
다. 그들은 스트라스부르를 새 역사의 출발점으로 삼고 싶어 하였
다. 유럽의회가 이곳에 설치된 배경이다.

유럽연합은 현재 28개 회원국(2019년)을 거느린다. 무려 5억
1,260만(2018년 기준) 명이 회원국에 속한다. 그들이 직접 선거를 통
해 유럽의회 의원을 뽑는다. 이 의회가 창설된 것은 1962년이었다.
처음에는 회원국마다 국회의원 일부를 파견했다. 그러다가 1979년
부터 직선제로 전환해 5년마다 의원을 선출한다.

의석은 인구수에 따라 나라마다 다르다. 그런데 일단 유럽의회
에 들어오면 의원들은 자신이 속한 정당의 이념에 어울리는 여러
회원국의 정당들과 연합해서 활동한다. 현재 유럽의회에는 극우파
로부터 극좌파에 이르기까지 다양한 스펙트럼이 있다. 의원의 보
수는 자국 국회의원과 똑같다. 회기는 한 달에 5일간의 정기회의가
있다. 8월은 여름철이라서 한 달간 휴회한다.

근년에는 의회에 극우파 비중이 높아졌다. 국익을 절대시하는
사회적 분위기를 반영하는 것으로 해석된다. 물론 이와 반대되는

유럽의회        유럽의회 내부

경향도 보인다. 일례로 녹색당의 약진이 인상적이다. 최근 선거(2019년 5월)에서 독일 녹색당은 20.5%라는 사상 초유의 높은 득표율을 기록하였다. 독일 집권 여당인 기독교 민주연합보다 많은 표를 얻었다. 기후위기 시대가 왔다는 시민들의 위기의식을 반영한 것으로 읽힌다.

여담이지만 오늘날에는 정파를 불문하고 기후위기에 과연 어떻게 대응할지가 초미의 정치적 관심사이다. 독일은 특히 그러해 유럽의회 선거에 대한 참여율, 즉 투표율도 급상승하였다. 5년 전(2014년)에는 투표율이 42%에 불과했으나, 이번 선거에서는 52%로 급증하였다.

유럽의회의 권한은 갈수록 강화되고 있다. 유럽연합의 행정부 격인 집행위원회 위원장의 선출권을 의회가 가진다. 집행위원회에 대한 불신임권도 의회는 행사할 수 있다. 아울러, 예산 동의권과 신규 가입국에 대한 비준권도 유럽의회에 있다. 의회가 점차 기능을 확대함에 따라 스트라스부르의 정치적 위상도 점차 높아지고 있다고 생각한다.

피에르와 나는 유럽의회 근처 빵집에서 투르트(tourte)로 간단히 점심을 해결했다. 돼지고기를 넣어 구운 파이다. 파이 안쪽에 여러 가지 야채와 다진 고기가 들어 있다. 오븐에 구워내서 겉은 비스킷처럼 딱딱하고 속은 부드러웠다.

우리는 그날 오후 시내에서 알자스 와인을 한 잔 기울였다. 프랑스에서도 알자스는 중요한 포도주 산지로 손꼽힌다. 특히 백포도주 리즐링이 유명하다. 향기롭고 서늘한 리즐링이 목을 타고 내려

갈 때의 쾌감을 잊기 어려울 것 같다.

우리는 스트라스부르에 있는 유럽인권재판소에 대해서도 서로의 생각을 주고받았다. 이 재판소의 모태는 1949년 설립된 유럽평의회였다. 그들은 이 재판소를 통해 유럽연합이 추구하는 가치관을 널리 구현하려고 했다. 회원국이 모두 인권과 민주주의의 가치를 따르고, 높은 수준의 법치주의를 구현하도록 도우려는 것이었다. 오랜 노력 끝에 결국 유럽인권재판소가 설립되었다(1959년).

유럽인권재판소는 실질적으로 중요한 기능을 가진다. 인권위원회와 회원국은 물론이고, 그에 속한 모든 개인과 단체들이 법률적으로 억울한 경우에 제소할 수 있다. 이 재판소의 판결은 법적으로 강력한 구속력을 가진다. 그러므로 재판을 신청하는 이들이 해마다 늘어, 최근에는 매년 1,500여 건 이상이 처리되고 있단다.

회원국이 아닌 우리나라에서도 유럽인권재판소의 판단은 중시된다. 가령 병역거부자의 대체복무 기간을 정하는 데도 그들의 의견이 준거로 인정된다. 유럽인권위원회는 복무기간이 현역 병사의 1.5배 이상이면 사실상 징벌이라고 판단한다. 우리나라에서는 이러한 견해를 참고하여 대체복무자의 근무 기간에 관한 논의를 진행하는 것으로 안다.

이 밖에도, 스트라스부르에는 '유럽회의'(Council of Europe)라는 국제기구가 있다. 1949년 5월에 설립되었다. 유럽 각국 정부들이 협력을 도모하는 기구로서 정치적인 문제를 포함하여 사회, 문화 및 법적인 갈등을 해소하기 위한 장치이다. 이 역시 유럽 통합을 보다 효율적으로 이루기 위한 것이다.

유럽회의는 문턱이 낮아서 가입에 특별한 조건이 없다. 그런 까닭에 모든 유럽 국가들이 회원권을 가지고 있다. 이 기관의 주요 업적으로는, 1950년에 체결된 〈인권 및 기본적 자유에 대한 유럽협정〉이 있다. 1989년에도 〈고문과 비인간적 처벌 등의 금지에 관한 협정〉을 통해 인권 신장에 크게 이바지하고 있다는 평가를 받았다.

피에르와 나는 저물어가는 해를 바라보며 구도심의 레스토랑으로 발걸음을 옮겼다. 우리는 대운하 근처에서 발걸음을 멈췄다. 스트라스부르의 전통요리 푸아그라를 시켰다. 이것은 18세기부터 시민의 사랑을 받은 거위고기 요리이다. 거위고기는 본래 유대인들이 애호한 것이었다.

우리는 알자스의 맥주도 한 잔씩 주문했다. 13세기 말부터 스트라스부르 대성당 뒤편에 맥주 공장이 들어섰다. 알다시피 가톨릭 교회는 포도주를 선호한다. 맥주는 이단시하는 경향도 있었다. 그러나 종교개혁가 마르틴 루터의 생각은 전혀 달랐다. 그는 맥주가 나쁠 이유가 없다고 말하였다. 덕분에 프로테스탄트는 자유롭게 맥주를 생산해 큰돈을 벌었다.

19세기 말, 알자스가 독일 영토로 환원되자 양조장이 우후죽순처럼 늘어났다. 독일인은 맥주를 사랑하기로 유명하다. 그 전통이 계속 이어져 오늘날에도 알자스의 맥주 생산량은 프랑스 전체의 절반 이상을 차지한다. 특히 1740년에 문을 연 쉔베르제 (Schutzenberger)가 대표적인 맥주이다.

**\*\***

이제 스트라스부르를 떠날 때가 왔다. 한 마디 소감을 간단히 적어 두지 않을 수 없다. 아직도 유럽통합에는 많은 장애 요인이 있다. 인권만 해도 동유럽과 서유럽 간에 큰 차이가 있다. 경제적으로는 회원국들 사이에 더욱 격차가 크다. 남유럽은 여러모로 서유럽과는 비교하기 어려울 정도이다. 서유럽의 내분도 심각하다. 지난 여러 해 동안 여론의 주목을 받은 영국의 브렉시트만 해도 회원국 간의 엇갈린 이해 조정이 얼마나 어려운 일인지를 실감하기에 충분하였다.

하지만 희망은 여전히 살아 있다. 스트라스부르의 역사를 돌이켜보라. 시민들은 프랑스와 독일의 틈바구니에서 여러 차례 고통을 치렀으나, 결국은 유럽통합의 기수로 새 출발을 하지 않았는가. 유럽 사회는 결코 미래의 꿈을 쉽게 포기하지 않을 것이다. 그들은 제1차 및 제2차 세계대전의 주 무대가 유럽이었던 사실을 잊지 않았다. 그 비극에서 탈출하려는 야무진 시도가 바로 유럽통합이다. 평화 공존과 공동의 번영이란 목표를 향하여 조금씩 앞으로 나아가는 유럽인들에게서 우리는 배워야 할 것 같다. 국토 분단과 이웃 나라 일본과의 해묵은 갈등에서 벗어나기 위하여, 동아시아의 평화와 공존공영을 위해서 우리는 무엇을 할 것인가. 깊은 성찰의 시간이 필요하다.

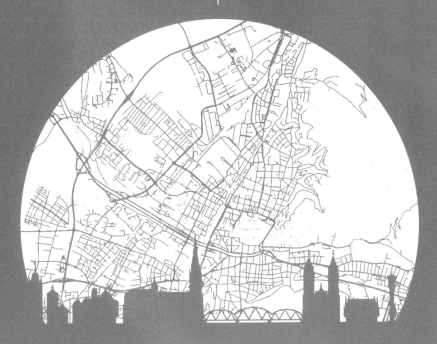

프라이부르크,
어떻게 세계가 주목하는
생태 도시가 되었을까

Freiburg

근래에는 국내외를 막론하고 '생태 도시'를 표방하는 곳이 많다. 미세먼지를 비롯하여 환경오염으로 몸살을 앓고 있는 시대라서 당연한 일이다. 생태 도시란 미래사회가 지향할 지표를 제공해주고 있다고 볼 수 있다.

세상의 여러 생태 도시들 가운데서도 '태양광의 메카'라고 불리는 독일의 한 도시에 유독 마음이 끌린다. 독일 서남부에 위치한 프라이부르크. 그곳은 어떤 역사적 과정을 거쳐 온 세계가 주목하는 생태 도시가 되었을까. 이 도시의 매력은 무엇일지 궁금하지 않은가.

지금까지 나는 17개 도시를 중심으로 일종의 세계사를 써온 셈이다. 마지막으로, 이제 미래형 도시 프라이부르크를 이야기하고 싶다.

이 글을 쓰려고 하니, 프라이부르크를 여행하던 오래전 추억이 밀물처럼 몰려온다. 고풍이 서린 아름다운 도시 프라이부르크와 그 주변에 널따랗게 펼쳐진 흑림(슈바르츠발트)의 아름다운 풍경이 눈앞에 가물거린다.

# 흑림에 둘러싸인 아름다운 도시

프라이부르크는 경치가 아름답다. 날씨도 따뜻하고 맑은 편이다. 흑림에 가까워 관광도시로 볼 수 있다. 이 도시의 동쪽에 울창하고 신비로운 흑림이 있다. 자연림은 아니고 오랫동안 많은 정성을 기울여 가꾼 인공 숲이다.

이 도시에는 또 다른 자랑이 있다. 작은 개울이 그물망처럼 오밀조밀하게 퍼져 있다. '베힐레(Bächle)'이다. 말 그대로 개울이다. 가축에게 먹일 물을 공급하는 것이 주목적이었다는 이야기도 어디선가 들었다. 분명한 사실은 중세 때부터 이 개울을 하수도로는 절대 사용하지 못하게 막았단다. 만약 위반하면 강력히 처벌했다.

여름철에는 이 개울물로 인해 시내의 대기가 쾌적해진다. 졸졸 흐르는 물소리도 아름다워 더욱 쾌적한 분위기가 만들어진다. 실수로 이 개울에 빠지면 프라이부르크 사람과 결혼할 징조라고 한다. 일부러 빠지면 물론 무효이다.

한가한 시간에는 많은 시민이 슐로스 베르크에 오른다. 시내 중심의 동쪽 언덕이다. 도심과 주변 지역까지 한눈에 내려다볼 수 있어 전망대로 그만이다. '슐로스'는 성이란 뜻인데, 이미 1740년대에 성이 사라졌다. 현재는 슐로스 베르크의 언덕에서 시내까지 케이블카가 연결되어 있어 매우 편리하다.

작은 개울이 그물망처럼
도심 곳곳을 흐른다.

# 귀족의 지배를 거부한 시민들

이 도시의 이름에는 거창한 뜻이 담겨 있다. '자유의 성'이란 뜻이다. 1120년 베르톨드 3세가 건설한 도시인데, 교역로에 위치해 상업이 발달했다. 이곳은 멀리 지중해와 북해를 연결하는 교통로에 있어, 라인강과 도나우강을 이어주는 역할도 한다. 1200년 당시 인구는 6천 명으로 추정한다.

초창기에 약간의 우여곡절이 있었으나, 1368년 시민들이 영주에게 돈을 지급하고 자유권을 샀다. 자유로운 시민들이 거주하는 공간이 된 것이다. 시민들은 영주를 증오했기 때문에, 멀리 오스트리아를 지배하는 합스부르크 왕가의 휘하로 들어갔다. 예나 지금이나 자유를 보장받기 위해서는 멀리 있는 강자의 후원이 필요한 것일까.

얼마 뒤 이 도시의 슈네플린 집안이 권력을 장악했으나 상공업자들의 저항에 직면했다. 그들은 반란을 일으켜 도시의 지배권을 가졌다. 즉, 1389년경에 상공업자 길드가 도시귀족을 누르고 이 도시의 명실상부한 주인이 되었다. 우리나라 역사에서는 찾아볼 수 없는 장면이다.

14세기는 이 도시에 큰 행운을 안겨주었다. 인근의 샤우인슬란트 산에서 품질 좋은 은광이 발견되었다. 덕분에 유럽에서 가장 부유한 도시로 손꼽혔다. 1327년 이 도시는 독자적으로 은화를 발행할 정도였다. '라펜 페니히'라고 불렀다. 1377년에는 인근의 바젤(스위스), 콜마르(알자스) 및 브라이자흐(바덴)와 함께 통화동맹을 체결해 경제적 주권을 강화하였다. 이 동맹은 약 200년 동안 유지되었다.

1900년의 프라이부르크

13~14세기 인구는 8천에서 9천 명 정도였다. 그런데 교회와 수도원이 30개나 되었다. 14세기를 끝으로 은광 산출이 부실해져 도시의 경제 사정이 전만 못하였다. 그래도 상업은 활기를 잃지 않았다. 상인들은 상관(商館)을 건축했다. 이른바 '역사적 상관'이다. 후기 고딕 양식 건물로 1520년대에 건립되었다. 외벽에는 합스부르크 황제 4명의 동상이 멋진 모습으로 서 있다.

그러나 달도 차면 기우는 법. 17~19세기는 혼란의 시대였다. 특히 '30년 전쟁'(1618~1648)의 여파가 심했다. 전쟁이 일어날 무렵 도시 인구는 1만 4천 명 정도였는데 전쟁이 끝날 무렵에는 2천 명으로 줄어 있었다. 이후 쇠락한 도시의 지배권이 오스트리아를 포함해 프랑스, 스웨덴, 스페인 및 독일의 여러 영주 가문 사이에서 전리품처럼 오갔다. 프라이부르크뿐만 아니라 독일의 여러 도시가 비슷한 운명이었다.

사회정치적 혼란은 1871년에야 끝났다. 프러시아가 프랑스를 물리치고 통일을 이뤘기 때문이다. 도시 북쪽에는 프러시아의 승리를 기념하는 웅장한 기념비가 서 있다.

## 대성당과 마녀사냥

30년 전 프라이부르크를 처음 방문했을 때 기억이 선명하다. 친구 울리히가 나를 뮌스터(주교가 관리하는 대성당)로 안내했다. 이곳은 이 도시의 랜드마크이다. 까마득한 옛날, 12세기의 지배자 베르톨드 4세가 뮌스터를 짓기 시작했다고 전한다. 로마네스크 양식으로 출발해 고딕으로 마무리된 이 성당은 웅장하고 아름다우며 고색이 창연하다.

1520년 종교개혁 바람이 독일 각지를 휩쓸었을 때 이 도시는 개혁을 거부했다. 덕분에 라인강 상류는 가톨릭교회의 중요한 거점이 되었다. 가톨릭 인문주의자였던 에라스무스는 스위스 바젤에 머물렀는데 그곳이 신교지역으로 바뀌자 이곳으로 옮겨왔다.

뮌스터 광장은 구도심에서 가장 드넓은 곳이다. 많은 행사가 이 광장에서 열린다. 지금은 월요일부터 토요일까지 날마다 농민 시장이 열린다. 신선한 채소와 감자, 소시지, 잼, 그리고 아름다운 꽃도 살 수 있다.

이 광장에서 울리히는 나에게 '마녀사냥'에 관하여 설명해주었다. 1536년부터 이 광장에서 마녀사냥이 반복되었다. 흑사병이 창궐했을 때가 제일 심했다. 그때 도시 인구의 25퍼센트, 즉 2천 명이 마녀로 몰려 처형되었다(1564년). 그보다 더 심했던 것은 1599년이었다는 기록을 읽은 적이 있다. 도시의 옛 성벽에는 화형을 벌이느라 검게 그을린 자취가 지금도 선연하다.

독일에서 가장 유서 깊은 대학이 이 도시에 있다. 1457년 알브레히트 6세가 창립한 알버트 루드비히 대학교다. 그는 오스트리아가 보내온 섭정이었다. 마침 은광 열기가 사라질 때여서 더욱더 예술과 학문을 숭상하는 분위기가 되었다.

하지만 한 가지 사실은 숨길 수 없다. 중세 말기부터 르네상스 시대 초기까지 이 도시의 지식인 사회는 진보와 보수를 오가며 좌

뮌스터 광장.
웅장하고 고색창연한 뮌스터 대성당은
이 도시의 랜드마크이다.

절과 희망이 교차하는 어지럼증에 시달렸다는 점이다.

현대에도 이곳에서 탁월한 지식인들이 일하고, 가르쳤다. 노벨상 수상자들도 적지 않았다. 누구나 알 만한 지식인으로는 철학자 에드문트 후설과 마르틴 하이데거가 생각난다. 하이데거는 나치 지배 아래에서 대학교 총장을 역임해 물의를 빚기도 하였다.

지금도 이곳에는 대학교를 비롯해 여러 고등교육기관이 있고, 수 개의 막스 플랑크 연구소가 위치한다. 시민들의 지적 수준이 매우 높은 곳이다.

## 유대인 공동체의 애환

언젠가 울리히는 나를 과거 유대인 거주 지역인 시나고그 광장으로 이끌었다. 1230년부터 베버 가세라는 골목에 작은 유대인 공동체가 들어섰다. 1338년 10월 12일, 도시의 지배자는 유대인들에게 안전과 자유를 보장하는 증명서를 발행했다. 그러나 유대인의 안전은 곧 위험에 처해졌다.

1349년 1월 1일 자로 안전증명서가 효력을 잃었다. 1401년 시의회는 이 도시에서 유대인을 하나도 남김없이 추방했다. 이후 400년 이상 유대인은 발을 붙이지 못했다.

그러다가 1809년부터 유대인들에게 다시 영주권이 발급되었다. 곧 유대인 공동체가 재건되었다(1836년). 그로부터 수년 뒤에는 시나고그, 곧 유대인 공회당이 완공되었다. 유대인들은 상인으로서,

또는 전문직 종사자로서 두각을 나타냈다.

나치 정권이 집권하자 상황이 급변했다. 1938년 11월 9일, 이른바 '수정의 밤'이 되자 공회당은 불태워졌다. 나치는 유대인이 소유한 모든 가게와 주택을 무참히 파괴하고 재물을 약탈했다.

이 도시의 성문인 '마르틴의 문'이 떠오른다. 1940년 10월 22일, 나치의 추종자였던 로베르트 하인리히 바그너가 독일 서남부지역의 유대인 이송 명령을 내렸다. 그때 이 도시에서도 350명의 유대인이 남프랑스로 옮겨져 강제수용소에 갇혔다. 그들은 대부분 그곳에서 사망했다. 1942년 7월 18일, 이 도시에서 잔명을 유지하고 있던 소수의 유대인이 다시 체포되었다. 이번에는 폴란드의 아우슈비츠로 이송되어 다시 돌아오지 못했다.

본래 공회당이 있던 자리에는 기념비가 세워졌다. 예전에 유대인이 살던 곳에는 희생자의 이름을 새긴 청동판을 부착해 넋을 위로하고 있다. 슬픔의 흔적이 길가에 낭자하다.


## 제2차 세계대전의 상처

독일인은 가해자이자 또한 피해자였다. 제2차 세계대전 때 이 도시는 심한 폭격으로 완전히 망가졌다. 그 시작은 일종의 자폭이었다. 1940년 5월, 독일 공군이 실수로 60개의 폭탄을 떨어뜨린 바람에 57명의 시민이 죽었다. 1944년 11월 27일에는 연합군의 폭격이 있었다. 무려 300대의 폭격기가 집중적으로 공격했다. 도심지는 몽땅 파괴되었다. 예외라고는 뮌스터뿐이었다.

한데 독일인들은 지독한 구석이 있다. 전쟁이 끝나자 이 도시를 복구했다. 그것도 폭격을 당하기 직전의 모습, 즉 중세식 도시로 말끔하게 재건하였다. 뭐든 새것을 좋아하는 우리와는 딴판이었다.

어쨌거나 1945년 4월 21일, 프랑스 육군이 이 도시를 접수했다. 프랑스 군대는 독일연방공화국이 출범한 뒤에도 그대로 눌러앉았다. 몇 차례 독일의 습격을 받았던지라, 그들로서는 독일의 평화 의지를 여간해서는 믿을 수 없었을 것이다.

프랑스는 독일이 재통일되고 나서야 물러났다. 1991년 프랑스 군이 완전히 철수했다. 그러자 수년 뒤 프랑스 군대의 병영 자리에서 5,000명의 시민이 새로운 출발을 다짐했다. 이른바 보봉 포럼이었다. 시민들은 '지속 가능한 모범 지구'를 건설하기로 약속했다.

## 녹색의 생태 도시로 거듭나다

이후 프라이부르크는 '생태 도시'로 자라났다. 이곳에는 연방이 운영하는 방사선 보호청도 있고, 여러 태양광 산업체와 관련 연구소가 터를 잡고 있다.

1995년 6월, 시의회는 특별한 결정을 내렸다. 앞으로 시유지에는 반드시 '저에너지 건물'만 짓기로 결의한 것이다. 저에너지 주택이란 태양광 발전시설을 지붕에 설치한 것으로, 해당 가정에 전기와 온수도 제공하였다. 또, 태양열을 이용해 실내 온도도 조절하였다.

마침내 시내에서는 자동차 통행이 금지되었다. 모두 보행자 구역이 된 것인데, 대다수 시민은 자전거를 대체 교통수단으로 이용하게 되었다. 아울러, 시 당국이 운영하는 대중교통 시스템이 완비되어 시민들의 불편은 더욱 줄었다.

이 도시는 정치색이 독특하다. 일찌감치 녹색당의 본거지가 되었다. 독일의 주요 도시 중에서 녹색당의 입김이 가장 강한 곳이다. 득표율이 35퍼센트까지 올라갔다. 2012년 총선 때 일부 투표구에서는 녹색당이 40퍼센트 이상 득표하였다.

2018년 5월 지방선거에서는 이변이 나타났다. 무소속 후보인 마르틴 호른이 시장에 선출되었다. 그는 사민당과 기민당의 지지를 받아 녹색당을 누르고 선거에 승리했다. 그런데 아직도 시내 곳곳에서 녹색당의 입김이 강하게 느껴진다.

전통에 빛나는 문화도시 프라이부르크가 어찌해서 생태 도시로 새 출발을 하게 되었을까. 그 배경이 궁금할 수도 있겠다. 거기에는 특이한 한 가지 사건이 있었다. 이야기는 1970년대 초반으로 거슬러 올라간다.

그 당시 프라이부르크 인근 빌이란 마을에 핵발전소가 건설될 예정이었다. 마침 석유 위기로 독일 경제가 큰 어려움을 겪고 있었다. 기업인과 정치인들이 초현대적인 핵발전소를 하나의 대안으로 여기던 시절이다. 일견 당연한 일이었다.

하지만 프라이부르크에는 이를 반대하는 지적 흐름이 강하게 형성되었다. 도무지 핵의 안전성에 관해서는 장담하기 어려운 점이 있었기 때문이다. 시민의 장래를 위협할 수도 있는 핵 문제를 대수

롭지 않게 처리해서는 곤란하다는 의견이 많았다. 핵발전소에 반대하는 시민운동과 에너지 절약 운동이 줄기차게 전개되었다. 프라이부르크대학교 학생들과 다양한 반핵 운동단체들이 뜻을 모았다. 여기에 중산층이라 할 보수층까지도 합세하여 반핵 연합전선을 형성하였다. 반대 여론이 드높아지자 독일 정부는 프라이부르크 주변에 핵발전소를 세우기로 한 계획을 백지화하였다.

과연 핵은 안전을 보장하기 어려운 것이었다. 1979년 3월 28일, 미국 펜실베이니아 주 스리마일 섬에서 사고가 일어났다. 핵발전소의 노심이 파손되는 사고였다. 만약의 경우에 작동할 안전판도 망가졌고, 여기에 발전소 측의 조작 실수까지 겹쳐 한때 발전시설이 폭발할 위기가 왔다. 이런 사고를 겪으면서 프라이부르크 시민들의 반핵 의지는 더욱 강화되었다.

1986년에는 구소련 체르노빌에서 초대형 사고가 일어났다. 그러자 핵을 반대하는 분위기가 유럽 각국으로 더욱 확대되었다. 특히 프라이부르크에서는 도시 전체가 한목소리를 냈다. 정당의 경계를 넘어 시의회는 탈핵 정책을 적극적으로 지지했다. 정치가와 시민들은 대책 마련에 고심했다. 그들은 여러 가지 생각 끝에 태양광 전기를 새로운 대체 에너지원으로 인식하였다. 그리하여 프라이부르크 시청에는 독일 최초로 '환경보호국'이 설치되었다(1986년). 이 모든 과정이 유럽을 통틀어 가장 획기적인 결단이었다.

프라이부르크가 이처럼 독자적인 에너지 정책을 선택하게 된 것은 정말 신기한 일이었다. 조금 더 생각해 보면 거기에는 그 나름의 역사적 배경이 있었다. 우선 독일이란 나라는 지방자치제도가 발전해, 중앙정부의 간섭과 명령이 별로 대단하지 않다는 점이다. 이 나라에서는 시민들이 원하면 얼마든지 독자적인 결정을 내릴 수 있다. 프라이부르크의 대다수 시민이 핵발전소를 반대하였기 때문에 중앙정부는 그들의 의사를 존중했다.

또, 대학도시인 만큼 프라이부르크 시민들의 의식 수준이 높았다는 점도 한몫하였다. 그들의 높은 환경 의식이 핵 문제에 관한 새로운 대안을 만드는 데 중요한 역할을 했다. 흑림이라는 천연의 보고를 안고 사는 시민답게 프라이부르크 사람들은 어떻게 해서든 자연환경을 잘 지키고 보존하는 것이 자신들의 의무라고 자각하고 있었다.

독일의 높은 기술 수준도 중요한 역할을 하였다. 덕분에 그들은 신재생에너지인 태양광산업을 발전시키고 개발하는 데 이점이 있었다. 시민들이 원하는 것이라면 웬만한 문제는 기술적으로 해결할 전망이 있는 나라, 부러운 일이 아닐 수 없다. 이런 몇 가지 특징이 하나로 묶여 생태 도시 프라이부르크를 낳았다고 본다.


## 프라이부르크에서 미래를 배운다


우리는 프라이부르크에서 무엇을 배울 수 있을까? 지난 30년 동안 나는 몇 차례 프라이부르크를 방문할 기회가 있었다. 비록 생태 문제에 관해 전문지식이 전혀 없는 문외한이지만, 그런 내가 보기에도 몇 가지 배울 점이 있었다.

어느 여름날, 울리히와 나는 프라이부르크 어느 향토음식점에 마주 앉았다. 이곳은 프랑스 국경에서 불과 수 킬로미터밖에 떨어져 있지 않아, 요리 솜씨가 좋기로 유명하다. 짐작하다시피 프랑스의 영향이다. 우리는 초여름에 밭에서 수확한 아스파라거스를 먹기로 했다. 거기에 크림소스를 얹은 햄이 일품이었다. 흑림에서 생산된 훈제 햄도 유명하지만, 그것은 다음 기회로 미루었다. 식후에는 흑림의 산딸기와 버찌 등으로 장식한 흑림 케이크를 먹었다.

그날 울리히는 나에게 프라이부르크 시민들의 특성을 자세히 설명했다. 그들의 높은 환경 의식이라든가, 단결되고 일사불란한 시민 행동이 물론 인상적이었다. 그에 못지않게 이 도시가 실험적으로 운영한 몇 가지 정책에 대한 설명이 내 관심을 끌었다. 그에 관하여 간단히 정리해볼까 한다.

첫째, 교통정책이 흥미로웠다. 지금은 한국의 도시들도 그런 방향으로 나아가고 있는데, 프라이부르크는 세계 최초로 주택가에서 자동차 운행 속도를 제한한 곳이다. 시속 30킬로미터라는 속도제한이 이 도시에서 시작되었다. 더더욱 중요한 것은, 시 당국이 시내로 들어오는 차량을 강력히 통제했다는 점이다. 프라이부르크는 도심지로 개인 차량이 함부로 유입되는 것을 철저히 막았다.

물론 부작용을 줄이기 위한 대책도 마련하였다. 도시 외곽에 초대형 주차장을 건설해 주차난을 근본적으로 해결했다. 또한, 시내로 들어가려는 사람들이 손쉽게 전차로 갈아타거나 자전거를 이용하도록 조치하였다. 시민들은 약간의 불편을 감수하고 시 당국의 정책에 적극적으로 호응하였다. 당국도 시민들의 불편을 최소화하

도시로 보는 유럽사

기 위해 여러 가지 시행 방안을 계속해서 만들었다. 모든 것이 지나치게 관료적인 우리 사회로서는 상상하기조차 어려운 일이다.

둘째, 에너지 정책도 특별하였다. 이 도시는 에너지를 절약하면서, 열효율을 최대한 높이기 위해 다양한 방법을 고안했다. 이를 위하여 매우 다양한 정책을 개발했다. 전기를 절약하기 위해 절전형 전구를 보급하기도 하였다. 1996년부터 시청에서는 에너지 절약형 '형광램프'를 개발해 모든 가정에 무상으로 공급했다. 조금이라도 전력이 낭비되지 않도록 시 당국이 최선의 노력을 기울인 것이었다. 결과적으로 전력 소모량이 대폭 줄었다.

에너지가 절약되는 주택 건설 방법도 연구했다. 1992년부터 프라이부르크시는 한 가지 법규를 제정했다. 공공건물은 물론이고 시 당국이 대여하거나 매각하는 토지에 건설되는 모든 건물은 에너지효율을 고도로 높이도록 강제하는 정책이었다. 수십 년 동안 이 정책을 일관되게 추진하자 프라이부르크시 전역에서 에너지 소비등급이 높은 건물은 하나도 남지 않고 사라졌다.

나아가 천연가스를 수입함으로써 시민들이 공해를 발생하지 않게 유도했다. 가능하면 화석연료 소비를 최소화하려는 것이었다. 그들은 한국 사회보다 약 30년 앞서 미세먼지와 이산화탄소 등의 문제에 눈을 떴다.

한 걸음 더 나아가, 프라이부르크는 대체에너지 생산에도 노력을 기울였다. 그들은 풍력과 수력 등 자연에너지를 최대한 활용하는 방식을 선호했다. 특히 태양광 활용에 적극적이었다. 학자들의 연구에 따르면 이 도시는 독일 내에서 일조량이 가장 풍부한 곳이다. 시에서는 그 점을 매우 중시했다. 오랜 노력을 기울인 끝에, 결국 세계적인 태양광 중심지로 거듭났다. 지역의 자연 조건을 정확히 이해하고 이를 활용하는 지혜가 얼마나 소중한지를 깨닫게 한다.

시민들은 도시 곳곳에 태양광 발전 시설물을 설치하였다. 시 청사는 물론, 각종 학교와 교회 시설물에도 태양광을 설치하였다. 개인 소유의 건물 지붕이나 건물 앞면에도 태양광 시설이 하나둘씩 모습을 드러냈다. 시일이 흐르자 건물 외벽에 태양광 시설을 갖춘 경우가 너무 흔해 '태양의 도시'라는 별명을 얻었다.

유명한 '헬리오트롭'도 등장했다. 건축가 롤프 디쉬가 이 건물을 설계하였다. 원통형으로 된 3층 목조주택이다. 건물이 태양의 움직임에 따라 종일 회전하게 설계되었다. 겨울에는 유리면이 태양을 향하고, 여름에는 단열효과가 높은 벽이 태양열을 차단한다. 이 건물에서 생산하는 전력은 자체 소비량의 5~6배나 된다. 건물 자체를 하나의 발전시설이라고 봐도 무리는 아닐 것이다.

대체에너지를 열심히 개발한 결과 뜻밖의 부산물도 있었다. 시내에서 많은 시민이 새로운 일자리를 얻었다. 무려 1만여 명이 1,500개의 환경 관련 일터에서 직장을 얻었다. 그것만으로도 연간 500만 유로의 가치가 창출된다. 생태 도시를 건설함으로써 새로운 직장까지 이렇게 많이 생겼으니, 일석이조인 셈이었다.

게다가 세계 여러 나라에서 해마다 수십만 명의 시찰단이 이 도시를 찾아온단다. 프라이부르크는 돈방석 위에 앉게 된 셈이다. 도시 홈페이지에는 일본어는 물론 한글로 된 상세한 안내문도 있었다. 동아시아에서 그만큼 많은 방문객이 온다는 뜻이다.

태양광 발전 시설물을
건물 곳곳에 설치해 '태양의 도시'라는
별명을 얻었다.

프라이부르크 역 앞 자전거 보관소.
시 당국이 시내로 들어오는 차량을
강력하게 단속한다.

셋째, 쓰레기 처리 정책도 모범적이다. 프라이부르크는 쓰레기 발생을 원천적으로 축소하는 방향을 선택했다. 그들은 분리수거를 가장 앞서 실천했을 뿐만 아니라, 쓰레기를 적게 만드는 방법을 다각적으로 연구하기도 했다. 그에 더하여, 쓰레기를 소각하는 습관을 금지하였다. 쓰레기를 불태워 없애는 행위는 또 다른 공해를 유발하기 때문이다. 이처럼 생태계의 순환을 되살리기 위해 프라이부르크는 숨은 지혜를 찾아 나섰다.

프라이부르크 시민들의 생활을 유심히 관찰해보면 특별한 하수 처리 방법이 눈에 띈다. 사람들은 빗물도 함부로 흘러가게 놔두지 않는다. 가정마다 빗물을 큰 통에 모은다. 이 물을 화초와 텃밭을 가꾸는 데 쓰기도 하고, 세탁용으로도 사용한다. 또는 빗물을 곧장 지하로 스며들게 하여 미래 세대가 사용할 지하수를 풍부하게 만든다.

넷째, 주택정책도 특별하다. 그들은 태양광 연립주택단지를 건설해서 에너지효율을 최대한 높였다. 이런 점에서 전 세계가 주목하는 곳이 보봉 주거단지일 것이다. 연면적이 38헥타르인 이 지역에 5,000여 명이 거주한다.

보봉은 본래 건축 공동체이지만 친환경적인 삶을 실천한다는 점에서 시민자치 모임이기도 하다. '보봉 포럼'은 세계적으로 널리 알려져 있다. 이곳 주민들은 태양열을 에너지원으로 사용할 뿐만 아니라, 자동차 대기오염을 없애기 위해 여러 가지 방안을 만들었다. 쓰레기 발생량도 최소로 줄였고, 물 소비량까지도 최대한 억제하였다. 여기서는 건물을 새로 지을 때 콘크리트 사용을 근본적으로 금지했다. 게다가 주거단지 내에서는 자동차 통행도 전면 금지하였다. 믿기 어려운 일이지만, 보봉에 사는 대다수 가정은 자동차 없는 삶을 선택했다. 부득이 차량을 소유하더라도 주택가 입구에 주차해 둔다.

끝으로, 프라이부르크의 녹지정책도 놀라웠다. 프라이부르크는 과거 도시가 조금씩 팽창하는 과정에서 그라이잠 강물의 흐름을 인위적으로 직선으로 바꾸었다. 어느 도시나 그랬듯이 말이다. 그러나 다시 강물의 본래 흐름을 되살리는 데 힘을 쏟았다. 강폭도 넓히고 연안의 녹지도 확충하였다. 백여 년 동안 여러 곳에 설치했던 물막이 장치들도 모두 철거하였다. 그러자 강 본연의 물길이 되살아났다. 이제 곳곳에 작은 수력발전소를 건설해 에너지를 얻게 되었다. 한 가지 신기한 것은 프라이부르크 시민들의 세심함이다. 수력발전소마다 경사로를 설치해 물고기들이 자유롭게 이동할 수 있게 보장한 것이다.

아울러 도심에도 녹지 공간을 풍부하게 조성했다. 녹지는 도시 생활에서 발생하는 각종 유해물질을 걸러준다. 또, 지하수를 풍부하게 만드는 효과도 있다. 녹지가 늘어나면 오염된 물을 처리하는 별도의 대형시설이 없어도 된다. 녹지의 중요성은 아무리 강조해도 충분하지 않다.

울리히는 나에게 생태 도시 프라이부르크의 강점을 과장되게 설명했을까. 아닐 것이다. 독일의 이 작은 도시가 개발한 여러 가지 정책을 공해에 시달리는 한국의 자치단체들도 큰 관심을 가지고 검토할 필요가 있다. 살기 좋은 도시를 만들려면, 남들이 추진한 여러 가지 정책을 잘 살펴서 우리가 할 수 있는 것만이라도 선별해서 실천할 일이다.

인간은 제아무리 훌륭한 문명을 건설한다 해도 결국 자연의 일부이다. 만약 이 사실을 망각하면 큰 재앙이 올 뿐이다. 자연 앞에 오만한 도시는 결코 오랫동안 존재할 수 없다.

# 참고문헌 & 더 읽을거리

게오르그 짐멜, 『돈의 철학』, 김덕영 역, 길, 2013.

니콜로 마키아벨리, 『군주론 – 바티칸의 금서』, 권혁 역, 돋을새김, 2005.

다니엘라 타라브라, 『프라도 미술관 – 세계 미술관 기행 3』, 김현숙 역, 마로니에
　북스, 2007.

도널드 서순, 『유럽 문화사 1 – 3』, 정영목, 오숙은, 한경희, 이은진 역, 뿌리와이
　파리, 2012.

러셀 쇼토, 『세상에서 가장 자유로운 도시, 암스테르담』, 허형은 역, 책세상,
　2016.

로버트 A. 아이작, 『세계화의 두 얼굴 – 세계화 시대의 양극화를 넘어서는 길』,
　강정민 역, 이른아침, 2006.

리처드 오버리, 『스탈린과 히틀러의 전쟁』, 류한수 역, 지식의풍경, 2003.

마르코 폴로, 『마르코 폴로의 동방견문록』, 김호동 역, 사계절, 2000.

매슈 닐, 『로마, 약탈과 패배로 쓴 역사 – 갈리아에서 나치까지』, 박진서 역, 마
　티, 2019.

바츨라프 하벨, 『힘없는 자들의 힘』, 이원석, 서민아 공역, 필로소픽, 2019.

베터니 휴즈, 『아테네의 변명 ─ 소크라테스를 죽인 아테네의 불편한 진실』, 강경이 역, 옥당(북커스베르겐), 2012.

볼테르, 『불온한 철학사전』, 사이에 역, 민음사, 2015.

볼프강 벤츠, 『홀로코스트』, 최용찬 역, 지식의풍경, 2002.

상황주의자 인터내셔널, 스트라스부르대학교 총학생회, 『비참한 대학 생활 ─ 경제적·정치적·심리적·성적인 측면, 특히 지적인 측면에서의 사유와 치유 방법들』, 민유기 역, 책세상, 2016.

슈테판 츠바이크, 『광기와 우연의 역사』, 안인희 역, 휴머니스트, 2004.

스티븐 런치만, 『1453 콘스탄티노플 최후의 날』, 이순호 역, 갈라파고스, 2004.

시미즈 미츠루, 『삶을 위한 학교 ─ 덴마크 자유학교 폴케호이스콜레의 세계』, 김경인, 김형수 공역, 녹색평론사, 2014.

아리스토텔레스, 『고대 그리스 정치사 사료 ─ 아테네 스파르타 테바이 정치제도』, 최자영 역, 신서원, 2002.

아민 말루프, 『아랍인의 눈으로 본 십자군 전쟁』, 김미선 역, 아침이슬, 2002.

알렉스 캘리니코스, 『브렉시트와 유럽연합 ─ 알렉스 캘리니코스가 세계 경제의 블록화를 전망한다』, 김준효 역, 책갈피, 2020.

앤드루 나고르스키, 『세계사 최대의 전투: 모스크바 공방전』, 차병직 역, 까치, 2011.

에드먼드 버크, 『프랑스혁명에 관한 성찰 ─ 개정판』, 이태숙 역, 한길사, 2017.

윌 헌트, 『언더그라운드 ─ 예술과 과학, 역사와 인류학을 넘나드는 매혹적인 땅속 안내서』, 이경남 역, 생각의힘, 2019.

이소크라테스, 페리클레스, 뤼시아스, 데모스테네스, 『그리스의 위대한 연설』, 민음사, 2015.

이은정, 『베를린, 베를린 ─ 분단의 상징에서 문화의 중심으로』, 창비, 2019.

장 지글러, 『왜 검은돈은 스위스로 몰리는가 ─ 조세 피난처의 원조, 스위스 은행의 비밀』, 양영란 역, 갈라파고스, 2013.

도시로 보는 유럽사

정수일, 『문명의 루트 실크로드 – 비단길 속에 감추어진 문명 교류사』, 효형출판, 2002.

조너선 닐, 『기후위기와 자본주의 – 체제를 바꿔야 기후변화를 멈춘다』, 김종환 역, 책갈피, 2019.

쥘 미슐레, 『마녀 – 마녀의 탄생, 마녀축제, 마녀재판과 화형의 역사 또는 슬픈 추방자들을 위한 자유의 이야기』, 정진국 역, 봄아필, 2012.

질 들뢰즈, 『스피노자의 철학』, 박기순 역, 민음사, 2001.

칼 쇼르스케, 『세기말 빈』, 김병화 역, 글항아리, 2014.

클라우스 바겐바하, 『카프카 – 프라하의 이방인』, 전영애 역, 한길사, 2005.

타임라이프 북스 편, 『바이킹의 역사 – 고대 북유럽』, 이종인 역, 가람기획, 2004.

테오도르 몸젠, 『몸젠의 로마사 1 – 로마 왕정의 철폐까지』, 김남우, 김동훈, 성중모 역, 푸른역사, 2013.

토마스 부타, 『체코 종교개혁자 얀 후스를 만나다』(전자책), 이종실 역, 동연(와이미디어), 2017.

페터 로데, 『키르케고르, 코펜하겐의 고독한 영혼』, 임규정 역, 한길사, 2003.

하세가와 쓰요시, 『종전의 설계자들 – 1945년 스탈린과 트루먼, 그리고 일본의 항복』, 한승동 역, 메디치미디어, 2019.

홋타 요시에, 『고야, 1 – 2』, 김석희 역, 한길사, 2010.


Astrid Lindgren, *A World Gone Mad: The Diaries of Astrid Lindgren, 1939 – 45*, trans. by Sarah Death, Pushkin Press, 2017.

Caroline Brooke, *Moscow: A Cultural History*, Oxford University Press, 2006.

David Harvey, *Paris, Capital of Modernity*, Routledge, London, 2004

Edith Ennen, *Die europaische Stadt des Mittelalters*, Vandenhoeck & Ruprecht, Goettingen, 1987.

Geert Mak, *Amsterdam: A Brief Life of the City*, Vintige Books, London, 2010.

Hamilton M. Stapell, *Remaking Madrid: Culture, Politics, and Identity after Franco*, Palgrave Mcmilan, NY, 2010.

James M. Murray, *Bruges, Cradle of Capitalism*, 1280 – 1390, Cambridge University Press, 2005.

John Western, *Cosmopolitan Europe: A Strasbourg Self−Portrait*, Ashgate(e −book), 2012.

Jonathan Harris, *Constantinople: Capital of Byzantium*, Continuum UK, London, 2009.

Nicholas Parsons, *Vienna: A Cultural History*, Oxford University Press, 2008.

Nicola Barber, *Berlin*, World Almanac Library, 2005

Robin Osborne, *Athens and Athenian Democracy*, Cambridge University Press, 2010.

Roy Porter, *London, a Social History*, Harvard University Press,1995.

Stephen L. Dyson, *Rome: A Living Portrait of an Ancient City*, JHU Press, 2010.

Thomas F. Madden, *Venice: A New History*, Penguinbooks, NY, 2012.

Tony Griffiths, *Stockholm: A Cultural and Literary History*, Signal Books, Oxford, 2009.

도시로 보는 유럽사

# 도시로 보는 유럽사

초판 1쇄 발행 2020년 6월 25일
초판 4쇄 발행 2023년 9월 11일

| | |
|---|---|
| 지은이 | 백승종 |
| 펴낸이 | 문채원 |
| 편집 | 이은미 |

| | |
|---|---|
| 펴낸곳 | 도서출판 사우 |
| 출판 | 등록 2014-000017호 |
| 주소 | 서울시 양천구 목동동로 50, 1223-508 |
| 전화 | 02-2642-6420 |
| 팩스 | 0504-156-6085 |
| 전자우편 | sawoopub@gmail.com |

ISBN 979-11-87332-52-7 03920